权威·前沿·原创

皮书系列为

“十二五”“十三五”国家重点图书出版规划项目

U0914040

中国大运河蓝皮书

BLUE BOOK OF CHINA GRAND CANAL

中国大运河发展报告（2019）

ANNUAL REPORT ON DEVELOPMENT OF CHINA GRAND CANAL (2019)

主　编／吴　欣

社会科学文献出版社
SOCIAL SCIENCES ACADEMIC PRESS (CHINA)

图书在版编目（CIP）数据

中国大运河发展报告. 2019 / 吴欣主编. -- 北京：社会科学文献出版社，2019. 6

（中国大运河蓝皮书）

ISBN 978 - 7 - 5201 - 4661 - 6

Ⅰ. ①中… Ⅱ. ①吴… Ⅲ. ①大运河 - 研究报告 - 中国 - 2019 Ⅳ. ①K928. 42

中国版本图书馆 CIP 数据核字（2019）第 065106 号

中国大运河蓝皮书

中国大运河发展报告（2019）

主　　编 / 吴　欣

出 版 人 / 谢寿光

责任编辑 / 孙以年　韩莹莹　王学英

出　　版 / 社会科学文献出版社 · 人文分社（010）59367215

地址：北京市北三环中路甲 29 号院华龙大厦　邮编：100029

网址：www. ssap. com. cn

发　　行 / 市场营销中心（010）59367081　59367083

印　　装 / 天津千鹤文化传播有限公司

规　　格 / 开　本：787mm × 1092mm　1/16

印　张：21. 75　字　数：327 千字

版　　次 / 2019 年 6 月第 1 版　2019 年 6 月第 1 次印刷

书　　号 / ISBN 978 - 7 - 5201 - 4661 - 6

定　　价 / 148. 00 元

编撰机构简介

聊城大学运河学研究院

聊城大学运河学研究院是全国高校中最早以运河为研究对象的科研机构，现拥有两个科研平台："运河文化"研究基地和"运河与区域经济社会发展"研究基地。研究领域涵盖历史学、文学、地理学、社会学、艺术学等多个学科门类，形成了"运河学"研究体系；建立了"运河文献数据库"与"中国运河文物文献展览馆"，在建"运河民间文献数据库"；先后承担多项国家社会科学基金、自然科学基金项目，取得丰硕的研究成果。研究院目前已经发展成为全国运河学研究重镇，建立了大运河研究与文化带建设的智库咨询平台。

世界运河历史文化城市合作组织

世界运河历史文化城市合作组织（World Historic and Cultural Canal Cities Cooperation Organization，WCCO），成立于2009年，目前住所和秘书处设在江苏省扬州市，是由世界各国运河城市和相关经济文化机构自愿结成的非营利性国际组织。成立九年以来，WCCO以促进运河城市共同发展和繁荣为宗旨，每年举办世界运河城市论坛，致力于探讨运河遗产保护利用之道，寻找运河文化促进城市发展之路，推动世界运河城市增进友谊、加强合作、共同进步，已逐步成长为一家规范化、国际化、有一定影响力的国际城市交流合作机构。

主要编撰者简介

吴　欣（主编）　历史学博士，聊城大学运河学研究院教授、院长，山东省人文社科研究基地——运河文化研究基地首席专家、山东省“有突出贡献的中青年专家”。目前主要研究领域为明清社会史、运河学，尤其在运河史、运河区域社会组织、运河区域社会秩序及运河文化研究等方面成果显著。学术研究中，注重对一手资料的利用，通过大量田野调查和运河文献数据库建设，实现了对运河及其区域社会的多重认识与研究，形成了实证、严谨、扎实的学风。所研究的课题注重原创性并填补学术空白。发表论文50余篇，出版学术专著4部，获得各类奖励10余项。其中学术论文《村落与宗族：明清山东运河区域宗族社会研究》（《文史哲》2012年第3期）获山东省社会科学优秀成果一等奖；专著《清代民事诉讼与社会秩序》（中华书局2007年版）获山东省社会科学优秀成果二等奖。主持、完成国家社科基金项目两项，其中一项为国家社科基金重点项目“民间文献与京杭运河区域社会研究”（项目号：16AZS014）；另一项为国家社科基金项目“明清时期京杭运河区域社会组织研究”（结项号：20150409），已经结项，成果获得免于鉴定的殊荣。所授课程“古往今来话运河”被评为2015年教育部“精品视频公开课”。

陈丹阳　理学博士，主要从事科学技术史、历史地理学及文化地理学研究。已出版《地图的文明史》等多部译著，在《热带地理》等刊物发表论文多篇。参编《运河文献编》《运河人物志》等多部著作，在《地图》《中国科学报》《文汇报》等报刊发表文章数十篇。

裴一璞　历史学博士，聊城大学运河学研究院副教授，四川理工学院中国盐文化研究中心特聘研究员。主要从事盐业史与运河交通史研究。主持山东省与浙江省社科规划项目2项、四川省教育厅项目2项，参与国家社科基金及教育部课题多项。独立出版著作《山东运河区域老字号研究》，参著《宋代巴蜀政治与社会研究》《运河人物志》等多部。在《文献》《中国边疆史地研究》等国家级、省级刊物上发表论文30余篇，其中多篇被人大复印报刊资料或中国社会科学网全文转载。研究成果获聊城市、聊城大学等地、校级优秀科研成果奖多项。

摘　要

本书是聊城大学运河学研究院与世界运河历史文化城市合作组织共同推出的第二本中国大运河年度发展报告，共分为八部分，第一部分为总报告，第二部分为大运河文化带建设篇，第三部分为运河文化保护、研究篇，第四部分为水利、航运、环境篇，第五部分为经济发展篇，第六部分为运河城镇篇，第七部分为他山之石，第八部分为附录。共 21 篇研究报告。

总报告认为，大运河文化带建设以保护、传承、利用为基本原则，是国家、大运河流经区域政府及社会各界进行文化保护、学术研究、环境规划、社会经济建设和区域协作发展的指导思想。一年来，文化带建设在强调大运河物化本体、线性长廊、活态文化的基础上，突出了大运河文化的建构性特征，即大运河文化与人的关联、大运河的时代性和战略性。实践层面，包括河道管理、旅游开发、文化保护在内的多项工作逐一展开，并逐渐形成“大运河发展模式”的雏形。作为一个沟通南北、连接古今的交通大动脉，大运河文化带保护、传承和利用的逻辑与发展规划，是在自然文化整合的基础上，强化国家战略及人本要素，通过建设形塑新的历史时期的中华文化。

大运河文化带建设篇对当前大运河文化带建设及公共文化服务的成果进行了总结，进行了趋势预测，提出了政策建议。

运河文化保护、研究篇对运河文化物质及非物质遗产、文化景观、文化记忆、博物馆建设等问题展开了探讨。

水利、航运、环境篇分析了京杭运河沿线生态环境问题现状与对策、北方运河通航的可行性以及南水北调东线工程的相关问题。

经济发展篇聚焦中国大运河城市经济形势以及大运河文化创意产业的发展状况。

运河城镇篇分别探讨了大运河沿线的浚县、台儿庄与窑湾三座古镇的历史和发展状况。

他山之石对巴拿马运河的历史与当前问题进行了分析。

附录部分介绍了运河沿线的相关机构。

关键词：大运河　世界文化遗产　运河学　水利工程　文化带

Abstract

This book is the second edition of China Grand Canal Annual Development Report, consisting of 8 parts with totally 21 reports.

General Report pointed out that protection, inheritance and utilization are the basic principles for the construction of the Grand Canal cultural belt. Grand Canal cultural belt is the guiding ideology for the cultural protection, academic research, environmental planning, social economic construction and regional cooperative development of the country, regional government along the Grand Canal and society. In the past year, the construction of cultural belts has highlighted the constructive characteristics of the Grand Canal Culture. That is, the relationship between the Grand Canal Culture and people, the era of the Grand Canal and its strategic nature. At the practical level, a number of tasks including river management, tourism development, and cultural protection have been carried out one by one, and gradually formed the prototype of the Grand Canal development model. As a communication between north and south, ancient and present, The logic and development plan for the protection, inheritance and utilization of the Grand Canal Culture Belt based on the integration of natural culture, strengthening national strategy and human factors, and building and shaping the Chinese culture in the new historical period.

The part of Grand Canal Culture Belt Construction summarized the achievements of the current Cultural Belt construction of the Grand Canal and the public cultural services, carried out trend predictions, and proposed policy recommendations.

The part of Canal Culture Protection and Research explored the cultural and intangible heritage of the canal, cultural landscape, cultural memory, and museum construction.

The part of Water Conservancy, Shipping and Environment analyzed the current situation and countermeasures of the ecological environment along the Grand Canal, the feasibility of the navigation of the Northern Section of Grand Canal and the related issues of the Eastern Route of South-to-North Water Transfer Project.

The part of Economic Development focused on the economic situation of the Cities along the Grand Canal and the development of the cultural and creative industries of the Grand Canal.

The part of Canal Cities and Towns explored the history and development of three ancient towns along the Grand Canal.

The part of Foreign Canals analyzed the history and current situation of the Panama Canal.

Appendix described the relevant agencies along the Grand Canal.

Keywords: Grand Canal; World Cultural Heritage; Canal Research; Water Conservancy Project; Culture Belt

目录

Ⅰ 总报告

Ⅱ 大运河文化带建设篇

Ⅲ 运河文化保护、研究篇

Ⅷ 附录

皮书数据库阅读**使用指南**

CONTENTS

I General Report

II Grand Canal Culture Belt Construction

III Canal Culture Protection and Research

Ⅵ Canal Cities and Towns

Ⅶ Foreign Canals

Ⅷ Appendix

总 报 告

General Report

B.1 大运河文化带建设报告

吴 欣 魏志阳*

摘 要： 大运河文化带建设以保护、传承、利用为基本原则，是国家、大运河流经区域政府及社会各界进行文化保护、学术研究、环境规划、社会经济建设和区域协作发展的指导思想。一年来，文化带建设在强调大运河物化本体、线性长廊、活态文化的基础上，突出了大运河文化的建构性特征，即大运河文化与人的关联、大运河的时代性和战略性。实践层面，包括河道管理、旅游开发、文化保护在内的多项工作逐一展开，并逐渐形成"大运河发展模式"的雏形。作为一个沟通南北、连接古今的大动脉，大运河文化带保护、传承和利用的逻辑与发展规划，是在自然文化整合的基础上，强化国家战

* 吴欣，聊城大学运河学研究院教授、院长，研究方向为运河史、运河区域经济与社会；魏志阳，聊城大学历史文化与旅游学院硕士研究生，研究方向为运河史。

略及人本要素，通过建设，形塑新的历史时期的中华文化。

关键词： 大运河文化带 线性长廊 文化保护

2017 年 6 月以来，大运河文化带建设以“保护、传承与利用”为基本原则不断推进。传承、保护和利用，是三个层面的问题，同时又是一个统一体。怎样保护、传承什么、如何利用等主题，是文化带建设首先要解决的问题。中国大运河作为世界文化遗产，其价值不仅蕴含在遗产的物质形态里，也蕴含在人对大运河的感知中，大运河文化的形成本质上是文化实践的过程，其不是预先存在的，而是与国家认同、地方感、记忆传承、身份建构等主题相关。因此，对大运河文化遗产的保护，是物化层面的保护，是“如何保护”的技术性问题，同时保护什么、为什么保护、遗产对社会的贡献（利用率）更应该受到关注。传承，本身也是一个矛盾体，哪些文化值得传承、可以传承，自然不是主观意识所能完全决定的，例如济宁以北的运河已然断流，脱离了运河本体的运河文化如何向死而生？历史不是重复的，也不会循环，但是它会押韵，所以仅仅从“存在即合理”或者“不存在即消亡”的命题中来理解大运河的现实存在，便不会找到大运河文化带“建设”的合理路径。从本质上看，文化最重要的社会功能是其精神功能，利用过程中对利益最大化的追求，必须尊重以文明道德、真善美为基本准则的文化的尊严。传承、保护与利用三者是统一的，事实上，保护和利用大运河遗产、揭示大运河遗产所蕴含的杰出的普遍价值以及深层次的中国文化特色并将之传承后代，就是保护利用本身的意义所在。

那么，我们如何从不同层面来理解大运河保护、传承和利用各自的内涵？对大运河而言，这三者的重点分别在于保护遗产、传承文化和利用价值，其相互间的关系及目标体系则是在逐层递进的基础上，共同形塑新的历史时期的中华文化，培育和践行社会主义核心价值观、提高国民素质和社会文明程度。那么大运河文化的内涵具体包括哪些内容呢？

总体而言，文化是被传承的历史、地理、风土人情、传统习俗、生活方式、文学艺术、行为规范、思维方式、价值观念乃至信仰等，它们凝结在物质之中又游离于物质之外。笼而统之，运河文化也不外其间，但对于大运河而言，其又具有特殊的文化内涵，人工开挖是其区别于其他河道的水利属性；国家制度是其作为文化的一种战略高度；联结南北是其社会属性。这三个特性虽不相统属，实则却是运河文化内涵不同层面的价值体现。一是运河的文物特性。相对于长江、黄河等河流，运河人工开挖的特点决定了其首先反映了人与自然的关系，辩证地看，这关系中既蕴含着人定胜天的积极态度，也有相地而流、本乎时势的理性，是人类适应自然和改造自然这一永恒矛盾的权衡。当这两种思想共同反映在运河河道开挖、疏通、改变及维护的层面上，就变成了一种技术文化。运河工程技术文化系统分为水运工程、引水工程、蓄水系统、整治系统、防灾系统等，其中跨江河工程、闸坝工程等等专门性工程是核心工程技术。以上内容各异且技术含量高的各种工程，历代皇帝、水利专家甚至布衣百姓的治水思想，在皇帝谕旨、大臣奏章及水利专家们的文献论著中都有所体现。如此完备的工程思想及技术实践，支持着中国古代的运河技术系统一直位于世界前列。

二是制度文化的特性。在中国古代的某些时段，“漕运之制，为中国大制”。此大制，在政治运作与社会博弈中，形成了稳定的运河制度文化。制度文化的变迁是分析与解决所有文化发展的前提。运河所蕴含的制度文化包含行政管理文化和战略文化。前者指运河河道和漕运管理，属于国家行政的重要组成部分，包括机构组织、人事安排、法律规制等一系列河漕制度，是执政者、管理者政治管理经验的总结与变通；后者的战略文化，是指运河在政治力量布局、南北格局变化和国家地位增减过程中的战略性积累。运河在历朝历代的功用并不完全相同，但是从长时段来看，运河线路的延长以及由东西而至南北沟通区域的改变，从空间上拉近了中国南北的距离，从战略上促进传统经济格局和政治地缘格局的改变，解决了区域地方社会发展的不平衡、集权政治的稳定性等问题，保证了国家统一和安全。无疑，大运河凝聚了历代精英的政治智慧并世代相传，成为中国特有的政治成就。

三是社会文化的特性。与其他文化相比，大运河文化既是一种社会现象，是大运河自开凿以来长期形成的产物；又是一种历史现象，是由运河及其所流经区域民众共同创造、遵循并延续的文化，是一个以时空辐射为演变特征的跨区域、综合性的文化系统。大运河作为南北通道，其对文化最直接的影响一是促进了南北文化的融合，二是产生了具有运河特征的区域文化。运河文化的特性就是交融性与区域性的结合。因划分标准不同，运河社会文化有多种文化类型，内涵似难以界定，但总体看来，对运河社会文化的认识和理解，既要强调“运河性”文化的拼盘或多学科组合，又要从“人”的视角出发，从人们的行为，以及影响人的行为要素的整体联系中去把握与理解运河社会文化，只有这样才能认识运河之于中国社会发展的价值意义。

对大运河文化内涵的解读，是大运河文化带建设的学术根本。以此为基础，2017 年 7 月至 2018 年 6 月，政府及社会各界在大运河文化带建设中取得卓有成效的建设成果，也暴露出诸多问题。以下简述之。

一　主要进展和基本成效

（一）战略规划明细，区域合作加强

一年来，中央及地方各级政府都在不断地探索大运河文化带建设的基本路径、方案，制定相关的法律规范、规划；同时，大运河流经的不同区域间也在进行多方合作，实现优势互补、资源共享，有效推动大运河文化保护、传承、利用工作。2018 年两会后，全国政协主席会议通过了《建设大运河经济带上升为国家战略》的提案，并列为副主席带队督办调研的 14 件重点提案之一。大运河沿线各省市纷纷出台关于运河文化带建设的文件，完善公共服务体系、推进文化创意产业转型，加强运河遗产的保护和利用。

目前出台的法律、法规、规划等主要集中在大运河文化遗产的保护与开发、区域协同、精品旅游、运河河道治理以及运河航道现代化建设等方面。

1. 文化遗产保护与规划

2018 年 3 月，北京市委常委会审议通过了《北京市大运河文化带保护建设规划》《北京市大运河文化带保护建设五年行动计划（2018 年—2022 年）》，围绕建设先进文化之都的目标，积极构建“一河两道三区”大运河文化带发展格局，并对文保腾退、文保遗迹修复、文化设施建设、历史风貌修复、生态建设五个方面的工作进行了具体规划（见图 1）。

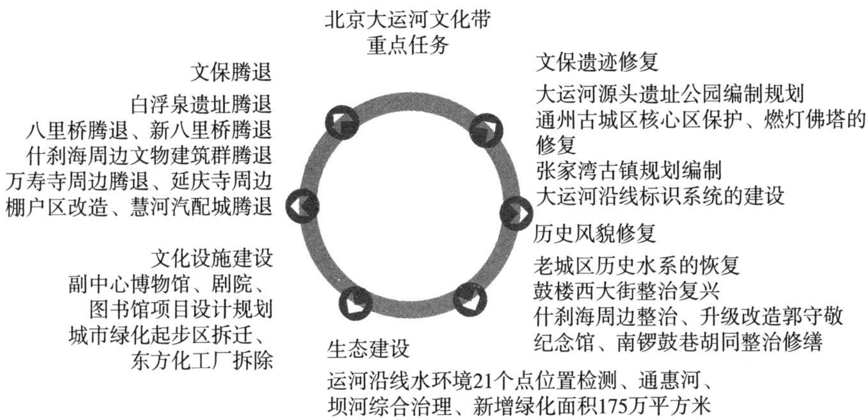

图 1　北京市大运河文化带建设重点任务规划

资料来源：根据《北京市大运河文化带保护建设规划》绘制。

江苏省各级政府高度重视大运河文化带建设，投入大量人力物力进行资源整合。2018 年 4 月，江苏省大运河文化带建设研究院成立，其是中共江苏省委宣传部的高端智库，由省社会科学院负责筹建与日常管理。同时，江苏省委将原有的大运河文化带建设联席会议升格为领导小组，领导小组组长由省委书记亲自担任。2017 年 12 月 2 日江苏省第十二届人大常委会第三十三次会议批准《淮安市文物保护条例》正式施行，该条例进一步完善和确立了文物保护及考核机制，规范了非国有文物所有人的权利和义务，并对破坏文物的违法行为设定了相应的法律责任。2017 年 12 月，苏州市出台的《苏州国家历史文化名城保护条例》，也将“保护大运河（苏州段）世界文化遗产”正式写入地方性法规。

2018 年 5 月 20 日，扬州“世界运河历史文化城市合作组织”召开国际会议，审议并通过了《世界遗产运河古镇扬州倡议》，会议成员在古镇科学规划、加强保护、深挖文化内涵等方面达成共识。该组织倡导借鉴国际运河保护利用的先进做法和经验，多方携手，共同推进大运河文化带建设，提升中国大运河的国际影响力和话语权。

浙江省于 2018 年 8 月发布了《杭州市大运河世界文化遗产保护规划》，该规划由文本、图集和附件三部分组成，其中规划文本有十四章一百三十五条，图集则包括总图则和分区图则、分图则三部分。规划明确了大运河（杭州段）遗产的构成、保护标准和重点保护区域，确定遗产区、缓冲区范围，实行分类、分段、分级的不同保护措施，提出了在遗产区和缓冲区土地利用强度和建设规模的限制性要求，对全国遗产保护具有指导性意义。

其他城市制定的运河文化遗产保护的条例、规划还有《常州市历史文化名城保护条例》《泰州市老通扬运河文化带建设三年行动计划（2018—2020 年)》等。这些法规、条例与之前相比更加突出“文化”内涵，将文化传承与运河保护、开发相结合，强调处理好遗址与文化、人与自然、水与岸、商业开发与文化建设的关系。

2. 运河文化旅游品牌建设与发展规划

推广运河旅游品牌，传播运河文化，提高区域知名度，是运河文化利用层面的工作。运河沿线城市，充分挖掘当地运河文化资源，促进产业发展动能升级换代。

北京市通州区编制了《通州大运河文化旅游品牌提升规划》《城市副中心背景下的通州文化旅游开发对策研究》《通州大运河旅游景区创建国家 5A 级景区可行性研究报告》等规划、报告，在分析通州区运河文化旅游开发现状的基础上，提出运河文化旅游开发的总体思路和可行性操作规划，加快旅游供给侧结构性变革，提高通州旅游发展质量。2018 年 5 月 21 日，山东省下发的《关于印发〈山东省全域旅游发展总体规划（2018—2025 年)〉的通知》，确立以“鲁风运河”旅游品牌为导向，以大运河文化为灵魂，以大运河水道为骨架，将济宁、聊城与枣庄作为运河旅游核心区，形成台儿庄古城、微山湖旅游区、临清中洲运河古城、德州老城区、汶上南旺枢纽考古遗址公园、东平古州城、戴村坝等多点支撑的运河文化旅游体验带。11 月，山东省又发布《山东省精品旅游发展专项规划（2018—2022 年）》，提出重点进行运河文化遗址遗迹保护区、博物馆、历史文化名城等的建设，开发运河访古游、运河文化体验游、运河古镇游，构筑鲁风运河人文生态画廊。同年，山东省聊城市也公布了《京杭运河（聊城段）旅游产业综合开发区域控制性详细规划》。根据世界文化遗产保护和高标准利用开发的要求，2017 年 8 月，江苏省重新编制了《大运河江苏段旅游发展规划》，梳理了大运河江苏段旅游业发展思路，突出了保护优先、整体发展的理念。苏州市于 2018 年 9 月 7 日公示了《苏州市吴江区平望历史文化名镇保护规划》草案，明确提出以历史镇区（平望镇区）为核心，形成河（大运河、颇塘河、太浦河和京杭新运河）湖和聚落完美融合的有机整体。浙江杭州市拱墅区于 2018 年 1 月 15 日出台了《拱墅区文化发展规划（2018—2021）》，规划的总目标是，在 2021 年建成中国大运河文化带发展的先行示范区，推进建设运河文化体验区在内的“四区”建设，实施传承运河历史文脉、加强基础设施建设、大力发展数字创意经济、立足资源特色，融入大运河文化带建设等四项主要任务，建设运河公园、民俗博物馆等“九个一批”108 个项目，实现“一带一核五区”多点的文化空间布局，让拱墅彰显“运河沿岸名区”的独特韵味。

2017 年 8 月 4 日，成立于 2014 年 6 月 24 日的京杭大运河城市旅游推广联盟，通过了《中国京杭大运河旅游市场发展规划（2017—2021）》，讨论了“千年运河”国际旅游品牌的标志、宣传口号等。

3. 运河河道治理类规范

大运河河道治理是一项长期且复杂的系统性工程，近年来，水资源管理制度更加严格，河道治理内容更加细化，水资源考核评价体系更加全面，运河水资源管理水平有了很大提高。2017 年 12 月 22 日，江苏省水利厅制定了《大运河文化带建设水利专题工作方案》，以“构筑高颜值的生态长廊”为目标，统筹推进水环境治理、生态修复、资源保护等法治保护机制，并建立沿线区域生态环境监测网络，强化司法联动，推进运河保护的长效机制。2017 年 12 月 1 日，淮安市公布《淮安市地下水资源管理办法》，加强地下水资源管理，合理开发、利用和保护地下水资源，防止过度开采影响地表运河水资源。

伴随经济发展、人口增长及工业化进程的不断推进，大运河许多河段重新受到水生态环境恶化的影响。以苏州段运河为例，苏州段跨越苏州多个行政区，各类用地混杂，景观风貌较差，水资源恶化，且沿河驳岸景观衔接较弱，难以形成整体景观效应。针对这种情况，苏州市政府编制了《运河生态环境保护规划》《运河生态环境保护规划》《运河滨水环境保护规划》等多项遗产保护专项规划，加强对运河水资源的治理，完善自然生态系统。2018 年年初，《南通市河长制通扬运河“一河一策”行动计划》提出，以实现通扬运河以“水质改善、水系畅活、生态修复、景观优化、功能提升”为目标，推进岸线利用管控、非法取排水口的封堵、污水处理设施建设、河道生态修复及绿化等举措。目前该河段运河水质已有所改善。

国家各部委及企业也在运河污染治理方面各尽其责。2017 年 9 月 25 日，交通运输部、国家能源局、国家电网公司签署战略合作协议，启动京杭运河岸电全覆盖工作，“以电代油”，以便进一步减少船舶污染排放。靠港船舶靠泊期间，改用岸上电源向船舶提供电力，禁止使用船载辅助燃油发电机供电。至 2018 年底，京杭大运河水上公共服务区将实现绿色岸电全覆盖。

4. 运河通航管理类法律规范

大运河济宁以南段依然通航，且蕴含着巨大的航运价值。为改进运河港口和船舶污染防治工作，促进绿色水运的发展，各级政府在原有法律、规章基础上制定关于运河航运法规及规划，对运河航道进行现代化改造。在运河航运发展规划方面，2018 年 5 月苏州市以“通江入湖、联网畅通”为目标，发布了《交通现代化三年行动计划（2018—2020 年）》规划，加快构建苏州高等级航道网。在运河港口治理方面，2017 年 8 月，江苏宿迁市公布《京杭运河沿线宿豫段非法码头专项整治行动方案》，采取关停、拆除、搬迁、回收补偿、规范提升等方式加大已建、在建非法建设和非法码头的治理力度，规范运河水运建设经营市场，完善内河码头长效管理机制。在防治船舶污染等方面，部分运河区域内城市对航行船舶采取封舱管理，开展针对固废船舶非法运输、船舶油污水处理装置安装使用情况、水上加油站燃油含硫情况的专项检查，记录到港船舶进行垃圾存储容器配备、垃圾记录簿配备和记录送交情况，防止船舶在运输过程中造成环境污染。

生态建设、运河遗产保护、航道治理、旅游规划开发、非物质遗产保护等方面的法律成就，解决了不少制约运河保护和开发的问题和短板，并取得显著成效。例如，据杭州市林水局发布的《2017 年杭州市水资源公报》显示，截至 2017 年底，运河干流 17 个断面水质Ⅴ类达标率为 100%，其中Ⅱ类 2 个、Ⅲ类 13 个、Ⅳ类 2 个，较去年同期水质提升明显（去年Ⅲ类 3 个、Ⅳ类 10 个、Ⅴ类 4 个）；较 2014 年 11 个干流监测断面Ⅴ类达标率 72.7%，水质实现重大改善。其中，45 个支流断面监测达标率（达Ⅴ类或以上）达 91.1%，较 2014 年 33 个支流断面监测达标率 24.2%，提升近 70%，最高已达Ⅱ、Ⅲ类水质标准。

大运河跨越多个区域，虽然目前有关保护和旅游开发等方面的整体方案尚未形成，但区域间的合作可以在一定程度上实现优势互补、资源共享，有效推动大运河文化保护、传承、利用工作。2018 年 1 月 17 日，由北京、天津、河北的社科联发出倡议，联合江苏、浙江、山东等省社科联和运河研究专家召开八省市社科联推进大运河文化带建设工作协调会，共同签署了《“大运河沿线八省市社科联 + 北京市网信办”推进大运河文化带建设工作协调会备忘录》。2018 年 5 月 5 日，运河沿岸六省二市签订《大运河文化带建设区县合作杭州共识》，强化运河沿线区县项目合作，优势互补，加强区域间运河开发的协调发展。2018 年 7 月 12 日，河北省政府下发《落实京冀〈进一步加强京冀协同发展合作框架协议〉重点事项任务分解方案（2018—2020 年）》和《落实津冀〈进一步加强战略合作框架协议〉重点事项任务分解方案（2018—2020 年）》，根据上述方案，京津冀三地共同参与《京津冀大运河旅游观光带规划》编制和实施，整合区域内运河资源，实施大运河文化带保护工作，推进运河沿线城市开发和特色产业发展。

（二）大运河文化遗产的保护及利用

在大运河文化遗产保护与利用方面，各地的工作主要围绕两个方面展开：一方面，加强对运河区域内遗址和生态环境的保护和修复，维护运河的真实性、完整性和延续性；另一方面，对运河文化资源进行适度开发，推进运河管理市场化运作，发挥运河文化传承、水道航运、休闲娱乐、体育健身、旅游等功能，创造经济价值。

保护是利用的前提。目前，运河沿线各地除进行运河本体的恢复和治理外，还运用生物学、旅游学、环境美学、景观设计等方面的知识、技术，对运河生态系统和周边环境进行恢复和改造，规划设计更加人性化。如北京市通州区建立了运河国家森林公园，恢复和保养运河生态；扬州市对境内的遗产点和运河河道以及古镇、古闸、古码头、古居民点等进行有计划的修缮保护；扬州汜水打造运河古镇亲水小城，用旅游收入带动运河河道治理和景观建设；苏北运河新增28座现代化船闸，推进运河船闸绿色、生态化建设；河北东光县整合运河沿线88个村的土地，建设集生态观光、绿化美化于一体的绿色廊道，改善运河生态环境。

在保护的基础上，各地结合运河物化本体及周边文化资源，挖掘运河区域的生活化要素，积极进行市场化运作，以运河效益促进运河遗产的保护和开发。例如，2017年安徽濉溪举办首届柳孜大运河文化艺术节，以运河本体为载体，开展运河风情书画展、《隋唐运河柳孜遗址二期考古发掘报告》成果展、运河区域鼓书曲艺展演、运河流域鼓书曲艺发展论坛及濉溪招商活动推介会等活动，突出濉溪的“运河文化旅游品牌”。类似的活动还有2017年6月28日天津杨柳青举办的“运河记忆非物质文化遗产”展示宣传活动、“大运河之歌”征集活动、第28届天津运河桃花文化商贸旅游节等。各地政府逐渐认识到运河开发的巨大经济价值，以商业活动宣传地区特色，树立旅游品牌，发展运河文化产业，促进地区产业发展动能的转变。

（三）运河航道改造升级，断流区域规划复航

“一波清流南去，千帆道尽繁华”。历史时期运河沟通南北，如何在

新时期实现运河运输功能和文化传承功能的双重作用，甚至实现全线通航的梦想，有赖于对现存航道的现代化升级改造，也有赖于对淤塞河道的疏浚。

济宁以南的运河区域，通航条件良好，目前的任务主要是在原有航道基础上进行航道升级和配套设施的现代化改造。如2018年上半年，杭州市港航管理局主持的京杭运河浙江段四级航道改成三级航道段和八宝船闸段已开工建设，运河二通道新开挖段初步设计已被交通部批复，预计在2018年底开工建设，其中四改三建设航道护岸36.9公里，改建桥梁1座，新建防撞桥墩18座，建设导助航、信息化等配套设施。江苏京杭运河苏北段是目前全国内河运输最繁忙、断面流量最大的航道，2017年苏北运河的货运量3.13亿吨，周转量达632亿吨公里，运量约占每年江苏全省水路运输总量（包括内河运输及海洋运输）的40%。2018年7月，《京杭运河苏北段养护管理信息化系统建设方案》制定完成，该方案适应了苏北段运河航闸养护管理信息化的发展需要，实现了养护管理工作规范化、标准化、数字化、便捷化、智能化。

图2为“京杭运河苏北段互联网+航道图管理信息系统组成示意图”。

济宁以北区域由于历史原因，只剩下小部分航道可进行区域航行，该部分地区以实现通航为主要目标。目前泰安东平湖段已开工建设，航道起于京杭运河八里湾船闸北侧，连接泰安东平港区老湖和银山两个作业区，建设规制呈“Y”字形，按照内河Ⅲ级航道标准建设，全长15.53公里，计划投资3.71亿元，2018年底前完工。航道建成后，泰安及周边地区货物可通过京杭运河直达长江口。2018年8月，山东省发改委正式批准小清河复航计划。为加快港口和航道基础设施建设，提升内河水运的通航能力和服务水平，“十三五”期间，山东省预计投资220亿元，计划到2020年全省通航里程达到1350公里，港口吞吐量达2亿吨。

京津冀一段已经断航的区域，将在“十三五”期间力争实现部分通航。通航区域集中在通州、香河和武清段。通州区拟建立运河商务区，面积为17.48平方公里，以五河交汇处为龙头起点，建成以金融创新、互联网产

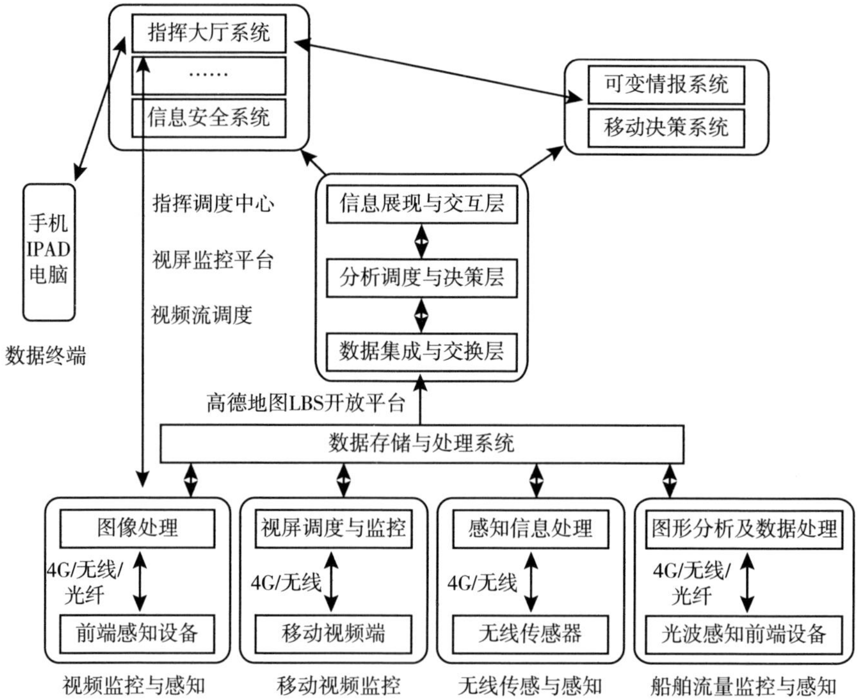

图 2　京杭运河苏北段互联网＋航道图管理信息系统组成示意

资料来源：根据“京杭运河江苏省交通运输厅苏北航务管理处”信息编制。

业、高端服务为重点的高精尖经济结构，吸引民营企业和跨国公司地区总部进驻，打造与国贸 CBD 并驾齐驱的运河 CBD。

（四）学术研究机构成立，“运河学”成为热点

2014 年至今，大运河研究进入一个新的发展时期，这种发展一方面建基于 20 世纪 20 年代以来的学术积淀及学界对“运河”重要性认识的自觉；二则在于两个重要事件的发生，即 2014 年 6 月中国大运河“申遗”成功和 2017 年 2 月、6 月习近平总书记视察通州时的讲话。就大运河本身而言，这两个时间节点意味着国势强盛、文化自信背景下传统文化价值的再挖掘、再提升；对研究者来说，这一契机促进了学界对运河历史功能和现实价值的再认识，将运河作为研究主体，纳入学术视野与学科建设中。当然，除此之

外，特定的社会形态、社会科学的精神以及人们在特定时期形成的特定心态也在一定程度上促使大运河研究发生转向。

2017 年 1 月至 2018 年 9 月，知网（工程、农业、信息、经管四大类及 212 种重点期刊）共发表以“大运河”为题的文章 1109 篇，文章的类型化趋势更加明显，呈现出以下特点：与之前以历史、地理类研究为主的情况相比，2014 年以后的文章涉及多个学科，最为突出的即是大运河文化及保护类文章，占文章总数的 26%；其次是运河城市规划、景观设计及旅游类文章，占总数的 20% 左右；水利环境类，占 18%；历史、考古类文章占 16%；最值得一提的是，运河学科建设及理论类的文章大幅上升，约占 10% 的比例，其他类约占 9%。从这些数据统计来看，运河研究发生了很大程度的转向。总体看来，这种转向涉及两个大的方面，一是应用类的研究占据更多的份额；二是运河学科理论正逐步形成。

运河理论研究则向两个方向进行转向，一是整合性转向，二是研究整体性与细致化的结合。首先，所谓整合，是指对运河本身跨学科性质的知识体系和经验进行系统性的研究，其中最突出的表现即是“运河学”概念的产生。最早提出“运河学”这一概念的是建筑学家罗哲文先生。在“申遗”背景下，罗先生提出的概念旨在强调大运河作为文化遗产的特殊性，尤其从物化的层面突出了大运河的价值所在。当然，更主要的原因是，作为一个复杂的系统，大运河连接的不仅是地域意义的南北、地理意义上的水系、经济意义上的市场、政治意义上的漕运军政，还有文化意义上的技术、生活、认同等内容，任何一个学科都无法实现对运河的整体认识。在这样的前提下，国内首家“运河学研究院”2012 年于聊城大学成立，其后该院组织国内学者召开了“运河学”专题研讨会，就运河学的研究特点、知识体系、研究理论与方法等进行了深入研讨。近几年，国内相继成立了十几家运河研究院（所、中心），召开了几十次国际、国内的学术会议，旨在通过学术碰撞，从理论上构建一套运河学研究的体系。从“学科”概念出发，某某学是指一种知识分类，是相对独立的知识体系。从这个意义上说，运河学是以运河及其区域社会为研究对象的学问。这里的“学”不应理解为通常所说的学科，而是指一个学科方向、一门学问。一门学问能否成立，关键要看两个要素。一是研究范畴、基本概念是否具有丰厚的内涵和清晰的外延；二是相关资料能否支撑这门学问。运河学的概念清晰，其是围绕运河的历史与现实，形成一整套研究、保护、开发的理论与方法。其知识系统、理论及方法也相对明确。知识系统主要指建立在史实基础之上的关于运河的各方面知识：诸如运河演变历史，运河的地理特征，各历史时期围绕运河的重大事件等；运河的理论体系则包括运河的历史地位，运河的政治、经济、文化功能、社会意义，运河与中国政治、经济格局变动的关系，运河的区域性差异与辐射意义，运河所反映出来的国家治理与发展观念，运河引发或关联的环境、经济、政治、文化、社会等方面的问题，运河学史等；至于运河学所涉及的研究、保护、开发的方法问题，应该是多学科交叉共研的格局，可以根据研究的领域和解决的问题，具体酌定。

目前，大运河学术研究正在朝向整体性与细致化相结合的方向发展。整体性是指运河不仅是一条河，更是中国社会发展的一种承载与表现方式。2017 年国家社科基金重大项目《大运河与中国古代社会》就是在这样的研究意识之下形成的，课题讨论大运河与中国社会的关系，即运河的开挖、畅通与断流如何影响甚至改变着中国古代社会的发展和走向。课题既讨论运河的“社会性”价值与意义，又探讨中国社会的“运河性”特点与历史进程。显然这种研究思路突破了以往只强调大运河政治、经济、文化的框架性研究，主张大运河的任何研究都要建基于运河整体发展的前提之下。细致化研究是指学者以更细腻的姿态进入历史与现实。目前，在多个学术领域，以个案（运河城市、河段、湖泊、人物）、区域、专题（艺术、文化、饮食、民俗）为内容的研究大量涌现，不同学科细致深入的研究逐渐增多，视角独特（如图录运河、廊道运河、文学运河、生活方式的运河等），观察举证越来越细。当然，这种细化研究不免让人与碎片化研究等量齐观。但笔者以为，在运河学理论架构和整体性研究统合之下，细化研究毋宁是“深入”“切近”运河的最有效的方式。这好比是运河行船，一方面要有长远的眼光，以摸清运河畅通的水况水脉，更要有细致缜密的观察，去体悟运河不同河段的行船特点，两者缺一不可。

为保护好、传承好、利用好大运河历史文化资源，各地政府和社会团体越来越重视专门学术机构对运河文化保护与利用提供的学术支持，沿线高校纷纷整合区域内优势资源，成立运河研究机构，组织相关论坛，集思广益，共同保护、利用大运河。

二　主要问题和关键症结

大运河线性文化遗产保护、开发、利用是新时代面临的新课题。随着大运河文化带建设的不断推进，尤其是大运河流经省市文化经济建设工作的不断展开，各类问题也随之逐渐呈现出来。这些问题既有顶层设计的不完备，也有认识、观念上的不清晰，还有保护层面的不细致，利用过程中的不专业等等。如有些城市以旅游开发为名，将原有的运河河道及附属工程设施随意拆除、改造或者移动；将原有居民迁移他处，让运河人群脱离运河而存在，致使运河失去其活力与动力；或强行制造和牵强附会的“创造”运河元素，强行粘贴“运河”标签。以上这些做法，都可能导致真实的历史内涵被抽空，在很大程度上伤害了公众的文化情怀和历史观。

（一）顶层规划不明确，保护指导原则模糊

针对文物意义上大运河保护问题，根据中国国情、国外运河保护经验以及目前运河保护利用中存在的问题，各级政府和专家学者呼吁应首先制定《大运河保护管理条例》，就大运河文化保护的基本指导思想、基本原则、主要内容、监督检查以及法律责任等做出明确规定，从根本上推动大运河文化带建设走上法制化、科学化、规范化轨道。在国外，多个国家都制定了《运河法》，如 1912 年的《巴拿马运河法》和 1913 年日本的《运河法》等法律，其中后者是日本河川行政部门的执法依据。大运河的保护涉及如水文水质、土壤堤岸、文物古迹、水上运输、自然生态乃至人文环境等内容，保护和传承工作不但多而且非常复杂，所以消除部门主义和地方主义，并有效

动员全社会的力量，才能进行统筹规划、整体保护，并最终实现科学开发、合理利用和有效传承。再者，很多地方政府都试图以大运河为载体，整合运河文化资源，规划建设集大运河、古镇、非物质文化遗产保护、旅游、观光、娱乐、休闲、饮食等文化产业于一体的文化传承创新示范区，大而全的模式带来的是同质化的发展，没有统一的规划和相对明确的指导意见，重复性的建设和简单复制只会带来资源、资金、人员的浪费。

确定京杭大运河遗产与生态廊道的保护边界是运河遗产保护开发的重要问题之一。根据国际惯例和国家自然保护区相关规定，应在空间上将保护区合理的划分为核心区、缓冲区、实验区和外围保护地带。京杭大运河作为一条跨区域的线性遗产廊道，所经区域内自然环境、地理条件、文化类型等差别较大，不同河段内廊道的遗产类型、所处环境、经济发展状况也都有很大不同，在运河旅游开发利益的驱使下，运河遗产廊道的核心区、缓冲区和实验区和外围保护地带只是名义上的存在，大运河遗产保护区内虽然树立遗产分界界桩，但河堤破坏、污水排放、乱扔垃圾、风光带被破坏等现象还是会出现在运河保护区内。

当下，大运河文化价值不断彰显，运河流经八省市的文化产业总值占到全国文化产业总值的很大比重。因此，国家层面出台大运河文化带建设和大运河保护的专门法律，设立国家机构统筹运河保护、开发和建设，能够对大运河的建设和开发进行相对统一的规划，避免各自为战和部门利益冲突，引导地方形成省、市、区、镇、村保护管理体系，推动大运河的“活态运用”。

（二）整体与部分关系不清，协调管理机制运转较难

京杭大运河整体的保护与地方区域性保护利用的矛盾较为突出，各遗产区域和遗址点存在各自为政的现象。大运河“复航”是指运河文化带的整体性建设，并非水利意义上的全面复航。由于历史原因和运河的跨区域性，目前大运河全线通航的必要性和可行性尚待进一步论证，但作为一个文化整体和线性文化线路，对大运河文化及经济价值的整体性认识和利用非常必

要。不将大运河放置在整个文化与经济建设的策略、规划和建设之中，就有可能出现各扫门前雪的窘境，大运河作为整体的线路性的价值和意义也无法得以体现。虽然运河沿线省市签订跨区域联合协议，但协调管理机制运转困难、管理协调机制亟须完善。现在运河管理较为常见的保护管理机制是以文物行政部门为主，其他部门协调合作，但在实际运行过程中，由于某些部门级别相同，造成统筹协调运作不流畅，大运河也就变成了长短不一的“小运河”。在运河项目开发上，政府为解决资金困难，采取 P－P－P 商业融资模式，造成一个保护单位多个管理者的现象。以扬州盐商历史遗址为例，它有遗址管理处、名城公司、扬子江投资集团及康山园经营管理有限公司四个管理单位。在水运工程遗址的管理保护上也因现行行政管理体制而被人为地分割，以济宁南旺分水枢纽工程为例，因南旺、戴村坝属黄河流域，所以其归属黄委会管辖，但工程以南属淮河流域，又归淮委会管辖，一个完整的工程被人为分成两部分，给遗址的修复和保护带来不便。

（三）大运河文化内涵认识不清，“活态”利用成为难题

什么是大运河文化？何为大运河文化带？对于大运河文化带的认识不清，可能会导致两种倾向，一是对运河的历史与现实并不了解，却急于搭上“大运河文化带”建设的列车，甚至有意忽略运河的历史，“积极”行“智库”之职能，隔靴搔痒的解读并“打造”运河文化。这种“可嘉”的勇气只能致愚、不能行智，因为复杂、系统、多变、跨区域的运河，不是夸夸其谈的投机者用漂亮的辞藻、应景的设计所能“规划”的。正如葛剑雄先生所提醒的那样：“大运河文化带建设应当基于马克思主义历史唯物论，实事求是，综合考虑历史背景、地理环境和经济建设要求等，不能仅仅从历史方面考虑，也不能夸大历史或任意想象历史”。二是将运河的保护和运河文化带建设看作是搞旅游开发。作为活态的线性文化遗产，京杭大运河在保护传承利用等方面可参照学习的成功模式不多，而运河沿线文化各具特色，如果千篇一律，就有违运河文化带建设的初衷。运河沿岸随处可见的人文景观、多姿多彩的民俗活动、河道本身蕴含的河工技术等都是运河文化重要的组成

部分，运河文化的内涵包括技术文化、制度文化和社会文化三大类，因此应该坚持深入发掘本地区运河文化特色，避免单一旅游规划开发，坚持活态传承，为运河文化的发展保护注入新的时代内涵。

目前，大运河旅游则多停留在观光游的层面上，体验游产品开发不足。大运河遗产是在具体的时空架构内以运河为载体形成的多样的和独特的物质、非物质文化遗产，如果仅仅停留在对运河本体浅层次的利用上，那么具有更高的历史、科学和文化价值的文化遗产就会被忽视，大运河文化的传承也容易被固化、狭隘化。

（四）运河研究有待加强，研究人才储备不足

大运河本身是一个系统工程，大运河文化带建设更是一个复杂的体系，亟须具有跨学科背景、能够进行运河文化传承和服务区域经济发展的人才。近几年来，运河研究出现了“冷热不均”的情况。这种冷热不均包括两层含义，一是受大环境影响，尽管有些学者开始关注或者有意将自己的研究向运河“靠拢”，但比之民间爱好者的热情却冷清得多，国外学者在运河研究中除早年对漕运有所关注外，少有相关话题展开研讨；二是多个学科的学者都感受到运河的热度，但是研究深度不够，多处于起步阶段，所以形成研究成果逐年增多，但选题相近，依样画瓢的“成果”占了不小的比例，相对深入的研究却凤毛麟角。

运河学虽是一门新兴学科，但大运河保护利用对人才队伍的素质和能力的要求却很高，技术能力过硬、复合型、高级经营管理人才的需求不断上升。从人才队伍的状况来说，一些低学历具有专业特长人员的积极性和创造性也没有得到充分发挥。中国现行教育体制和就业压力下，复合型人才培养不受重视，培养机制不健全，这导致了解运河历史文化的人才不懂规划和旅游，懂旅游和规划的设计师不了解运河文化，于是出现了以旅游为重心的规划者，忽略了大运河的历史价值和文脉何为地域特色，文化景观同质化严重；以文化为主导的学者，更关注细节的研究，忽略了文化价值的利用。目前只有聊城大学运河学研究院招收“运河学”学科的研究生，培养专门性

运河人才，尚无其他高等学校和科研机构进行相关人员的培养。因此，我们需要对运河学人才队伍的建设和发展秉承兼容并蓄、多管齐下、不拘一格、开放包容的理念，重视人才的储备和复合型人才的培养。

（五）大运河文化伪传承，商业化开发过度

大运河文化伪传承的根源是主导者在未理解大运河文化的前提下急于进行过度的商业开发，也可以说，在一定程度上，新的运河开发项目中，过度的旅游开发已经成为威胁运河保护的最大因素之一。大运河旅游开发过程中，对传统文化的过度干预、老巷子的截弯取直、古镇的推倒重建等行为，都使得大运河文化的原生性被严重破坏。另外，对大运河文化的滥用以及虚假性宣传，也严重影响了民众对大运河文化的深刻认识，依据传播学“涵化理论”，过多虚假性或者重复性的旅游宣传，可能会误导、破坏个体对大运河文化的感知和对大运河旅游的体验。例如个别运河沿岸城市举办的“运河旗袍节”“大运河庙会”等旅游活动，是对“大运河”文化因素的滥用。大运河文化是大运河保护和利用的“魂”，在新开发的大运河建设项目中，应该文化先行，结合当地的历史文化资源做内容引导，不能本末倒置、牵强附会。

（六）遗产保护社区参与度弱，民众保护意识有待提高

让文化遗产活起来，是大运河文化遗产事业最根本的目的之一。事实上，让文化遗产活起来存在着一定困难。大运河文保事业中，从人本、文化等本质层次上探讨遗产文化价值的工作还不深入，在保护遗产的过程中依然存在着“重物轻人”的现状。政策制定者、研究者轻视社会群体的权益，缺乏对遗产与民众关系的认识，最终导致遗产与社会大众的连接度不够或者不密切。

大运河沿线社区居民在大运河保护、开发中占有非常重要的地位，社区居民参与程度直接影响着大运河保护利用的可持续性。在大运河文化带建设的背景下，大运河沿线社区居民是大运河保护开发最大受益者，也是大运河遗产廊道和大运河文化带建设成果的检验者。但是由于缺乏参与机制，社区居民无

法参与大运河保护开发规划的过程中，很难或者不情愿发挥自身能力来参与、影响大运河保护开发的民主过程。大运河沿线社区改造最常见的做法就是将原住居民迁走，在周边新建民居，这种做法一方面破坏了大运河沿线的原始建筑，另一方面也使风俗习惯随着人口的迁移而迁移甚至消失。社区参与度依赖社区居民的主动性和项目规划者愿意给予社区居民的支持和鼓励程度。

三 大运河文化带的功能及传承、保护、利用的原则与对策建议

大运河文化带建设的动力，既来自几千年河流本身积蕴的力量，也来自于国势强盛背景下的文化自信。沸腾与冷却的辩证，也让运河的研究者、制度的制定者及实践者们，将理性思考与感性情愫放置在一起，来考量作为对象的大运河如何被保护、传承和利用。可以说，在历史时期，运河“本体”与“漕运政治”是重点，而今“运输”之河道兼具了“文化传承”的功能。事实上，作为一个复杂的系统，大运河连接的不仅是地域意义的南北、地理意义上的水系、经济意义上的市场、政治意义上的漕运军政，还有文化意义上的技术、生活、认同等内容。

（一）大运河文化带的功能

大运河文化在时间序列和区域、跨区域的空间里实现了功能的价值性延续，对其进行传承、保护与利用策略的讨论，必须在文化遗产层面、知识系统层面、民族精神和伦理价值观层面进行综合考量，这是传统文化传承与发展的需求，也是文化传播及战略布局的需求。大运河的综合价值和功能表现在以下三个方面。

1. 文化载体

大运河承载了“水利—物质”“国家—社会”“精神—行为”三个层面的内容，具有物化和符号化的意义。运河既是指实际的运河河道及其附属工程和建筑，也指人们观念中的大运河，即作为“事物”在人们观念中构建

起来的形象。运河的流动性使区域人口流动速度加快，区域间文化的融合性极强，精英文化较快地渗入世俗生活中，各种文化相互吸收、融合、涵化，并通过相互接触、交流进而相互分拆、合并，在共性认识的基础上建立具有连续性和一致性的新文化。大运河通过对文化的聚合、传播、催生来发挥载体功能。

2. 文化联结纽带

大运河文化带具有明显的区域、跨区域特性，是标签性的“线性共同体”。大运河连接南北，跨越了江南、江北自然区域，以及燕赵、齐鲁、中原、江南等不同文化圈，并进而通过其他东西之河道及交通枢纽相互连接，形成了经济、文化传播的网络。在这个意义上，大运河与其他河流共同构建了中国地域的线性框架性格局。在历史上，大运河因分别在宁波和洛阳与丝绸之路交叉而成为海上丝绸之路和陆路丝绸之路的连接线，承载了文化交流、人类迁徙和商品贸易的功能。所以，大运河编织了一个巨大的文化网络，沟通古今且连接世界。

3. 生活方式

“大运河”是中国文化的符号，也是人民生活的方式。美国人类学家克鲁柯亨指出，“所谓一种文化，指的是某个人类群体独特的生活方式，他们整套的‘生存式样’”。大运河开挖、畅通所形成的生存环境和生活条件，不仅形成了历史上漕运群体、商人组织、河工人群等独特的社会组织，而且造就了运河流经区域社会人群特殊的生存、生活、生计方式，成为一个巨大的生活磁场，并由此形成了人们不一样的世俗理性观念。生活方式不会随运河断流而消逝，真实而生动的在生活场景和基本生活情态中的运河，继续在人们日常生活的劳作、交往、消费、娱乐、礼仪等层面得以传承。

大运河的文化价值和功能是统一的，但是在传承、保护和利用的过程中，有可能也存在着一定程度上的矛盾，保护和利用相得益彰的背后必然是取舍的艰难。遗产保护与利用是一个认识统一、观点协商、权益平衡的过程，甚至在一定程度上，遗产的价值是多样性的，因人而异。对遗产的保护，首先是真实性和完整性的保护。保护遗产的真实性和完整性是《世界遗产公约》的核心，也是遗产保护必须履行的基本准则。文化遗产的真实性是指遗产满足在设计、材料、工艺和位置环境方面真实性的检验，而完整性不止个体的完整，还包括遗产、环境和文化的完整，是整体的完整。

其次，保护和利用的过程中，应以保护为主、抢救第一为原则，合理利用并加强管理。遗产保护本质上是一种文化传承。运河文化遗产的复杂性在于遗产管理和遗产分布的跨区域性，但每一个区域又不是独立的，必须被放置在大运河的体系中来考量、布局，也就是说其整体价值大于部分相加。因此，大运河文化整体的内在衔接、当前生活方式与运河变迁的相互影响、运河遗产的区域背景、旅游开发的合适度、文化动力的转化等，都须制定体系化的保护制度和开发规划。大运河的保护和利用涉及水利、航运、文物保护、环保、国土、农业、渔政、城市规划、城管、园林建设、旅游、人力资源等多个部门，牵涉政治、经济、文化等多种因素，因此在进行相关规划时必须考虑其科学性和可操作性，完善大运河遗产保护利用的长效机制，提升大运河沿线文化遗产的保护利用水平。

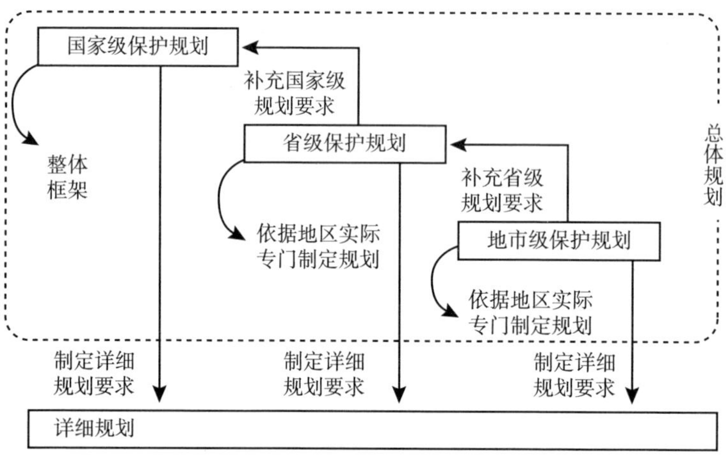

图3　大运河保护规划设计流程示意

最后，处理好“活的”遗产和向死而生的文化之间的关系。大运河文化遗产是记忆的载体，是联系过去与当下的物质性连接，在历史的进程中，也被过去、现在和未来的社会、文化话语不断建构着，成为人们认识过去审视当下的工具。因大运河而产生的很多故事、文本、事件，有些被记忆，有些被遗忘。被记忆的部分不断被强化，成为现代人们关于大运河的集体记忆。当然在记忆形成过程中，文化本身也参与了民众的身份认同。在这个意义上认识2014年6月中国大运河“申遗”成功和2017年2月、6月习近平总书记视察通州发表重要讲话的时间节点意义，就能更加清楚大运河文化的当下的价值。孔子说“未知生焉知死”，但事实上如何对待“死”及其背后的一套人生态度、社会礼仪及价值涵养，是我们认识有些断流地区（济宁以北）甚至新的历史时期运河文化的基础，“向死而生”不是一个过程，而是一种传承。正如有学者所说，“申遗只是一种推动保护的方式，保护好大运河遗产、揭示和展示大运河遗产所蕴含的杰出的普遍价值以及深层次的中国文化特色并将之传承后代是这一运动的基本宗旨”。因此，大运河是活的遗产，也是社会生活本身，运河文化已经在人们日常生活中转化为一种“自我”构成，并最终成为人群共同体的自我组成部分，而在快速变迁的社会中，人们也会以文化遗产物及其承载的历史事件来重新确定自我在社会中的位置。因此，大运河文化的传承与保护，很大程度上在唤醒、传承集体记忆，在济宁以北河段，通过物化的运河遗产构建向死而生的文化传承；在畅通的河段，让人们已经过惯了的生活安静延续。

（二）文化带建设的建议和对策

1. 加强顶层设计规划，制定相关法律法规并建立相关机构

目前，《大运河遗产保护规划》和《大运河遗产保护管理办法》是国家层面有关大运河保护的规划和办法，而且内容偏重于大运河核心区的保护，针对大运河管理的法律和规范尚不健全，对文化带建设的总体设计也未出台。因此应尽快制定包括大运河遗址、建筑、工程、民俗、生态、旅游开发在内的“大运河保护条例”及其他详细的法律法规，处理好大运河保护与城市规划建设、生态环境保护、水资源的治理、社会主义新农村建设、产业转型发展之间的关系，使大运河的保护和开发有法可依、有章可循。

表 1　运河流经相关行政区和主要相关河湖体系

<table>
<tr><th>运河河段</th><th>流经省市</th><th>流域</th><th>主要相关河湖</th></tr>
<tr><td>通惠河</td><td>北京</td><td rowspan="3">海河</td><td>京密引水渠、昆明湖、什刹海、北海、中南海，温榆河</td></tr>
<tr><td>北运河</td><td>天津</td><td>凉水河、潮白河、龙河、北京排污河、永定新河、新开河，海河</td></tr>
<tr><td>南运河</td><td>河北</td><td>子牙河、子牙新河、北排河、清漳河、南排河、漳卫新河、滑河</td></tr>
<tr><td rowspan="3">会通河</td><td rowspan="3">山东</td><td rowspan="3">黄河</td><td>马颊河、西新河、大沙河、徒骇河</td></tr>
<tr><td>金堤河、黄河、东平湖</td></tr>
<tr><td>梁济运河、赵王河、南四湖</td></tr>
<tr><td>中运河</td><td rowspan="3">江苏</td><td rowspan="2">淮河</td><td>沂河、骆马湖、六塘河，淮沭河，盐河、黄河故道、二河、苏北灌溉总渠、淮河</td></tr>
<tr><td rowspan="2">淮扬运河</td><td>洪泽湖、入海水道</td></tr>
<tr><td rowspan="2">长江</td><td>白马湖、宝应湖、渣河－三阳河，高邮湖，邵伯湖，新通扬运河，入江水道</td></tr>
<tr><td rowspan="5">江南运河</td><td rowspan="7">浙江</td><td>长江</td></tr>
<tr><td rowspan="3">太湖</td><td>香草河，简渎河，丹金溧漕渠，九曲河，越渡河，新孟河，扁担河，北堂河三山港、直湖港</td></tr>
<tr><td>太湖，五牧河、锡溧运河，锡澄运河、北兴港、梁溪河、伯渎港、太溪河、望虞河、浒光运河</td></tr>
<tr><td>元和塘、娄江－浏湔、杨胥江，苏东河吴淞江，太浦河，奉口河－东苕溪</td></tr>
<tr><td rowspan="2">钱塘江</td><td>杭嘉湖河网</td></tr>
<tr><td rowspan="2">浙东运河</td><td>钱塘江、绍兴河网、曹娥江</td></tr>
<tr><td>甬江</td><td>姚江、慈江，甬江</td></tr>
</table>

京杭大运河的跨区域特征导致在遗产登记标准、保护开发的程度、文化的深入挖掘、沿线景观的设计改造等方面难以统筹协调，因此成立运河保护性开发机构，统一标准，及时沟通各方，共同对京杭运河遗产进行全面管理，做好对运河文化的研究、保护、传承、利用、宣传工作，有效协调各省市政府及下设国土资源、文物、环保、城建、林业、农业、渔业、交通、水利、宗教、旅游等部门，达到文化保护、利用合理、快速、非同质化等效果。

2. 建立大运河数据平台，发展新兴文化业态

数字孪生技术和大运河数据平台建设可以为大运河文化带建设提供更好

的技术支持。数字孪生技术是利用物理模型、传感器更新、历史文献资料等数据，集成多学科、多物理量、多尺度、多概率进行充分仿真模拟，在虚拟空间内映射实体装备全生命周期过程。这种技术可以在运河保护和开发过程中对遗产信息数据进行数据建模，形成遗产的数字化生命周期，减少日常运河遗产的使用和损坏，降低遗产信息化运营成本，提高文化遗产的保护效率和质量。以运河文化为核心，将“文化＋”计划融入沿线生态建设、景观规划中，利用3D模拟、VR等虚拟信息技术，将运河文化资源制成影像，模拟运河场景，增强民众的体验性，提高运河文化资源的展出率和效果，实现运河遗产利用的可持续性和数字化发展。大运河文化平台建设基于“大运河文化带建设”需求，可以为政府、学者和公众提供集中、丰富、直观、便捷的大运河历史资料、研究动态、旅游服务、信息咨询和投资建议。数据平台包括文化数据库、理论库、专题库、地图库和资讯库等板块，提供文献、专著、学术期刊、影音资料的浏览和下载等功能。例如理论库建设可以汇集有关运河学、运河文化带、运河经济带建设等方面的研究观点，促进思想的碰撞、更新；专题库的目标是关注当前运河的生态保护、航运、旅游、文化遗产保护等事业的进展，进行相关信息的集中、宣传介绍；地图库则提供运河古籍舆图、商业地图的浏览和下载，并为有需求的用户提供专题地图的制作；资讯库能为政府及公众提供各地运河生态、城镇建设、文化建设等重要资讯。

3. 重视环境保护，实施运河景观改造工程

水质污染是京杭运河主要问题之一，保证水质是京杭大运河本体利用的关键因素。虽然大运河沿线省市出台一系列环保法律，但一些地方和部门对环境保护的认识不到位，区域性生态问题仍然存在，污水排放、农村环保设施滞后、河道破坏、生态治理等一些长期积累的环境问题尚未得到解决，大运河沿线生态环境风险不容忽视。某些河段大量使用混凝土或块石作为防护材料，使河岸硬质化，破坏了水系与其他生物之间的物质交换、生长繁殖能力条件，降低了河水自我净化能力。为全面提升大运河遗产经济、社会、生态、景观、水利、旅游等综合效益，必须重视对大运河周边环境的保护，从

环境学和生物学的角度，制定实施大运河保护管理办法，划定生态保护红线，落实大运河沿线景观规划设计工程，实现大运河整体“通航”，让大运河重新焕发活力。

4. 处理好部分与全线、分层与整体保护、利用的关系

大运河线性共同体与流经各区域在一定程度上存在着整体与局部的矛盾。由于大运河沿线各省市经济发展状况不同，存留的物质遗产和原有的文化积淀差异较大，在专门机构的统一领导下，不同区域的政府和各类管理机构负责制定、实行、监督运河保护、利用、政策的落实情况，不同行政区政府和职能部门根据当地区域发展的实际情况明确治理保护责任，根据每一处遗产点的特性进行研究和保护开发。整体保护开发则是指不同辖区需建立合作关系，摒弃“各司其职”的思维方式，树立大运河遗产保护开发的大局观，建立合作协商体制，颁布激励性政策，鼓励企事业单位、社会团体、社区居民参与民主协商、共建共享，实现“内外互联互通”，明确各职能部门的责、权、利，调动公众的积极性。在沿线城市的旅游品牌设计、市场定位、产品推广、推广联动等方面，强化大运河联盟城市运作，发展精品特色旅游线路，使大运河的文化价值通过旅游开发转变为经济价值，推广中国大运河整体的旅游形象，实现沿线区域合作共赢。

5. 强化“运河学”的跨学科性，实现“面向社会”的研究

大运河学术研究是大运河文化带建设的核心之一。目前研究领域和研究内容的日趋多样化是大运河研究的总体特点。新的历史时期，随着学术价值观、研究方法及研究环境的改变，大运河研究不但实现了从历史（地理）研究向其他学科的逐步扩大，而且研究深度和广度也发生了改变，包括史学界在内的学者重新审视以往从经济入手且带有强烈政治色彩的宏观社会形态解释模式，将研究带入新的多元视角与多学科的研究领域。国内首家“运河学研究院”2012 年于聊城大学成立，其后该院组织国内学者召开了“运河学”专题研讨会，就运河学的研究特点、知识体系、研究理论与方法等进行了深入研讨。近几年，国内相继成立了十几家运河研究院（所、中心），召开了几十次国际、国内的学术会议，旨在通过学术碰撞，从理论上

构建一套运河学研究的体系。从“学科”概念出发，某某学是指一种知识分类，是相对独立的知识体系。

大运河研究的学术意义是构建起新的权威性理论架构，使具体的研究得以整合，摆脱碎片化与地方的狭隘性，提供新的社会文化解释模式，丰富运河学学科理论。当然，运河学整体理论不是叙述和研究与运河相关的所有方面的历史和现实，不是把所有的事实和现象都一一研究清楚，而是要把人们的行为，以及影响人的行为、影响人们行为结果的所有要素都视为整体性联系的事实，从其整体性联系去把握与理解历史和现实，去认识大运河之于中国、之于民众的价值意义及其过程、结果。大运河研究的细化在很大程度上是突出运河区域史研究中“人群主体”，实现“面向社会”的研究。完成这一目标的动力源泉在于视角转换、史料挖掘和现实关怀。大运河所影响的社会与整个中国社会变迁的大趋势相吻合，同时大运河的存在也在一定程度上影响着整个区域乃至中国社会的变迁的过程和方向，因此将大运河的政治身份转化成社会角色，是视角转换的结果。面向社会应更加重视“社会人”在结构变迁中的主观性作用和价值，这一方面可以解决大运河区域社会稳定、变迁及内在发展动力的主体因素；另一方面，只有深挖“人”的日常生活的内容，即其劳作、交往、消费、娱乐、礼仪等层面的问题，在再现地域各阶层日常生活的真实而生动的历史场景和基本生活情态的基础之上，实现对区域自身社会发展特性、动力的综合性认识，才能进而完成人的主体价值和社会能动性的考察。

6. 以人为本，培养大运河研究、利用的复合型人才

大运河遗产的保护和开发必须坚持以人为本，这不仅包括运河人与运河关系的和谐相处问题，还包括运河人才的培养问题。人是运河的开发者和受益者，人们的主观能动性在运河保护利用中起到促进或妨碍作用，社区居民的积极参与是进行大运河文化带建设的决定性因素。大运河遗产的保护和利用过程中，不仅要向民众宣传相关知识和法律法规，促进民众参与积极性，将大运河遗产的保护与改善民生紧密结合，使大运河保护的成果大众共享，还需专业的人才队伍，对大运河遗产进行高标准管理、规范化建设、细致化

服务，传承大运河文化，提高群众对切身利益的关注度，将保护意识转变为自觉实践，实现大运河遗产保护利用的长效机制。

7. 深入挖掘大运河文化资源，关注农村社会发展

2018 年 2 月 4 日，中央一号文件《中共中央国务院关于实施乡村振兴战略的意见》发布。2018 年 3 月 5 日，国务院总理李克强在政府工作报告中，强调要大力实施乡村振兴战略。在新的历史条件下解决“三农”问题，已不单单是经济发展的问题，也是文化建设的问题。大运河文化带建设中，城市和重点市镇资金、资源的投入较大，社会的关注度相对较高，大运河流经的农村区域则相对较为薄弱，区域本身对大运河资源的利用也不充分。

对于大运河区域的乡村而言，在乡村振兴战略实施过程中充分、科学、合理地利用大运河资源，首先需处理好大运河与其他自然河流的关系，处理好灌溉、防洪、运输与生态保护之间的关系，在有效保护生态环境的前提下，深入挖掘大运河文化。其次，每一种文化都有一种主导动机，大运河文化的主导动机就在于利用大运河的沟通功能，选择并强化人们生活中与大运河相关的某些行为要素，将其逐渐制度化，且或多或少地进行某种盘合，最终形成某种特定的生活方式。相较于城市，大运河沿线村落既是自然环境与大运河传统文化的共生综合体，也是承载容纳大运河文化、非物质文化遗存的“容器”，固有的“从生存原料中创造出来的生活模式”保留相对完整，因此，文化的挖掘应更多从生活方式本身入手。最后，在实施层面，可从唤醒意识、适时引导、资源转化等三个方面入手。具体而言，一是建立非遗传承专项基金，引导社会各界在资金等方面予以支持，把大运河文化融入美丽乡村建设中。二是尊重历史记忆，将具有大运河元素的建筑、生活方式等尽可能予以保留，或在各类设施建设上标注大运河文化元素或符号。三是加强与学校、企业的合作，进行创意研究与开发，把遗产及其资源转化为文化产品。通过农旅、文旅结合的方式，拓展大运河产业品牌文化的外延，把文化融入美丽乡村建设规划中，引入民群众的内心深处。

参考文献

安作璋：《中国运河文化史》，山东教育出版社，2006。

葛剑雄：《大运河历史与大运河文化带建设刍议》，《江苏社会科学》2018 年第 2 期。

李云鹏、吕娟、万金红：《中国大运河水利遗产现状调查及保护策略探讨》，《水利学报》2016 年第 9 期。

朱光亚：《大运河的文化积淀及其在新世纪的命运——大运河遗产保护规划和申遗工作的回顾与体会》，《东南文化》2012 年第 5 期。

邹逸麟等：《“运河学笔谈”》，《中国社会科学报》2016 年 6 月 8 日，第 8 版。

吴欣：《大运河文化的内涵与价值》，《光明日报》2018 年 2 月 5 日，理论版。

马庆凯等：《中国文物报》2018 年 9 月 14 日，“遗产保护周刊”。

李泉：《运河学发微》，《运河学研究》2018 年第1 期。

郎净：《浅论运河沿岸江南古镇文化展示之新思路》，《运河学研究》2018 年第 1 期。

江苏省委宣传部、江苏省社会科学院：《大运河文化带建设学术研讨会论文选编》。（未出版稿）

世界运河历史文化城市合作组织编《世界运河城市简报》第 5 期、第 6 期。

《京杭大运河复航：逐梦十年风雨路》，凤凰网，2017 年 9 月 6 日。

《太湖流域及东南诸河省界水体资源质量情况通报》，《经济日报》2018 年 2 月 28 日。

《建好大运河文化带　讲好中国运河文化故事》，中国网，http：//www. china. com. cn/news，2017 年 6 月 30 日。

《通州探索让大运河文化活起来》，北京商报，https：//item. btime. com，2017 年 11 月 24 日。

《流动的运河，流动的文化》，中国经济导报，http：//www. ceh. com. cn，2018 年 7 月 24 日。

大运河文化带建设篇

Grand Canal Culture Belt Construction

B.2 大运河文化带建设成果总结、趋势预测与政策建议

黄 杰*

摘 要： 大运河文化带建设正在沿运河各省市紧锣密鼓的进行中，回顾一年多来各地大运河文化带建设的成果，展望未来大运河文化带建设的趋势，有三点值得期待，一，大运河文化带国家战略呼之欲出，大运河三大价值将日益凸显；二，构建人类命运共同体理念正深入人心，大运河有望成为重要纽带；三，从思想务虚向实践务实有效转变，百姓幸福感将得到有效提升。为此建议：第一，要科学规划，突出保护，用好法律法规和先进技术做好运河遗产保护工作；第二，要古为今用，

* 黄杰，江苏大运河文化带建设研究院专家咨询委员会委员，扬州大学中国大运河研究院常务副院长。

强化传承，充分挖掘和传播大运河承载的优秀传统文化精神；第三，要优化布局，合理利用，高质量发展大运河旅游产业及大运河名城古镇建设；第四，要洋为中用，善于借鉴，鼓励开展全方位的国际运河科技、经济和文化交流。

关键词： 大运河文化带　运河遗产保护　旅游产业建设

一　大运河文化带建设的主要成果

自2018年习近平总书记对大运河文化保护、传承和利用工作两次做出重要指示批示之后，大运河文化带建设在沿运河各地陆续展开，各地和各部门进行了一些大胆的探索，取得一系列重要的成果。

（一）进一步提高了建设大运河文化带意义的思想认识

如果说2018年相当一部分人，包括一部分领导干部对什么是大运河文化带、为什么要建设大运河文化带还有模糊认识的话，2019年，随着学习习总书记关于大运河文化带建设主要指示批示精神的深入，随着广大理论工作者的研究和广泛宣传，大家对这些问题的理解越来越清晰、认识越来越提高。大家普遍能从完善国家战略空间布局、重塑文化自信建设文化强国、统筹推进中国东部地区经济、社会、政治、文化、生态文明协调发展的高度，认识建设大运河文化带的战略意义。

（二）进一步加强了建设大运河文化带工作的组织领导

2018年，沿河八省市为了有利于开展大运河文化带建设工作，都先后成立了大运河文化带建设领导或协调机构，如，2018年8月北京市成立大运河文化带建设组；9月，山东省成立了大运河文化带建设规划起草工作小组；12月天津市成立了大运河文化带建设领导小组等。2019年以来，各地各部门进一步强化和细化相关建设工作。江苏省将大运河文化带建设联席会议升格为领导小组，由省委书记娄勤俭同志亲自担任组长，省长吴政隆同志任第一副组长，并且江苏各省辖市都先后成立了相应领导机构。

（三）进一步完善了建设大运河文化带工作的顶层设计

大运河文化带建设必须有顶层设计，从国家层面看，由国家发改委牵头，在 2018 年调研的基础上，2019 年就编制《大运河文化保护传承利用规划纲要》又组织了多轮调研、专家论证和修改完善，目前已基本完稿。各省市、各部门也根据各自实际情况和工作职责，编制了本地区本部门的大运河文化带建设规划，在等待国家规划出台再对照修改完善后颁布实施。总体而言，从国家到地方和部门规划都做了大量前期调研，规划方案听取了各方意见和建议，具有较强的科学性和指导性，为大运河文化带建设后续深化实施提供了坚实的基础和明确的方向。

（四）进一步营造了建设大运河文化带浓厚的舆论氛围

2019 年，大运河沿线各省市开展了以运河为主题的丰富多彩的文化、体育和旅游活动，如运河主题文艺节目的巡演，以京杭大运河自行车挑战赛为代表的运河主题体育赛事的开展，以非遗文化传播为主题的展览，以父子壮游大运河为代表的主题旅游，以及运河主题微电影节的主办等。中央和地方媒体也纷纷加入大运河文化带建设的宣传，大运河文化带主题宣传报道量大幅增加，影响面和影响力越来越大，吸引了越来越多的运河两岸民众和其他国内外人士关注大运河，并积极参与其中，例如，运河游学已经成为海峡两岸大学生文化之旅的重要线路。

（五）进一步凸显了大运河文化带建设研究的重要地位

大运河文化带建设需要有科学的理论支撑，大运河文化带建设战略提出后，各级政府对大运河文化带建设的理论和政策需求迫切，大运河领域的研究迅速升温，从传统的运河史学、水工科技研究扩展到包括人文科学和自然科学各研究方向，运河主题的国家级尤其是省市级课题大幅增加，研究机构纷纷成立，除原有的聊城大学运河学研究院外，近年来各地成立的大运河研究机构就超过十家，如2017年成立的扬州大学中国大运河研究院、北京物资学院大运河研究院，2018年江苏省成立的大运河文化带建设研究院（省级重点智库），以及中国大运河智库联盟等；大运河主题的学术会议近百场，运河研究成果也非常丰富，首部《中国大运河蓝皮书》出版发行，大量学术论文和专著公开发表和出版，为政府提供决策的智库成果也不断呈现。

（六）进一步扩大了大运河文化带建设的世界影响力

2018年以来，以运河为媒的民间外交取得重大进展，2018年9月10日，世界运河历史文化城市合作组织（WCCO）主席朱民阳应邀出席在爱尔兰阿斯隆举行的2018世界运河大会，并在开幕式上做了题为“让运河在航运、生态和文化的复兴中焕发生机”的主旨演讲，获得参会者的一致好评。中国成功获得2019年度世界运河大会主办权。另外，已举办了11届的世界运河城市论坛，参与国家和代表逐年增加，议题范围不断丰富，2018年的论坛更是创下新纪录：出席论坛国内嘉宾有全国政协副主席郑建邦、全国政协原副主席王家瑞、江苏省委书记娄勤俭、博鳌亚洲论坛前秘书长周文重等20多位领导；国外嘉宾有爱尔兰前总理布莱恩·考恩、巴拿马驻华大使施可方、内河航道国际组织主席大卫·白灵杰及来自近30个国家和联合国环境规划署、美国国家可持续发展中心等20多个国际组织的近140位国外嘉宾，论坛期间，80多家海内外媒体119名记者参与报道，构成了“中央媒体+地方媒体+境外媒体”的多层次组合，一起报道论坛盛况，依托世界运河城市论坛，大运河文化带建设的国际影响力大幅提升。

当然，我们在肯定前期工作成绩的同时，也要看到各地在大运河文化带建设方面还有一些有待改进和完善的地方：如各地和各部门出现了对大运河文化带建设工作态度冷热不均、思想认识片面和协同配合欠缺等一些问题。如有的地区将大运河文化带建设简单理解为文化部门、文物部门的事情，其他部门参与热情和参与度不高；有的地区注重了区域范围内系统性、整体性、协同性的有机统一，但忽视了跨区域协作协同；有的地区政府部门对大运河文化带建设积极性高，但未能有效发动企业、社会组织和广大群众参与到大运河文化带建设中去；有的地区具有争先进位的魄力，但缺乏与其他运河城市共建共享的胸襟；大运河文化带智库研究成果数量不多、质量不高等问题；规划编制比较仓促，科学性和指导性有待完善等。

二　大运河文化带建设的趋势分析

（一）大运河文化带国家战略呼之欲出，大运河三大价值将日益凸显

作为世界文化遗产的中国大运河，既是中国的也是世界的。作为中华民族的两项鸿篇巨制，有人这么形象地描述长城和大运河：在中国的版图上，大运河和长城形成一个大写的人字，长城是中华民族挺起的脊梁，大运河是中华民族流动的血脉。对于这么一条在人类文明史上凝聚了中国智慧的文化遗产运河，我们没有理由不把她保护好、传承好、利用好。大运河文化带国家战略有望在2019年推出，该战略顺应了历史与时代的潮流，在此背景下，中国大运河所蕴含的三大价值将日益凸显。因为回望历史，中国大运河是世界文明发展的重要源流：一部运河史，就是半部中华文明史，也是世界文明史上的留芳篇章。中国大运河始开于春秋，完成于隋代，畅通于唐宋，取直于元代，繁荣于明清，历经千年积淀，历久弥香。如果说，长城是凝固的历史，大运河就是流动的文化；历史上的大运河通江达海、开放包容，不但交汇了江河之水，也融汇了世界各地的文明。因此，它对世界文明做出的贡献是全方位的。

从科学价值来说，作为世界历史上第一个集航运、灌溉、防洪功能于一体的人工开凿运河，从古至今一直发挥着重要的作用。它在南北广大地域范围内实现了物资交流，取得工业革命前土木工程和水利水运工程的杰出成就，是世界古代科学文明的一个重要样本。

从文化价值来说，中国大运河自开挖至今就成为中华文脉，积淀了丰厚的文化资源。现在，在长达 3200 公里的大运河沿线，拥有 1100 公里 27 段的世界遗产河道和 58 处世界遗产点；大运河贯通了南北地区 8 个省份，联系着吴越、淮扬、齐鲁、燕赵等不同的文化形态，如同一条连接线将不同地区的中华文明串联起来。大运河使国家的经济中心与政治中心连接起来，在经济繁荣、政权稳定、国家统一、文化交流等方面发挥了重要的作用。中国的主要河流大多呈东西走向，文化具有封闭性，但大运河改变了这一格局，串联并孕育出一系列新文化形态，深刻改变了中国文化的延展空间，华夏文化因此呈现出多元的、包容的、开放的格局。某种程度上说，大运河有力推动了中华民族结束南北分离的局面，中国从此走向政治、经济、文化全方位交融的时代，中国文明也走向了世界的舞台。

从时代价值来说，中国大运河和“一带一路”也具有不可分割的紧密联系。“丝绸之路”的兴盛，离不开大运河的重要贡献。隋唐时期大运河的开凿，为王朝强盛提供了重要的经济支撑，为“丝绸之路”向外域传播中华文明提供了坚实的保障。现在中国将大运河建设成为世界级文化运河、经济运河、生态运河，不但是对古老运河文明的最好延续，也是响应“一带一路”倡议、实现民族复兴的使命和担当。虽然说，当今中国大运河的运输等功能价值日渐弱化，但大运河所承载的文化价值则远远没有得到充分彰显和放大。现在国家大运河文化保护传承利用规划纲要正在编制中，这标志着大运河文化带建设即将上升为国家战略，这一战略不仅具有鲜明的中国特色，更体现出宏大的国际视野和国际价值。因为，无论是“一带一路”倡议，还是长江经济带、京津冀协同发展战略等，都属于区域经济发展战略，而大运河文化带建设则是十八大以来国家提出的首个区域文化发展战略，涉及区域广阔、领域丰富，具有极其重要的现实意义。

（二）构建人类命运共同体理念正深入人心，大运河有望成为重要纽带

习近平总书记提出了构建人类命运共同体思想理念，为构建全球治理新

秩序提供了中国智慧。这一思想理念不仅得到国际社会的广泛认同，也为中国的外交事业发展提供了新的强大理论武器，更为世界运河历史文化城市合作组织（WCCO）更好地发挥民间外交的作用指明了新方向。

同时，大运河文化带建设并不是以文论文，而是具有极强的问题导向和现实意义。我们要研究大运河，就是要挖掘它所诠释的民族精神和民族性格，使之载入人类文明的史册，成为人类文明的一座丰碑。中国大运河对于中国和世界的历史与现实意味着什么？联合国教科文组织的考察报告给出了最好的答案："从历史深处流出的大运河，打通了文明水路，促进了国内各民族以及中国与邻近国家和地区人民之间的文化交流，逐渐形成了大运河的精神内涵——城市与自然、人与自然、人与人之间和谐共处，对人类文明发展产生了重大影响"。这种合作双赢、和谐共生的特性就是大运河精神的主旋律，这与世界各国所追求的和平与发展、中国所倡导的人类命运共同体理念是一脉相承的。

世界上有500多条知名运河，3000多座运河城市，被列为世界遗产的目前除中国大运河外，还有法国米迪运河、比利时中央运河等5条运河。同国外运河相比较，中国大运河在开凿时间上最早、流域最广、科技含量最高，在世界运河构成中具有独特而又十分重要的地位。所以说，建设大运河文化带的过程就是大运河遗产保护、传承和利用的过程，也是传播中华优秀传统文化的过程。进行大运河文化带建设，可以为其他运河国家或运河城市的可持续发展提供中国经验和中国方案。因为世界上许多著名的城市如北京、杭州、纽约、阿姆斯特丹、莫斯科、曼谷、威尼斯、曼彻斯特等都是运河城市，这些运河城市都面临着诸如运河生态保护与修复、运河遗产和非遗如何保护与合理利用等许多共同的问题。现在，习近平总书记提出构建人类命运共同体的倡议，运河无疑可以成为其中最重要的纽带和抓手之一。

（三）从思想务虚向实践务实有效转变，百姓幸福感将得到有效提升

可以预见，随着2019年大运河文化带国家和各地各部门规划的出台，

大运河文化带建设从思想务虚将向实践务实有效转变，一批惠民生的项目将进入实施阶段。据了解无论是国家规划还是地方和部门规划，都涉及一大批运河文化项目推进、运河水体和周边环境整治、旅游基础设施建设等，如山东省济宁市发布的《济宁中心城区近期重点建设任务（2018 - 2021 年）》中提出：围绕国家城市双修试点工作，发挥运河文化资源优势，实施大运河、老运河等城市河道及周边地区提升，打造运河之都核心风貌区。明确了以治理城市病为导向，瞄准长远，系统治理，将开展水体修复、塌陷地修复、绿地修复、文化建设、公共设施完善、市政设施补齐、棚改安居、市容提升、交通出行改善、违建治理等十大专项行动。近期以城区五河地区（老运河、越河、任城河、小府河、小洸河等）为整治重点，开展河道治理，完善绿地系统，实施棚户区改造、中小学校建设、交通疏解等行动，补齐老城区基础设施和公共服务设施短板。以大运河为依托，开展运河文化复兴工程、新兴文化培育工程、特色风貌展示工程，实施河道总督衙门、济安台文化街区、铁塔寺历史街区、竹竿巷历史街区等项目，展现“运河之都、水城风貌”的独特魅力。另如苏州市也提出了进行大运河文化带苏州段的总体建设规划和细化工作，要求形成以“一带、两心、四镇、八园、多点”为骨干，各方面有机结合的文化带建设总体格局。通过努力，把大运河文化带苏州段建设成一条旅游休闲观光带、滨水风情人文带、海绵城市建设示范带、防洪排涝安全带。目前正逐步实施“263”专项治理行动，通过打造具备苏州自身特色的景观，实现“一河尽显姑苏之美”的目标。由此可见，随着各地将各自的设想和规划转变为实际行动，沿运河各城市和乡村的面貌将发生更大更新的变化，人民的幸福感将获得大幅提升。

三　推进大运河文化带建设应把握的六大原则

（一）在大运河文化带建设中要做到尊重历史

要充分挖掘大运河文化带沿线的历史资源，尤其重视民间遗存的文化资源，另外通过交流合作，将遗失海外的相关运河文化资源进行挖掘。通过进行大运河历史文脉的研究整理，为当下大运河文化保护、传承和利用提供坚实的基础。

（二）在大运河文化带建设中要重视项目推进

项目推进要结合当地实际，有针对性地实施。如博物馆建设、水利工程建设遗产项目建设、文化产业建设、航道疏浚建设、生态修复建设、运河特色小镇建设等项目，在具体实施中要注意轻重和财政承受力，有序推进，不能操之过急。

（三）在大运河文化带建设中注重抢救性保护

目前大运河文化带沿线的生态环境、遗产保护、非遗传承、民风民俗中有许多问题迫切需要解决，尤其某些非遗点的古镇、古村、文物保护与抢救问题，某些老字号、非遗项目、民风民俗传承，需要政府积极制定相关的保护与传承方案，避免产生不必要的损失与遗憾。

（四）在大运河文化带建设中要调动各方面的积极性

大运河文化带建设，有必要在建立一定的法律规章约束力，即确保不突破遗产保护和生态环境保护两条红线的基础上，通过建立激励机制，充分发挥各地区、各部门的自主能动性，鼓励基层在大运河文化带建设中积极开展各种探索。同时加强政策宣传，调动群众积极参与到文化带建设中，树立沿线人民群众进行文化带建设的主人翁意识，在具体实施中要以人民群众满意度为衡量的重要标准，真正提高人民群众的生活质量，让他们体会到幸福感和获得感。

（五）在大运河文化带建设中强化各方面协同性

文化带建设是一项系统性工程，单靠某个领域、某个部门、某个地区不可能单独完成，所以需要加强各级党组织对大运河文化带建设的统一领导，精心组织狠抓落实，做好统筹和协调工作。要建立协同机制，具体包括中央与地方之间、省与省之间、省内不同地区或部门之间、政府与企业或社会组织之间的协同等，还要重视大运河文化带战略与“一带一路”倡议以及与长三角一体化、京津冀协同发展等国家战略的协同对接问题。

（六）建设大运河文化带要展示运河文化整体性

如果说在中国大运河沿线燕赵、中原、楚汉、淮扬、吴越等不同文化形态是一颗颗光彩夺目的明珠，那么中国大运河文化带的整体性打造，就是要将大运河文化带整体规划、分段实施，形成以线串珠、一河尽现中国文化之美独特魅力的效果；中国大运河文化带建设的整体性还体现在需要加大顶层设计，统筹考虑“保护、传承、利用”三者之间的关系和工作重点，实现中国东部地区经济发展与文化遗产保护、生态环境建设的有机协调。

四　推进大运河文化带建设的四点建议

大运河文化带建设是一个千年大计、系统工程，是需要永续下去的一项事业。我们必须坚持科学规划、突出保护，古为今用、强化传承，优化布局、合理利用的原则，围绕七大文化高地，形成“支点城市、中小城市、特色村镇”功能分明的联动发展格局，努力把大运河文化带打造成丰富多彩的文化带、绿色美丽的生态带、享誉中外的旅游带，让千年大运河变成一条魅力运河、美丽运河、多彩运河。

（一）科学规划，突出保护，用好法律法规和先进技术做好运河遗产保护工作

一是要严格执行国际或国内公认的遗产保护文件或共识，完善大运河保护的立法工作。二是借用国内外的先进科技手段，提高运河文化遗产的保护和利用工作。三是不断提升完善大运河遗产监测预警通用平台，实现对大运

河保护预警机制的常态化管理，放大数字技术在大运河遗产保护中的支撑作用，使大运河得到更好的呵护。

（二）古为今用，强化传承，充分挖掘和传播大运河承载的优秀传统文化精神

一是紧紧聚焦大运河遗存承载的文化、流淌伴生的文化和历史凝练的文化等三个层次的文化，深入挖掘运河蕴含的精神文化内涵，彰显当代价值与时代精神。二是通过运河文学、艺术、文化活动等方式，激发运河沿线人民群众对大运河的认同，增强文化自信，陶冶情操，丰富精神生活。

（三）优化布局，合理利用，高质量发展大运河旅游产业及运河名城古镇建设

要突出大运河文化属性和综合功能，优化文化遗产、河道水系、生态环境等保护传承利用的空间格局，积极做好文化旅游及相关产业高质量发展等工作。

第一，要完善旅游基础设施和配套服务设施建设，全面构建水陆快速交通网络，切实提高旅游公共服务配套水平。

第二，要大力推动大运河文化旅游提质升级，以大运河为纽带，“串珠成线、以点带面”，重点开辟世界运河遗产研学游、运河历史文化体验游、大运河沿线古都游、运河古镇文化传承游等精品旅游线路。

第三，要在提高传统工艺品市场拓展水平的基础上，善于将运河传统文化与现代文创设计理念、营销手段相结合，丰富旅游产品的品类，满足不同旅游群体的体验需求。

（四）洋为中用，善于借鉴，鼓励开展全方位的国际运河领域交流

1. 积极发挥政府在城市规划的指导协调作用

荷兰阿姆斯特丹运河的建造得益于市政府的统筹规划，体现了政府在城市规划方面的智慧。被列为“世界文化遗产”的阿姆斯特丹运河，“体现了

历史与城市的完美结合”。阿姆斯特丹城市的建设被认为是同期城市发展中规模最大且最均衡的。

2. 以法令形式保持运河本体和其他文化遗产

加拿大对里多运河保护很早就进行了立法，最大限度地保护其历史原貌，严格要求沿岸 30 米内不允许进行任何商业开发。而阿姆斯特丹政府在保护遗产方面也始终坚持守旧原则，即将运河遗产完整地保留下来，不轻易对城市布局进行修整。政府还颁布相关法令，对运河遗产进行保护，并加强管理。

3. 大力开发文化衍生产业和品牌活动

阿姆斯特丹市政府对运河沿岸的名人名园进行修复，吸引游客。比如修复了最古老的木屋、安妮之家等。为了宣传推广运河带，政府创立了许多大型活动吸引国内外游客。比如，王子运河水上音乐会于每年 8 月在王子运河举行，是荷兰最大的音乐节；阿姆斯特丹水上灯光节是著名的欧洲五大灯光节之一，水陆并进，精彩纷呈。

4. 对旅游资源采取谨慎性保护性开发

瑞典对达尔斯兰运河进行了整体规划，将运河沿线的风貌进行了全新打造，并且还制定了游船允许通行的时间，也就是每年的 5 ~9 月。阿姆斯特丹政府面对过度旅游问题，也采取了一系列措施：如限制新酒店的建造，将邮轮停泊港口移出城市中心，大力推广阿姆斯特丹东边及周边城市的旅游路线以分散客流量等。为减少环境污染，加宽人行道，划定新的自行车专用道等，形成了成熟完善的自行车出行系统；为提供更便捷的旅游服务，还加快城市旅游信息一体化建设，提供多种国际语言服务等个性化的安排。

5. 继续有效发挥运河的综合性功能

对纽约成为世界级都市具有重要影响的美国伊利运河，在 19 世纪 60 年代后先后完成了几次扩建。虽然扩建后运河的运输价值有所下降，但在旅游与灌溉方面的价值却日益彰显。阿姆斯特丹不但强调修建围堤、海堤、水坝、泄洪等防洪排涝系统，而且十分注重水利管理，在全国建立了水量调度和水情预报中心，形成覆盖全国的、相当完善的水利工程管理系统，以最大限度地实现原有运河的水利工程功能。

另外，国际人文交流是中国外交和经济社会发展越来越重要的组成部分，沿运河各城市在做好政府间合作交流的同时，要充分发挥国际组织——世界运河历史文化城市合作组织（WCCO）的纽带作用，组织更高质量、更有影响、更重实效的世界运河城市文化交流活动，如世界运河文化论坛、世界运河非遗展、世界运河城市交流节等，构建以运河为纽带和平台的世界运河城市命运共同体。

B.3

大运河苏北段文化带建设的现状与策略

王聪明*

摘　要： 大运河文化带建设的战略提出后，运河沿线各省市积极响应。江苏段大运河流经城市多、覆盖地域广、通航里程长、遗产数量多，全省上下积极贯彻、落实大运河文化带的建设工作。本文主要关注大运河苏北段文化带建设情况。首先从领导机构与研究力量、运河立法、遗产保护、运河旅游、文化创意产业、生态环境治理等方面，对大运河苏北段文化带建设的现状进行梳理和总结。通过现状分析，发现以下问题：保护意识仍待强化，保护工作力度不足；多头管理的体制亟须改革与完善；单调性、重复性建设情况严重；运河旅游与文化产业相对滞后；运河文化的内涵与价值呈现空洞化、符号化的趋向等。其次就这些问题的解决提出相应的建议：建立与完善保护与利用机制；加强顶层设计，统一规划与管理；努力彰显地域文化特色；优化运河旅游格局，提升运河文创水平；运河文化的历史性与现实性的高度融合。

关键词： 大运河文化带建设　苏北运河　文化创意产业

大运河文化带建设是一个系统而复杂的战略体系，涉及诸多方面的问

---

* 王聪明，博士，淮阴师范学院运河与漕运文化研究中心讲师，研究方向为明清史、历史地理学、运河史。

题，目前对于大运河文化带的基本内涵形成了多种说法。有学者认为，“大运河文化带，是以大运河文化为内核，以保护、传承、利用为主线，以带状地理空间为载体，以区域交通束为基础，以沿线城镇为发展主体，集遗产与生态保护、经济与社会发展、文化与休闲游憩等多种功能于一体的综合型文化功能区域”。可见大运河文化带是在保护、传承、利用的前提下，对遗产、生态、经济、旅游等多个层面进行的系统性、整体性建设。大运河苏北段文化带建设基本在这一框架下展开、深入，兹对其近一年的工作加以梳理，并指出其中存在的问题及提出相应的对策和建议。

一 江苏省对大运河文化带建设的响应

江苏段运河是中国大运河的重要组成部分，其中，苏北段运河流经徐州、宿迁、淮安、扬州等地。大运河文化带建设的战略构想提出之后，江苏省委、省政府积极响应，并给予高度重视，先后多次赴运河沿线城镇进行调研与考察。

2017 年 9 月 15 日，时任江苏省委书记李强就大运河文化带江苏段的建设，到淮安展开调研并召开座谈会。他强调，要切实贯彻落实习近平总书记关于大运河文化带建设的重要指示精神，“以高度的政治责任感和历史使命感，扎实推进大运河文化带建设，努力把江苏段建设成为高颜值的生态长廊、高品位的文化长廊、高效益的经济长廊，使之成为大运河文化带上的样板区和示范段”。

2017 年 11 月 2 日，现任省委书记娄勤俭在淮安考察中国漕运博物馆等遗产点时，“明确要求科学制定规划、注重文化传承、丰富表现形式，让大运河在新时代焕发出新的生机”。

2017 年 12 月 21 日，江苏省大运河文化带建设工作联席会议第一次全体（扩大）会议在南京召开，省委宣传部长王燕文在讲话中指出，“要提高思想认识，把大运河文化带建设摆在重要位置。要坚持系统思维，科学推进大运河文化带建设；推进大运河文化传承发展，打造文化标识；优化大运河生态环境，建设美丽家园；策应现代经济体系建设，促进运河沿线高质量发展；讲好江苏大运河故事，提升国际影响力”。

2018 年 4 月，娄勤俭书记就大运河文化带建设情况，先后到淮安、扬州等地调研。在调研过程中，他指出，“大运河文化遗产是不可再生的宝贵资源，是民族文化历史的重要载体”。要求各地“提高站位、开阔视野，以高度的历史责任和文化自觉，深入研究、挖掘整理历史文化内涵，紧密结合运河沿岸实际，着眼国家民族未来发展，以系统性思维做好大运河文化带建设的各项工作”。

同时，为了响应党和国家的战略需要，大运河文化带建设成为江苏省各级政府部门的工作重点之一，并且被写入政府工作报告。2018 年 2 月，在江苏省政府报告中，将“推进大运河文化带规划和建设”列为 2018 年政府工作任务。市级地方政府也推进大运河文化带的建设，淮安市在 2018 年政府工作报告中提出，“坚持以水为脉，加快实施里运河文化长廊”等重点项目，“加强主城区滨河景观带建设，将生态理念、自然因素、碧水因子注入城市建设各环节，展现城水相依、水绿相映的美丽风貌”。并且“做好大运河文化带项目编报对接工作，打造中国漕运文化核心展示区”等。扬州市努力“挖掘运河文化内涵，强化遗产保护管理”，“加快瓜洲、湾头、邵伯等古镇保护开发，整合大运河旅游发展资源”，以“高标准推进大运河文化带建设”。

在 2018 年 3 月全国两会期间，大运河文化带建设成为全国人大代表、政协委员的重要议题，纷纷就此提出议案，表达建设大运河文化带的努力和决心。江苏省副省长王江倡议“将大运河文化带建设提升为国家战略，使之成为展示中华文明的亮丽名片，彰显文化自信的地标性工程，中华文脉的重要标志”。扬州市市长张爱军代表说，扬州将在“运河文化研究与交流、遗产保护、生态文明建设和文化产业发展等方面”都要努力发挥先锋示范的作用。淮安市市长蔡丽新代表说，“运河文化需要我们所有运河沿线城市共同的努力。我们淮安积极支持，也愿意在这个过程中发挥好更多作用”。徐州市市长周铁根代表说，“大运河是世界级历史文化遗产，保护好、传承好大运河的文化，为经济社会发展服务，为改善民生服务，这是我们必须做到的事情”。全国政协委员、淮安市副市长王红红在做客新华网接受访谈时说，“淮安将树立系统化思维，将大运河淮安段放到国家战略中统筹谋划，与国家和省规划对标、对接”。由此均可见到江苏省各级政府对于大运河文化带建设的强烈意愿。

二　大运河苏北段文化带建设的现状

（一）领导机构与研究力量

江苏省高度重视大运河文化带的建设，设置专门的领导机构进行部署和规划。2018 年 6 月 7 日，江苏省委理论学习中心组举行学习会，省大运河文化带建设工作领导小组举行第一次全体会议，由省委书记娄勤俭担任省大运河文化带建设工作领导小组组长，省长吴政隆担任省大运河文化带建设工作领导小组第一副组长。娄勤俭书记在讲话中强调，要以习近平总书记关于大运河文化带建设的重要指示批示精神为指导，推动大运河文化带江苏段建设走在全国前列，打造江苏文化建设高质量的鲜明标志和闪亮名片。为响应省委省政府的号召，省水利厅及运河沿线各市、区相继成立领导小组。

大运河文化带的建设，离不开较为深入的学术研究。2017 年 10 月 23 日，江苏省社会科学院召开大运河文化带建设研究院组建工作会议。经过紧密筹备，2018 年 4 月 26 日，在南京举行大运河文化带建设研究院成立大会暨学术研讨会。7 月 25 日，省大运河文化带建设工作领导小组办公室召开省大运河文化带建设立法调研工作座谈会，并分别依托苏州大学、扬州大学、江苏师范大学、淮阴师范学院，成立大运河文化带建设研究院苏州分院、扬州分院、徐州分院、淮安分院。目前，徐州分院已经揭牌成立并运作，其他分院也在紧密筹备之中。

在研究课题与成果方面，江苏省社科联通过委托研究、课题立项和智库平台等支持大运河文化带建设研究，形成了一系列重要的研究成果，主要有：委托撰写的《江苏推进大运河文化带建设的思考》得到省级领导批示；立项资助的“江苏大运河文化带建设研究”课题组赴大运河沿线8市历时15天展开深入调查，形成专题研究报告；以江苏省智库研究与交流中心为平台，组织开展12项大运河文化带建设课题研究，并形成系列报告。2017年11月，由南京大学历史学院马俊亚教授担任首席专家的“大运河与中国古代社会研究”，获得国家社科基金重大项目立项；2018年4月8日，此项目开题论证会在淮阴师范学院举行。

（二）运河立法工作的启动与展开

2013年7月，江苏省政府办公厅根据《大运河遗产保护管理办法》等文件精神，颁布实施《省政府关于加强大运河（江苏段）遗产保护和管理工作的意见》。对于大运河的立法，省委、省人大高度重视。2018年6月1日，《江苏省人大常委会2018—2022年立法规划》颁布，大运河文化带建设的立法列入其正式项目。2018年6月28日，在全省立法工作会议上，娄勤俭书记对实施《江苏省人大常委会2018—2022年立法规划》进行全面部署，在列举新一轮立法重点项目时，娄书记第一个提到的就是大运河文化带建设立法。根据省人大常委会的调研计划，每位常委会主任会议成员牵头负责一个调研选题，并赴徐州、淮安、扬州进行实地调研考察。

在大运河文化带建设立法工作中，江苏省已有不少地方出台相应的法规。2012年10月1日，《扬州市大运河遗产保护办法》颁布实施。2016年12月，《大运河扬州段世界文化遗产保护办法》经市政府常务会议审议通过，并颁布实施。近年来，扬州市还相继颁布施行《扬州古城保护条例》《扬州市公园条例》《扬州市河道管理条例》《扬州市非物质文化遗产保护条例》等条例与法规，为扬州段大运河的保护提供必要的法律依据。淮安市在推进大运河文化带建设立法方面也做了大量工作，先后出台《历史文化名城保护管理办法》《淮安市文物保护条例》，通过地方立法的形式规范淮安段运河的保护与管理。2018年7月，由徐州市委宣传部牵头，江苏师范大学法学院成立立法调研小组，对大运河文化带徐州段建设立法进行深入调研，并认识到大运河物质文化遗产保护的迫切性。

（三）运河遗产保护规划及其实施

在申遗过程中，江苏省运河沿线城市已对辖区内的运河文化遗产，制定、出台相应的保护规划。2009 年，《大运河扬州段遗产保护规划》颁布实施，成为运河沿线第一个颁布实施运河遗产保护规划的城市。2009 年，由东南大学建筑设计研究院和宿迁市人民政府共同编制的《大运河（宿迁段）遗产保护规划》通过专家论证并颁布实施，成为大运河申遗的有力依据。2010 年，《大运河（淮安段）遗产保护规划》编制完成并向社会公布。2010 年，《大运河（徐州段）遗产保护规划》颁布实施。

同时，江苏省的运河遗产保护规划也在 2009 年开始启动。根据国家文物局《大运河遗产保护规划第一阶段编制要求》《大运河遗产第二阶段保护规划编制要求》，江苏省文物局率先全面完成运河沿线各市段遗产保护规划编制和政府公布工作，并在此基础上进一步加大对大运河省段规划编制工作的敦促与指导力度，及时编制完成《中国大运河江苏段遗产保护规划（征求意见稿）》。2011 年 6 月底，该规划通过专家组评审，2012 年 6 月 29 日，江苏省政府原则同意《中国大运河（江苏段）遗产保护规划（2011—2030）》。

在省、市运河遗产保护规划的指导下，运河沿线城镇加大对运河遗产保护的力度。扬州在运河遗产保护的努力和成果较为突出，为了守护古城的天际线，扬州对现代建筑的修造与审批，必须严格限制高度。另外，扬州率先颁布实施运河遗产保护规划，制定遗产保护规范性文件，并建立数字管理平台和遗产监测预警系统，每年都对境内运河遗产的保护情况进行巡查。

淮安市结合大运河文化研究、考古发掘、中心城区历史建筑普查等工作，全面摸清境内与大运河文化相关的遗产资源，并研究制定相应的保护计划。在运河遗产保护方面，淮安板闸遗址的发掘与保护颇具典型性。2014 年，板闸遗址经考古发掘重见天日，随即淮安市出资 3 亿元收回遗址附近土地，将原商业用地调整为文化遗产保护用地。2018 年，板闸遗址的建设被列入政府工作的重点任务之一，并对淮安榷关遗址、三元宫等文物遗存进行修缮和整治，凸显淮安市着力运河遗产保护与文化传承的姿态。

（四）文化景观、公共场馆的建设与旅游事业的发展

2012 年，江苏省旅游局编制完成《江苏省古运河旅游发展规划（2010—2025）》并颁布实施。申遗成功后，“古运河”的提法被“大运河”取代，2014 年江苏省旅游局向社会公开招标，组织编制《大运河江苏段旅游发展规划》，并于 2017 年颁布实施，新规划以世界文化遗产保护和利用的高标准，对大运河江苏段旅游业的发展思路加以重新梳理，尤为突出保护优先、整体发展的先进理念。2018 年 4 月，扬州市旅游局相关负责人表示，扬州将编制扬州大运河文化带旅游发展规划，并已对外进行公开招标，希望借助运河旅游规划，进一步彰显扬州在大运河文化带建设中的引领作用。

江苏省对运河旅游的开发与建设，首先表现在对现代运河文化景观相关工程项目的规划与建设。宿迁市着力于中运河风光带的建设，该风光带北至三闸公园，南至运河三号桥，全长约为 8 公里，以运河本体的自然景观为主，辅以雕塑、广场等人工景观，具体包括田园城市风光区、人文景观交融区、再生工业景观区和生态保护景观区，通过景观点和标志点的移动与转换，构建颇具流动感的整体滨河景观带。经过一年多的建设，扬州邵伯运河生态公园于 2017 年底对外开放，这片景区从北向南包括茶花园、荷塘月色、净瓶广场、桃花坞、铁牛湾 5 个主题片区，分别对应与运河关系密切的苏东坡、朱自清、佛教、孔尚任、河工等历史典故与文化，成为扬州重要的运河文化景观示范区和展示区。

江苏省对运河旅游的开发和建设，还体现在大量现代人文主题场馆的规划与建设。近些年，淮安市建造了不少人文场馆。中国漕运博物馆位于淮安市淮安区中心城区，2008 年开工建设，2011 年 4 月正式对外开放，向世人较完整地展示中国漕运的恢宏历史。淮安运河博物馆位于里运河文化长廊大

闸口历史文化风貌区，下辖清江浦记忆馆、淮安戏曲博物馆、淮安市运河楹联馆、淮安名人馆及陈潘二公祠、吴公祠等场馆、景点，是一处具有浓厚运河文化气息的专题性博物馆群及公共文化休闲空间。2014 年，板闸遗址发掘后，淮安市委、市政府随即决定对其进行规划与保护；2017 年，投资 3 亿元实施板闸遗址本体保护与展示、中国船闸博物馆、板闸遗址展示馆等工程为一体的板闸遗址公园。另外，有不少人士建议扬州应该尽快打造大运河文化博物馆。南京大学贺云翱教授认为，“人民需要了解大运河、需要了解大运河跟扬州之间的关系，应该有一个博物馆将这些展现出来”。通过运河博物馆等平台让世人了解大运河，更加关注和保护大运河。

现代运河文化景观与人文主题场馆的建设，不仅集中展示了淮安等运河城市的历史与现实风貌，而且直接带动了当地旅游业的发展。扬州的旅游业向来受到游客的青睐。据统计，2018 年“五一”小长假期间，扬州市区 8 家主要景区共接待游客 52.86 万人次，同比增长 20.56%，瘦西湖、东关街、古运河等传统知名景（区）点仍然是外地游客的首要选择，其中瘦西湖景区共接待游客 23.24 万人次，同比增长 25.17%。2018 年春节期间，淮安全市主要景区共接待游客 170.34 万人次，其中，与运河相关的旅游景点通过多种形式的文化娱乐活动，吸引大量的游客观览和媒体关注。

（五）运河文化创意产业

随着信息技术、数字技术的更新，并逐渐广泛运用于文化领域，再加上国家对创新能力的提倡和鼓励，具有高附加值和竞争力的文化产业或文化创意产业，获得较大程度的发展。近年来，文化创意产业逐渐渗入运河领域。

淮安市对运河文化创意产业的开发相当热衷。2015 年，为充分挖掘和利用运河文化遗产，清江浦区重点实施“233”工程，倾力打造运河文化产业基地，以此形成旧城区的运河文化、新城区的时尚休闲交相辉映的文化创意产业格局。洪泽区实施“文化 + 创意”的战略，开发与生产一批具有洪泽地方特色的运河文化创意产品，努力打造既有运河文化魅力、更有产业经济实力的大运河文化经济带。

（六）运河生态环境治理

根据“绿水青山就是金山银山”的理念和意识，2017 年 3 月，省委、省政府制定出台《关于在江苏全省全面推行河长制的实施意见》，并将全面推行河长制纳入《江苏省河道管理条例》。2017 年 12 月 27 日，江苏省水利厅召开新闻发布会，正式宣布江苏省全面建立河长制，也是全国首个宣布建成河长制的省份。大运河的生态环境问题，是河长制贯彻落实的重要方面，根据部署，大运河沿线 8 个设区市的将全部建立大运河文化带建设联席会议及其办公室，强化各地各部门对大运河沿线河岸整治、生态修复等工作。

在经过多次探索的基础上，扬州市制定出台了《江淮生态大走廊（扬州）规划》，江淮生态大走廊将以京杭大运河为主线，以南水北调东线工程输水线路所流经的扬州、淮安、宿迁、徐州等地为规划范围，将其打造为世界跨流域生态廊道建设的样板区。徐州市以河道治理为重点，推进大运河文化带建设，其具体举措包括：切实加强京杭大运河徐州段的水资源保护，对大运河沿线堤防、道路、滩地等重点区域进行综合整治；开展大运河乱占、乱建、乱排等河道“三乱”问题整治活动，有效净化河道的空间环境，等等。

三　大运河苏北段文化带建设存在的问题

中国大运河“申遗”成功后，不仅为国家增添了一张国际性名片，也有力助推了包括江苏省在内的省份掀起建设、发展运河的热情，尤其是习近平总书记对大运河文化带的建设做出重要指示后，更加形成了“保护好、利用好、传承好”运河文化的历史性契机。在这一重大战略指引下，江苏省积极响应并付诸实践，在近一年内取得如上所述的多项进展和成效。不过需要明确认识的是，大运河苏北段文化带建设仍然存在亟待解决的问题。

（一）保护意识仍待强化，保护工作力度不足

“保护好”运河文化是其他诸项工作的前提，不过目前整个社会各界人

士对运河遗产的重要价值，尚未能全面形成清醒的认识，没有自觉投入遗产保护的队伍中去；甚至有人认为那些破旧的建筑、残存的碑石等与自己完全无关，随意利用或损毁，要改变这种现状，不仅有赖于公民素质的提升与培养，也需要各方面加强引导和劝说，必要时可采取惩罚性措施。另外，部分地区、部门仍然存在“重申报、轻管理”，“重发展、轻保护”的狭隘思维，对遗产的后续管理和保护工作不力。在遗产保护方面，某些地方打着“修旧如旧”的口号，拆毁真实遗迹、修建仿古景点，严重损害了运河文化遗产的真实性和完整性，有悖于《世界遗产公约》所提倡的国际准则。

（二）多头管理的体制急需改革与完善

大运河是一项跨流域、跨行政区域的复杂的水利工程，兼具有航运、灌溉、泄洪等多项功能，因此对大运河的保护和利用，不仅涉及沿线城市的协调关系问题，也涉及诸如水利局、环保局、文物局、国土局、旅游局、规划局等多个职能部门的权责范围问题。在缺乏统一规划的现实之下，不同地区、不同部门基于各自的管理需求和目标，在区域或部门规划与法规制定时，势必出现冲突和矛盾，这种多头管理的体制局面大大增加了运河管理的成本，制约了大运河文化带建设的进程。

（三）单调性、重复性建设情况严重

诚然，共同受惠于运河的沿线城镇，在文化特性方面有某些共同性、相似性的层面，不过受不同地理环境等的作用和影响，必然也会产生和孕育独特的地方文化因素。然而由于缺乏全面整体的规划，各个地区、部门对地域特色的追究把握不足，从全省的宏观角度出发，重复性建设、同质化现象较为严重。这不仅造成文化资源的浪费，也无法体现运河城市的特色与亮点。这种弊病在大运河文化带建设的多个层面均不同程度地出现和存在。

（四）运河旅游与文化产业相对滞后

大运河苏北段拥有丰富的运河文化遗产，不过其实际效益并未达到预期

的目标。平时大多旅游景区处于不温不火的状态，缺乏可以统领当地旅游市场的品牌景点和项目，而且受市场导向、经济水平、口碑宣传等影响，景区的知名度和影响力不高，旅游线路的设计与开发亦有待进一步深思和优化。文化产业的发展也存在类似的问题，与苏南地区相比，苏北段运河文化创意产业尚处于竞争力不足的劣势，需要向其他地区学习先进、前沿的经营理念和商业模式。从整体上看，各地文创产业的联合发展意识不强，即便出现以产业园区为载体的集群，大多偏重于空间集聚，而缺乏对文化资源的内容整合。

（五）运河文化的内涵与价值呈现空洞化、符号化的趋向

为了追求可观的经济利益，各地争相打造和建设运河文化景观项目，这些项目大多为市场消费所主导，按照固定模式打造类型化的产品，无视运河文化固有的精神特质，擅意割裂文化传承的脉络，极大地降低了依托运河而生的人文内涵。这种状况需要运河相关研究的介入和导引，可惜的是江苏省内对运河的研究向来比较薄弱，缺乏颇有影响力的研究成果。

四　大运河苏北段文化带建设的对策与建议

结合大运河苏北段文化带建设的实际情况，针对目前仍然存在、亟待解决的问题，尝试性地提出如下对策和建议，并从总体上思考大运河苏北段文化带建设的未来与方向。

（一）保护与利用机制的建立与完善

大运河文化带建设的目标是，“保护好、传承好、利用好”运河文化遗产。因此，必须首先摸清运河文化遗产的“家底儿”，苏北段的情况也是如此。这种摸底调查应该是全方位的，既包括大运河苏北段主干河道，也包括与运河相连通的次要河道；既包括运河物质文化遗存，也包括运河非物质文化遗产；既包括运河历史脉络的梳理，也包括现实文化资源的访查，最大限

度地扩展对运河文化内涵的认知和探求，在此基础上制定切实可行的保护规划，以求妥善保存关于运河历史的记忆与文化。

对这些历史记忆与文化加以深入挖掘和提炼，并将其融合渗透运河城市的设计与规划之中。通过建立不同主题、尤具地方属性的博物馆、展览馆等，全面展示运河文化的诸多层面，运河沿线城市的不同场馆，凸显各自的主题导向，彼此沟通联动，基本形成构造独特、内涵丰富的运河博物馆、展览馆群。在深入挖掘运河文化内涵的基础上，对运河沿线的河堤、广场、绿化带等市民公共空间加进运河历史的元素，构建颇具人文韵味的文化景观廊道。

值得强调的是，生态环境的保护仍须加以重视。一方面，通过对威胁运河遗产环境和安全的沿岸工厂、住宅、商店进行规划治理或者整体搬迁，全面恢复和提升运河应当具备的观光、生态功能，打造亲近宜人的滨河景观与环境，真正做到“还河于民”的根本目标。另一方面，定期清理河道污物，改善运河水质环境，增添运河两岸及水中的生物种类，在运河继续发挥防洪、灌溉、通航的功能基础之上，保护运河水生态环境的健康活力，以求造福于广大人民群众。

保护和利用机制的完善，还在于运河立法的推进和实践。哪些遗产属于运河文化遗产的范畴，且值得保护？如果有人肆意破坏、损毁运河遗产，应该追究什么责任？运河生态的改善与沿线环境的治理等如何有效地执行？这些都必须有法律法规来作为强制性的保障，因此必须加强运河立法的进程，这种立法程序可以是自下而上的，先实行地方立法，再向上汇总形成省级、全国性立法。

（二）加强顶层设计，统一规划与管理

为了克服运河管理的多头体制问题，必须树立全局观念和统一的思想意识，“大运河文化带建设”中的“带”字，提供了一种既有操作实践又具实际成效的解决路径。必须打破各自为政的狭隘思维，从全局的立场谋划运河发展，调动全线共同建设大运河文化带的积极性。无论是旅游规划，还是产

业或者生态方面的规划，都必须有系统的顶层设计和整体的战略思考，要注重区域合作和部门协调。

在大运河申遗的过程中，某些工作机制值得借鉴并继续发挥作用，比如国家曾设立大运河保护和申遗省部际会商小组。通过建立全省联动的机制，建立大运河文化带的统一领导架构，同时兼顾沿线城镇的分工、协调与合作。大运河苏北段文化带的建设，还应该结合全省经济格局进行战略部署，即不仅要注重运河沿线城市的文化、经济、生态建设，也需要统筹规划非运河沿线城市的各项建设。比如，借助（运）盐河上的食盐运输、贸易，非运河沿线城镇与运河沿线城镇形成了有机联系的统一体，因此大运河苏北段文化带的建设，应该具有全省经济统筹部署的意识，同时注重非运河沿线城镇的建设。

（三）努力彰显地域文化特色

依赖于特定的地理环境和生态条件，每座运河城市均是一个相对独立的存在，拥有较强的地方历史和文化属性，展示出与众不同的“自我”个性。总体来说，大运河纵贯江苏南北，楚汉文化、淮扬文化、吴越文化等亚文化区蕴藏深厚的文化特色因素。从微观角度来说，有些城镇聚落是因为驿站的设置和运行而逐渐发展起来，比如高邮的盂城驿使得高邮成为运河明珠城市，界首驿的设置和发展也促成了界首成为扬州境内重要的城镇。这些地方具有属于自己的特色文化因子，必须进行深入挖掘和利用。

本文建议从全省统一规划的角度，确定每座城市及乡镇的主攻方向，培育多样形态与内涵的运河文化带品牌。每座城市、每个乡镇都应该竭力追寻独特的文化因素，力争做到“一地一精品，一品一特色”，以大运河为纵向发展坐标轴，把运河沿线城镇作为文化带的重点建设地带，展示它们颇具代表性的地域文化。需要强调的是，各座城市应该相互沟通、探讨，坚持求同存异的原则，避免同质化和重复性建设，而且这种意识和方向应该是全方位的，包括规划、旅游、生态、文化产业等，以此来共同努力打造大运河文化带建设中的江苏品牌形象。

（四）优化运河旅游格局，提升运河文创水平

2017 年，《大运河江苏段旅游发展规划》颁布实施，这份规划为江苏省的运河旅游事业进行了新的总体规划和部署，下一步是将规划内容科学合理地运用于江苏段运河旅游的发展实践之中。建议精心打造淮扬、楚汉文化旅游区，实行彼此融合联动的方式，从全省的战略高位，重点打造若干条运河经典旅游线路，通过全局统筹设计将不同区域的旅游资源串联、整合起来；可以考虑成立专门的运河旅游公司，实行企业化、集团化运作，依靠这一公司联系地方旅游局与各地旅行社，发挥其主要的媒介联系作用，从而实现运河旅游资源的优化与整合，聚力打造“水韵江苏”旅游集中展示区，做强做大江苏段运河文化旅游业。

树立“运河旅游 +”的理念，着力推动旅游与文化产业的融合与创新。大运河文化带的建设，应该利用运河沿岸的历史文化资源，积极开发以运河为核心的文化产业。建议统筹部署，加强顶层设计，制定大运河苏北段文化产业带建设的相应规划，明确以大运河为发展主轴，以运河文化产业园区为主要依托，加强文化创意品牌的研发和建设，将其打造成为具有领先地位的文化创意产业带。在同时发展旅游和文化产业的基础上，树立更为宏观、科学的发展规划理念，试图延展运河旅游的时间和空间，把景观游览、游客体验与品尝地方美食、聆听运河故事、品味运河文化等内容整合起来，在旅游景点（区）的餐饮、住宿、商品市场等场域融入渗透地方文化因素，由此吸引、拉动各路市场主体进行投资，带动地方经济的发展。

（五）运河文化的历史性与现实性的高度融合

中国大运河自开凿时始，已经历 2500 余年，至今部分河段仍在发挥重要的功能，因此可以说运河既是历史的，又是现实的，是一条具有丰富历史文化意蕴的“活态”长河。从历史的角度来说，流淌千年的大运河不仅促成了沿线城镇聚落的兴起与发展，并逐渐为它们带来了繁华与荣光，也为后世留下了弥足珍贵的文化与记忆。从现实的角度来说，大运河与人们的日常

生活依旧保持亲密的关系。这不仅体现在仍有部分人群以船为家，在运河上从事长途贩运的营生，也体现在运河码头工人挑送货物的身影，还体现在大运河两岸的建筑呈现出的传统与现代的显著比照，而且在一定程度上运河为现代商业注入了提升其经济价值的动力。因此，大运河文化带的建设必须树立历史性与现实性高度融合的理念。

本文建议政府要充分发挥主导的作用，启动建设运河传统文化的工程与项目，将运河元素融入城市建筑设计、公共空间等层面；定期召开运河学术会议，聘请专家学者担任咨询顾问，借此探讨城市发展战略。专家学者的介入，无疑为运河历史与现实的融合提供巨大的智力支持。比如历史学者可以通过全面搜集与大运河有关的地方志、碑刻、家谱、日记、文集等典籍文献，展开学术研究并形成地方历史文化资料库，不仅可以帮助了解一座运河城市的前世今生，而且能从历史文献中提炼地方文化特色与精神内涵，如此系统、科学地把握大运河江苏段的内涵与特色，能更好地为保护利用和展示传承奠定坚实的基础。从运河文化的传播与传承的角度来说，也必须吸纳专家学者等精英阶层的介入，因为无论是运河的历史与文化，还是运河的现实与记忆，都是相对散乱无序的，必须依靠专家学者的系统整理与纯熟加工，将属于运河系统的知识与魅力展示给社会公众，让广大民众对运河文化产生可贵的文化自觉和认同，增强对运河文化所特有的文化自信的情怀，进而为实现中华民族伟大复兴的“中国梦”增添文化动力。

参考文献

《大运河文化带建设研究院成立暨学术研讨会论文选编》，中国·南京，2018 年 4 月。

葛剑雄：《大运河历史与大运河文化带建设刍议》，《江苏社会科学》2018 年第 2 期。

贺云翱等：《大运河文化带江苏段建设的调查与建议》，http：//www. qunzh. com/jdfc/qzgzyjjd/jdcg/201804/t20180409_ 38585. html。

王佳宁：《大运河文化带建设评估与前瞻》，《光明日报》2018 年 8 月 9 日。
王健：《大运河的精神品格和时代价值》，《群众》2018 年第 3 期。
王娜、郑孝芬：《“大运河文化带建设”背景下标志性文化研究——以大运河苏北段为例》，《淮阴工学院学报》2018 年第 2 期。
吴欣主编《中国大运河发展报告（2018）》，社会科学文献出版社，2018。
熊海峰：《推进大运河文化带建设的对策探析》，《中国国情国力》2017 年第 10 期。
张强：《江苏运河文化遗存调查与研究》，江苏人民出版社，2016。

B.4

公共文化服务与大运河文化带建设的现状调查、存在问题与发展建议

裴一璞*

摘　要： 通过对公共文化服务与大运河文化带建设一年来的发展状况调查（主要为2017年7月至2018年6月），其内容主要体现为：大运河文化带各级政府出台了不少“文化惠民”的公共文化服务措施，以文件发布的方式对未来公共文化设施建设、活动举办、人才保障、教育培训、跨域交流等内容进行了规划；各级政府以“大运河与非遗”为主题，进行了大量公共文化服务设施建设，推动群众对大运河历史文化的认知；各地举办了大量以大运河为重要主题的公共文化服务活动，取得经济效益与社会效益的双创收。然而在这过程中也暴露了一些缺陷与不足，主要有公共文化服务设施建设不足、公共文化资源供给与群众需求存在差距以及资金、人才保障能力亟待提高等问题。对未来的发展，建议从明确职责分工、建立保障制度、创新运行机制、完善服务设施网络、完善人才保障、加强专项培训、改进文化服务和产品供给等方面进行提高与完善。

关键词： 大运河文化带　公共文化服务　文化资源　人才保障

---

* 裴一璞，博士，聊城大学运河学研究院副教授，研究方向为运河交通史、历史地理。

公共文化服务主要是以政府公共部门为主导，向公民提供满足其基本文化生活需求的服务设施、服务内容及制度保障等。公共文化服务建设，对保障人的全面健康发展与现代化国家建设，均具有重要的意义与价值。2017年2月24日，习近平总书记在北京市通州区大运河森林公园视察时强调："保护大运河是运河沿线所有地区的共同责任……要古为今用，深入挖掘以大运河为核心的历史文化资源"；当年6月4日，他就大运河文化带建设又做出了重要批示："大运河是祖先留给我们的宝贵遗产，是流动的文化"，"要统筹保护好、传承好、利用好"，这标志着大运河文化带建设拉开了序幕。作为大运河沿线区域的公共文化服务，是其文化带建设的重要一环，其内容主要包括要加强运河文化基础设施建设（如博物馆、展览馆、图书馆、曲艺馆、文化馆、绿地、公园等），为人民群众提供与运河文化有关的精神文化活动与服务，让群众在大运河文化带建设中了解运河历史、亲近自然，增强现实获得感，满足精神文化方面的需求。

一　公共文化服务与大运河文化带建设的现状调查

（一）大运河文化带公共文化服务规划措施的制订与出台

2017年7月，山东省济宁市审议通过了《济宁市首届文化惠民消费季实施方案》，明确活动总主题为"享受文化·品味生活"，活动时间为2017年7月20日至10月20日，活动区域为全市城乡，采用"一卡一券一平台"的运作模式，为首届文化惠民消费季活动开展提供了保障。方案结合济宁实际，着力构建"十大系列活动支撑、线上线下联动、县市区协同推进"的文化活动体系，实现全民共同参与，共享文化资源。"十大系列活动"包括举办"儒学原乡·文化圣地"演出消费季活动、"创意济宁"文化产品设计大赛、"孔孟之乡·运河之都"文化旅游活动、"运河记忆"历史文化展览展示活动、"未来畅想"数字文化推广活动、"国学体验"培训推广活动、"书香济宁"全民阅读系列活动等，共涉及128项具有济宁特色的文化惠民主题活动，为首届文化惠民消费季活动开展提供了内容支撑。

12 月，江苏省常州市召开会议，要求主动融入大运河文化带建设国家战略，将其打造成全民共享的城市亲水文化带、城市窗口的历史风貌带、品质提升的城市创意产业带、绿色环保的生态示范带。该月政府编制的《中国大运河常州城区段西段（中吴大桥—连江桥）交通疏导及环境整治方案》提交国家文物局获得审批，规划近 7 公里的运河文化带将呈现资源相连、水岸相融的滨水休闲环境，满足群众休闲娱乐的精神文化需求。

2017 年，江苏省苏州市高新区出台实施《苏州高新区文化建设三年行动计划》等 5 个文件，启动运河风光带建设等项目，计划建成 29 个村（社区）综合性文化服务中心。本年度先后举办了“高新之春·百姓舞台”“喜迎十九大·绣美新天堂”等系列特色文化活动近 1400 场次，全区 70 多万人受益。为了鼓励基层文化工作者和群众文艺爱好者走上前台，出台了《苏州高新区公共文化发展奖励办法》。在政策鼓励下，本年度高新区各类文化类志愿者人数近 2000 名、基层群众文化团队达到 250 余个。为了满足百姓日益增长的文化需求，加快公共文化设施建设，高新区相继出台了《苏州高新区公共文化设施布局规划》《苏州高新区推进公共文化网格化试行方案》等文件，推进公共文化网络化建设。

2018 年初，北京市通州区政府相继出台了《北京市通州区人民政府办公室关于进一步加强基层公共文化建设、创建首都公共文化服务示范区的实施意见》《通州区创建首都公共文化服务示范区指标任务分解》《通州区公共文化评估体系工作手册（试行）》《通州区创建首都公共文化服务示范区过程管理规定（试行）》等一系列配套制度和文件，为创建示范区公共文化服务工作奠定了制度保障。在规划中，通州区立足于北京城市副中心建设的战略定位，完善全区文化设施网络建设，打造以通州古城与运河为主题的文化景观区域；建设运河图书馆、公共文化活动中心等一系列综合型文化设施；完善基层公共文化设施网络建设；培育运河文化精品，如举办运河艺术节，编辑出版《浅谈通州味》《运河文明论文集》等文学著作，集中力量打造一批群众喜欢听、愿意看的文化产品。

2018 年 1 月 15 日，浙江省杭州市拱墅区制定并出台了《拱墅区文化发展规划（2018—2021）》，力求在 2021 年融入国家大运河文化带建设、建成大运河文化带发展的先行示范区，同时加强文化遗产保护利用传承、完善公共文化服务体系、推动文化创意产业转型发展。规划中需要实施的四大主要任务分别是打造运河文化精品、塑造知名文化品牌、推动国际交流合作、融入大运河文化带建设；提升公共服务能力、加强基础设施建设、传承大运河历史文脉、发展基层特色文化，落实文化遗产保护；大力发展数字创意经济，推动文创产业转型升级。在规划中，拱墅还将深挖大运河文化特色，创建中国大运河文化国际体验区，围绕大运河文化创作网络文学、精品丛书，制作动漫、精品网剧、游戏等。在未来的 4 年中，拱墅区将建设 108 个重点项目，完善公共文化服务体系，融入大运河文化带建设，推动文创产业转型升级，加强文化遗产保护利用。

3 月，河南省洛阳市制订出台《洛阳市文化产业转型行动计划（2018—2020 年）》，提升公共文化服务水平。根据规划，2018 年洛阳市除加快市图书馆、市非遗馆建设外，还打造城市书房、“15 分钟阅读文化圈”、农家书屋等，实现图书资源的共享。在文化活动上，除举办文化惠民演出外，还围绕着“一带一路”、大运河文化带等主题，创作一批文化艺术作品与文艺精品剧目。在公共文化设施建设上，建设隋唐洛阳城国家历史文化公园和大运河文化带洛阳段遗址公园等，通过举办群众文化活动、丰富文化产品等方式，满足群众文化需求。

（二）大运河文化带公共文化服务设施建设

2017 年 6 月 10 日，江苏省常州市首个以运河为主题的专题纪念馆——大运河记忆馆正式开放。展馆占地面积 930 平方米，参观路线 108 米，分为“运河遗存”“运河历史”“运河儿女”“运河风物”“运河新姿”5 个部分，以面向社会广泛传播运河文化、传承运河遗产、品味运河乡愁提供新的载体。

8 月 7 日，江苏省苏州市运河图书馆开馆并向社会公众免费开放。该馆坐落于苏州市吴中区京杭大运河畔颐和湾花园内，场馆面积为 1200 平方米，目前藏书 2 万余册，是一家全面收藏运河文化和昆曲文化书籍的专题类图书馆，为读者提供以运河为主题的各类图书。

2017 年，江苏省宝应县以淮扬运河宝应段、宝应刘堡闸两处大运河世界遗产点为基础，重点打造的宝应运河文化服务与展示中心顺利建成并开放。共分为两个专题展厅："水主沉浮——宝应运河文化展示中心""宝应大运河文化服务中心"，全方位展示运河人文底蕴。展厅以时间为脉络，按照运河发展的进程"水起射阳（春秋）—水润平安（汉魏晋南北朝）—水兴安宜（隋唐时期）—水盛宝邑（宋元时期）—水载宝地（明清时期）—水韵之春（现代部分）"，逐层深入展示大运河的文化及发展，系统介绍运河发展史以及对宝应发展的影响，重现了运河变迁时期宝应及其他沿岸地区重要历史文化面貌和文化内涵，向群众普及运河文化知识，全方位展示大运河丰富的人文内涵。

2018 年 1 月，北京市通州区确定将首都博物馆（东馆）定位为"中国大运河博物馆"。博物馆以大运河的发展变迁为时间轴，全面展示中华运河文化的内涵，并突出大运河北京段。同时利用现代科技建设东便门至北关闸之间的运河廊道，建设标志性水文化景观，包括文化旅游服务设施、大型文化园、大运河标志性漕运舟楫、渡口、码头等文化载体，以活化大运河沿线美食、演艺、民俗等非物质文化遗产。

5 月，北京市通州区张家湾镇规划新建张家湾公园和凉水河湿地公园，占地 13000 亩，目前公园一期工程正在规划中。凉水河湿地建设工程（一期）总面积为 8478. 18 亩，沿凉水河带状分布，公园包括水乡花园、延芳古韵两大景区和怀古柳堤、紫薇映夏两大景点，还将沿河修建骑行绿道，方便市民骑行游览。张家湾公园建设工程（一期）总面积为 4596. 87 亩。两大公园建成后，将再现水巷茶棚的历史风貌，展示水镇的特色景观，再现昔日北运河繁荣景象，同时满足群众休闲观光、文化娱乐等公共文化需求。

5 月 18 日，山东省德州市运河经济开发区文体旅游局会同运河办事处文化站工作人员对全区农家书屋开展了专项检查工作。农家书屋作为由政府规划指导、社会各方参与、农民自主管理的公共文化设施，是一项具有长远社会效益、惠及广大人民群众的民心工程。此次检查主要围绕农家书屋建设标准化指标，重点检查农家书屋开放、图书借阅、出版物补充更新、图书管理、管理员队伍建设及图书使用和阅读活动等情况，同时听取了各村书屋管理人员关于图书使用的汇报。检查人员根据各村书屋使用和管理情况，给出意见建议，督促各村加强图书管理，真正发挥农家书屋对于提高群众文化水平、丰富群众精神生活的重要作用。

5 月 22 日，北京市通州区运河书院挂牌成立“通州区公共文化服务实践基地”，为 14 位专业指导老师颁发“通州区公共文化实践基地指导老师”聘书，今后市民可以在运河书院聆听专业级指导老师的授课。运河书院作为通州区目前唯一的公共文化服务实践基地，将根据百姓需求，结合书院特色推出蕴含运河文化、经典文化、节日文化、家庭文化等内容的系列活动，进企业、进社区、进机关、进学校，为通州百姓奉上喜闻乐见的节日活动。实践基地建立后，运河书院既开展专家学术研讨，也积极推动文化大篷车走进乡村社区，为通州区市民提供更为丰富多彩的文化服务。

6 月底，江苏省扬州市中国大运河博物馆选址确定，具体位置初步选定在古运河东偏北的三湾公园。这是扬州市 2018 年重点新建、改扩建的 17 个文博场馆之一，该项目的定位是最能反映中国大运河文化的标志性工程，以及国家文化公园的标志性博物馆，要求成为彰显大运河文化理念的新时代之作，用来满足人民群众对大运河历史文化认知的精神文化需求。

2018 年，浙江省杭州市拱墅区投资 200 亿元维护、修缮了运河沿线多处历史文化遗产，建成了长达 12 公里的运河文化景观带。另外正推进“一址两街两园三馆两中心”的建设，连接各方面资源打造全域“没有围墙的博物馆”，开工建设匠人馆、民俗馆、祥符桥和运河湾历史街区、运河亚运公园、运河剧院、运河文化发布中心等一批文化设施，更好地弘扬运河文化，丰富群众的文化生活。

（三）大运河文化带公共文化服务活动的开展

2017 年 6 月 27 ~ 29 日，天津市西青区杨柳青镇举办“运河记忆”非物质文化遗产宣传展示系列活动。本次非遗展首次由京、津、冀、鲁、浙 5 省、市联合办展，以大运河为脉络，共有分别来自通州、廊坊、沧州、聊城、嘉兴和天津的 60 余个非遗项目和上千件非遗精品集体亮相，进一步加强运河沿岸文化交流，展示沿线丰富的非物质文化遗产。活动以“留住运河记忆，传承文化薪火”为主题，将京杭大运河沿线的非遗项目通过演出、论坛、展览等方式呈现，以提高广大人民群众对非物质文化遗产的保护意识和认识水平。内容包括开幕式、运河沿岸非遗项目展、运河沿岸非遗项目保护与传承论坛和闭幕式等活动。开幕式将取自 5 个地区的运河水汇入天津杨柳青，以引导大众体验运河文明；随后非遗项目展成为活动的重头戏，通过突出民间传统文化为主旨，将来自运河沿线的非遗项目制作与现场演示相结合，以呈现出运河非遗的靓丽风景线；最后举办“非遗项目保护与传承论坛”，通过邀请相关领域的著名专家与学者，就相关主题开展讨论，进一步推动运河沿岸非遗项目的传承、保护；闭幕式以非遗项目表演类节目进行惠民演出，演出内容均为围绕非遗所创作的舞蹈、歌曲、曲艺等。整个系列活动以静态展示与动态演示相融合、理论研究与现实感知相促进，演绎运河沿岸众多丰富的文化遗产。

2017 年上半年，北京市通州区举办的“运河美——舞动新生活”舞蹈培训活动在潞城镇举行，文艺志愿者深入全区 19 个村、社区，共为 21 支舞蹈团队进行专业培训，对丰富潞城镇居民文化生活发挥了积极作用。此外，“丹青韵——运河风采文联公益书画讲堂”也在紫荆园、水仙园社区开课培训。文联文艺志愿者深入基层服务，充实了基层百姓的文化生活，深受群众欢迎。

6 月 30 日 ~9 月 1 日，江苏省南通市港闸区在通吕运河北岸的“欢乐五水汇”大舞台举办每周五一场的大型公益性文化展演。展演以运河文化为主题，采用跨地区城市联动的形式进行。作为港闸区实施的“文化惠民”工程，“欢乐五水汇”大舞台旨在为辖区百姓提供优质的公共文化服务，通过专业团队与社区团队一起，登上大舞台，展现风采，不仅满足了市民的文化需求，而且成为展示百姓精神文化活动、成就百姓舞台梦想的重要载体。

7月20～10月20日，山东省济宁市举办首届文化惠民消费季，以“荟文化·惠生活”为主题。活动通过政府财政资金引导，采用“一券一平台”运作模式，组织开展“儒学原乡·文化圣地”演出消费季活动、“创意济宁”文化产品设计大赛、“孔孟之乡·运河之都”文化旅游活动、“运河记忆”历史文化展览展示活动、“未来畅想”数字文化推广活动、“国学体验”培训推广活动、“书香济宁”全民阅读系列活动、“聚焦济宁”书画摄影展示活动、“影动全城”电影促销活动、“中国梦·校园情”文化素养提升活动等十大系列活动，引导文化消费行为，推动文化领域供给侧结构性改革。在活动中，发放文化消费券是济宁文化惠民消费季引导和鼓励大众文化消费的重要举措，以电子券的形式进行发放，消费者通过注册领券后，凭电子券到签约商户进行消费可享受多项优惠。

11月13日，安徽省濉溪县首届柳孜大运河文化艺术节开幕。本届艺术节为期4天，包含“百家翰墨·运河风情”大型书画展、“柳江放歌·濉溪盛情”艺术节专场文艺演出、“运河之声·鼓乐濉溪”2017安徽濉溪首届运河流域鼓书曲艺展演、新编大型古装泗州戏《柳江口》演出，以及濉溪招商活动推介等多项内容。活动突出濉溪的运河文化、古镇文化等6大文化艺术魅力，营造历史与时代相结合全新风尚的“运河文化旅游品牌”。通过开展“柳孜运河遗址”文化艺术展示、休闲旅游等一系列特色文化旅游体验和经贸活动，把柳孜大运河文化艺术节打造成为集招商推介、文化传承、民俗风情、休闲旅游为一体的社会性特色节日。

12月4日，山东省济宁市任城区全力打造运河文化特色区，将“推进文旅融合，打造运河文化特色区”作为全区重点工作线。积极开展优秀传统文化对外交流活动，打造对外文化交流品牌项目，组织开展弘扬优秀传统文化主题月活动和“戏剧进校园”活动，共安排10余场戏曲进校园演出；开展“榜上有名”人物评选报送、优秀传统文化调研、健康教育促进机关创建、棚改惠民巡回文艺演出等，广受群众欢迎。

2018年3月13日，江苏省扬州市为积极推动大运河文化带建设，充分发挥大运河文化遗产的公共文化服务和社会教育功能，在古运河畔南门遗址广场举办“寻觅记忆、大运相生——运河摄影、运河故事主题征集暨雷锋月活动”。扬州在推动大运河文化带方面在全国率先将惠民的邮政网变成运河的守护网，活动现场成立“扬州市大运河保护志愿者总队运河文化邮路支队”。活动征集有关扬州历史、人文、生活方面的运河风景和故事，讲述运河人家、运河经典的传说和运河申遗成功后守护运河人的真实感人故事等，对优秀作品设计制作作品集，并选择经典的好故事拍摄微电影，向社会普及运河文化知识。

3 月 15 日，天津市举行第 28 届天津运河桃花文化商贸旅游节发布会。本届运河桃花节以“讴歌新时代，赞美新天津；赏运河桃花，享美好生活”为主题。通过举办运河桃花节，进一步弘扬运河桃柳文化，并以运河桃花节为契机搭建平台，促进天津运河旅游经济的发展。本次活动在内容安排上注重运河文化、传统文化，通过运河桃花诗会、运河桃花主题书画展、民间书画笔会、民间非遗绝活展示展卖、桃花节摄影展、健身队伍活动、春季养生讲座等系列群众文化活动，丰富运河桃花节的内涵。通过企业参与，市场化运作，满足群众“吃住行游购娱”多样化的需求，在实施文化惠民的同时拉动经济增长，实现社会效益与经济效益的双创收。

5 月 19 日，“5·19 中国旅游日暨 2018 常州运河文化旅游节”在江苏省常州市经济开发区拉开帷幕，新落成的戚墅堰运河公园正式揭牌开放，2018 常州运河文化旅游节同步开幕。活动现场，运河公园揭开面纱正式向大众敞开怀抱，全市运河沿线镇（街道）代表还发出保护运河倡议。现场 800 多名来自企业、学校、机关的徒步达人，沿运河展开 4 公里徒步活动，千人运河骑行活动也热闹开赛。作为以运河文化为核心，以民国风情为特色的带状开放公园，全新的戚墅堰运河公园包含 2 万平方米的体育公园、8.8 万平方米湿地公园、1.6 万平方米草坪和 1 万平方米群众文体活动中心。此外，在 6 月、9 月、11 月市旅游局还针对困难群众、残疾人、孤寡老人等特定人群，组织开展“免费游常州”公益惠民活动，惠及 1 万余人。

6 月 1 ~3 日，江苏省淮安市举办“中国（淮安）大运河文化带城市非物质文化遗产大展暨 2018 年文化和自然遗产日”活动。开幕式在淮安大剧院举行，主题为“运河传情，匠心筑梦，江苏省非物质文化遗产展演”，6月3日后还有几场专题讲座。这是淮安市主办的规模最大、等级最高、影响最广的一次非遗展示活动，包括了京、津、冀、鲁、豫、皖、苏、浙8个运河省市的160项最精粹的非遗项目，11支秧歌号子表演队、9支合唱队共聚淮安。这次活动，目的在于宣传、推动运河文化带非物质文化遗产的传承和发展，也是一次惠民活动，让淮安市民享受一次丰富的精神文化大餐。

6月15日，江苏省苏州市吴江区举办“京杭大运河沿线城市广场舞展演暨第十五届吴江区域文化联动”，共有来自京、津、冀、鲁、苏、浙六省（市）的15支广场舞团队参加。大运河串联起燕赵、齐鲁、吴越、淮扬等不同地区的文化形态，为大运河文化带沿线城市广场舞展示提供了一个共享多元文化的平台。演出后，展演团队又在运河古镇平望进行惠民演出。展演期间，由文化和旅游部全国公共文化发展中心主办、苏州市吴江区公共文化艺术中心协办的“全民艺术普及技能提升计划——广场舞普及推广培训班”也同步举办；京杭大运河沿线城市文化馆合作发展联盟同时成立，联盟单位一起签署了意向书，以推动运河各城市公共文化发展为目的，在文艺创作、人才培养、精品打造、非遗保护等方面建立良好的合作关系。在展演的当天，中国文化网络电视、国家公共文化云等媒体进行了同步播放，观看人数近20万人次。

7月24日，山东省枣庄市台儿庄区运河街道组织开展文化惠民送戏下乡主题活动。运河街道华阳社区“草根艺术团”，在府前广场精心举办了“讲文明树新风、文化惠民生”演出活动。该场活动共表演了舞蹈《中国梦》、三句半《留守儿童要关爱》、大合唱《四德歌》等17个节目，吸引了300余名群众现场观看。通过活动举办，展现了社会发展新面貌、新风尚，丰富了社区文化生活，满足了居民基本文化生活。2018年以来，运河街道先后在顺河、繁荣街社区等开展文化惠民演出活动18场次，深受群众喜爱。

1～8月，安徽省宿迁市共开展文化惠民活动780余场次，惠及民众200余万人次。全市各级文化部门组织专业剧团和民间文艺团队，开展柳琴戏、苏北琴书、苏北大鼓等传统戏曲进乡村、进社区、进校园巡演；举办第三届“非遗大集”、第三届民间文艺展演、泗洪县“洪泽湖渔鼓艺术节”等惠民活动；市美术馆、博物馆积极开展各类美术、摄影展览，如“美在新时代·宿迁市美术家写生创作展”“通·融——中国大运河文化特展”“映像宿迁”美术书法摄影作品联展等；精品剧目《古城拉魂》《胖婶当官》《贺老太》等巡演；围绕“书香宿迁”建设，培育阅读品牌，举办各类阅读活动，如2018宿迁春季诗会、“革命薪火代代相传”清明诗会、“我们爱阅读”、全民阅读春风行动、“带本好书回家过年”、乡村阅读天使行动等系列活动；“文化进社区、欢乐送万家”“乡村振兴”“依法治市”“弘扬传统文化”“纪念改革开放40周年”等系列主题文化活动，丰富了广大基层群众的文化生活。

二　公共文化服务与大运河文化带建设存在的问题与发展建议

（一）存在的问题

公共文化服务体系的建设是一项系统工程，需要全面考虑到不同层次之间的联系和区别。既需要加快基础服务设施的建设，也要形成良好的服务方式的运行机制，以及有效的传播途径。以此为标准，现阶段大运河文化带公共文化服务存在的问题，概括起来主要有如下3点。

1. 公共文化服务设施建设不足

目前，大运河文化带现有的公共文化设施与群众需求相比，还存在差距。表现为：一是综合型文化服务设施建设不足，辐射不均衡，布局上没有充分考虑服务人口、服务面积等因素。二是基层文化设施建设不足，镇级、街道级文化中心及行政村、社区文化室的数量和面积与标准相比差距较大。三是老旧小区设施用地、土地性质等问题制约了已有建设的改扩建，拆迁地区的文化服务设施建设没有及时跟进，新建小区配套设施移交率低，制约着公共文化设施建设水平和服务能力的整体提升。四是贫困地区与少数民族地区公共文化设施建设受当地经济发展条件的限制，很难得到较快发展，对基层群众的文化需求难以满足。

2. 公共文化服务的供给与群众需求之间存在差距

公共文化活动是构成公共文化服务体系重要基础与目标，它应该以满足公众的文化需求为首要的任务。但在现实情况中，却常常存在背道而驰的现象。表现为：一是大运河文化带某些区域现有公共文化服务供给方式单一，优质文化资源稀缺，与群众文化需求存在结构性矛盾，有时为了配合某些大的活动，正常的公共文化活动或终止或资源被挤占。二是有些地区服务形式陈旧、文化信息资源共享能力不足、数字化服务能力相对滞后、整合社会资源与公共文化服务能力不足，无法及时适应时代需求，提供面向不同社会群体的对应服务。现阶段，大运河文化带一些文化服务单位对现代信息技术的利用缺少关注，政府文化网站上也多是相关行政部门概况的介绍，很少有文化服务内容的展示。很少主动去研究现代信息技术能够为公共文化服务提供什么样的内容，利用这一新平台又能够做什么。三是对服务的对象认识不足。长期以来公共文化服务工作多强调文化人群的非职业化、文化爱好者组成等特征，却忽略了文化服务的对象应当是全体群众，而不是仅有那些愿意参加活动的“银发一族”或“群众文化骨干”。四是高雅艺术形式、剧目、人才等资源匮乏，优秀文化资源没有常态化地融入地区文化建设中来，无法全方位地满足群众的文化审美需求。

3. 资金、人才保障能力亟待提高

现有大运河文化带公共文化服务在财政投入力度上与建设需求存在一定差距，文化人才队伍的培养能力和服务效能有待进一步提升。表现为：一是公共文化服务所需资金投入量大，且需持续性投入，资金缺口较大。二是基层缺乏专业性文化管理员和专职文化组织员，人员流动性较大，且均为兼职，严重制约了公共文化服务中的管理和服务水平的提高。三是面对现代信息技术的快速发展，因文化经费不足，难以做到充分利用。

（二）发展建议

1. 完善组织机构，明确职责分工

在大运河文化带以省或地级市为单位，成立一个公共文化服务领导小组，统筹管理，成员单位包括下辖地区（区、县、市、街道、社区、乡镇、行政村）。每级单位建立相应层次的组织领导机制，明确责任分工，保障本地区公共文化服务有效落实，形成上下联动、分工协作的组织体系。

2. 出台系列文件，建立制度保障

通过大运河文化带各级政府出台诸如加强基层公共文化服务建设、创建公共文化服务示范区等统筹性文件，并制定一系列公共文化政策配套文件（如《创建公共文化服务示范区指标任务分解》《公共文化评估体系工作手册》《创建公共文化服务示范区过程管理规定》等），从公共文化服务规划、步骤、标准、实施、反馈等多方面进行详细说明，为公共文化服务创建工作提供制度保障。

3. 创新公共文化服务运行机制

坚持公共文化服务“为大家，大家办”的原则，将公共文化服务的组织运行方式由政府唱独角戏，转变为政府和社会共同参与。一是鼓励社会力量参与到公共文化机构决策、管理、运营、监督各个环节，建立试点，引入社会资源参与基层文化设施和人员管理及运营。二是整合公共文化设施资源，启动公共文化数字服务、公共文化配送服务等平台建设，构建公共文化信息智能服务终端、文化云、数字流动站等传播载体，有效整合公共文化服务空间的文化资源。

4. 补齐短板，完善公共文化服务设施网络

完善大运河文化带公共文化服务设施建设。一是深入挖掘并整理运河文化，打造诸如运河文化核心区、运河文化聚集区、运河文化外延区等文化景观区域。二是高标准建设运河图书馆、展览馆、博物馆等一系列综合型文化设施，进一步保障群众进行艺术鉴赏的文化权益。三是完善基层乡镇（街道）、村（社区）公共文化设施网络建设，加大资金投入力度，通过新建、

改扩建、租赁、共享等多种方式，进一步推进基层文化设施达标，保障群众能够利用文化设施参与文化活动的基本权益。要形成地市级及以上建有大型文化设施、县级有符合标准的图书馆或文化馆、镇设综合文化站、村（社区）建有文化服务中心，实现村村有场地、户户能休闲、人人可参与的文化生活良好局面。

5. 完善人才保障工作，组织专项培训，开展学习交流

增加文化投入，进一步夯实人才队伍建设。一是完善大运河文化带公共文化服务干部、群众文化组织成员人才队伍数据库，建立人才培养档案，提高其薪资福利待遇，使其安心从事文艺创作，尽量培育其向专职化方向发展。二是建立专家智库，聘请公共文化管理、文化艺术等领域专家，建立以公共文化服务为主体的专家智库和地方文艺人才信息库，对大运河文化带建设中的公共文化服务提供一些有针对性的指导。三是制定《公共文化服务保障法》，对群众文化组织成员进行一系列专题培训，将保障法的宣传贯彻纳入培训的重要内容，提高文化干部一专多能的综合服务能力；利用各级文化信息共享工程开展远程培训及常态化培训活动，实现对业余群众文化团队的全覆盖。

6. 激发活力，改进文化服务和产品供给

重视对运河文化精品的培育，为其生产创造良好的环境氛围。一是深层次推动全民主动性文化参与活动，改变以往被动参与的传统模式，延伸触角。二是高水平举办运河文化节，融入国家及地区优秀文化资源，向群众提供思想性、艺术性、观赏性相结合的品牌活动。通过精心举办活动，建立不同地区、不同层级、不同部门之间协同推进的活动体系，实现沿线群众文化资源的共享。三是加大宣传推介，制定文化惠民消费季宣传方案，充分利用新媒体发布文化消费活动信息和展会信息。通过加大宣传推广力度，提高文化消费季活动品牌的认知度，着力营造浓厚的舆论氛围。四是加强群众文艺创作，全面繁荣群众艺术创作，巩固创作成果。五是拓宽文化惠民渠道，大力实施千场大戏进农村、万场演出惠民生、农村公益电影放映等文化惠民工程，满足群众的精神文化需求。

运河文化保护、研究篇

Canal Culture Protection and Research

B.5

大运河遗产保护利用的部门行动

万金红*

摘　要： 近年，大运河文化带建设已成为中国社会主义文化建设的重要内容。各地、各部委深入贯彻落实习近平总书记关于大运河文化“保护好、传承好、利用好”的指示精神，并取得显著效果。笔者作为党派提案的提案人有幸参与全国政协“推动大运河文化带建设重点提案督办调研”与有关部委和运河沿线8省市深入交流。基于调研，本文主要概述国家发展改革委主持编写的《大运河文化保护传承利用规划纲要》的主要特点，文化与旅游部近年主要开展的大运河文化带非物质文化传承工作，水利部开展的大运河文化带专题研究，国家文物局大运河申遗成功以来的遗产保护工作。

* 万金红，中国水利水电科学研究院高级工程师，民进中央人资环委委员，中国地理信息产业协会大运河专委会副主任委员。主要从事水利社会学、水灾害学研究。

关键词： 大运河文化带　政协调研　遗产保护

大运河是中国古代创造的一项伟大工程，是世界上开凿最早、里程最长、规模最大的运河工程。大运河承载了数千年中华文明的宝贵历史文化遗产，体现了中国劳动人民的伟大智慧和勇气，传承了中华民族的悠久文明和历史，书写了华夏大地上的宏伟诗篇。在漫长的历史进程中，大运河在巩固国家统一、促进经济发展、传承历史文化等方面体现了巨大作用，至今依然在行洪、输水、航运、生态景观等方面体现多重功能和价值。中国大运河是一条流淌着“活的”运河。

大运河运行两千多年，印刻下中华文明发展的历史印迹，见证了中国不同历史时期政治、经济、外交、社会、军事、文化变迁，促进了中国南北经济文化交流和国家统一，中华文明绚烂缤纷的历史画卷中留下了浓墨重彩的一笔。深入挖掘大运河承载的丰富历史文化资源，统筹“保护好、传承好、利用好”这一祖先留给我们的宝贵遗产，打造成为展示中华文明的亮丽名片，是文化自觉和文化自信的高度体现，将为新时期建设社会主义文化强国提供重要保障。

2018 年，笔者有幸参加全国政协文化文史和学习委员会“推动大运河文化带建设重点提案督办调研”工作。在与国家发展改革委、水利部、国家文物局、文化旅游部，大运河沿线北京、天津、河北、山东、河南、安徽、江苏、浙江等省、直辖市政府部门的座谈交流和实地调研过程中，笔者注意到 2017 年以来，中国在大运河文化带建设上取得显著的效果。本文依据调研素材，系统阐述过去 2 年间，国家发展改革委、水利部、国家文物局、文化和旅游部等部门在大运河文化带建设中主要的工作进展。

一　大运河遗产保护背景

2014 年 6 月 22 日，中国大运河申遗成功，标志着中国对大运河的保护与利用进入了一个新的阶段。习近平总书记站在增强文化自信、加强区域协调发展和保护生态环境的战略高度，极其关心重视大运河的保护与利用工作。

2017 年 2 月 24 日，习近平总书记在视察北京通州大运河森林公园时，强调北京城市副中心建设要高度重视绿化、美化，增强吸引力。通州有不少历史文化遗产，要古为今用，深入挖掘以大运河为核心的历史文化资源。保护大运河是运河沿线所有地区的共同责任，北京要积极发挥示范作用。当日下午，在北京城市规划建设和冬奥会筹办工作座谈会上，习近平总书记指出北京历史文化是中华文明源远流长的伟大见证，要更加精心保护好，凸显北京历史文化的整体价值，强化“首都风范、古都风韵、时代风貌”的城市特色。

6 月 4 日，习近平总书记在中共中央办公厅调研室《打造展示中华文明的金名片——关于建设大运河文化带的若干思考》的报告上做出重要批示，指出“大运河是祖先留给我们的宝贵遗产，是流动的文化，要统筹保护好、传承好、利用好”，确定了大运河文化带建设以文化建设为引领，带动经济、社会、生态等各项建设，打造“魅力长河”“美丽长河”“高端长河”“共享长河”的工作构想，明确了“全面加强对大运河的保护”“积极推进基础设施建设”“充分发挥运河文化名城的示范带动作用”“大力发展运河旅游产业”“适时出台《大运河文化带建设纲要》”“建立强有力的协调管理机制”等近期工作内容。

2018 年 2 月，该项工作列入《中央政治局常委会 2018 年工作要点》，提出要按照“保护好、传承好、利用好”要求，推进大运河文化带建设。

2018 年 4 月，全国政协提出了《关于加快推动大运河文化带建设的提案》（第 4512 号），并列为重点提案，提出加强制度设计、推进协同管理；加强顶层设计、突出文化定位；建立健全保证政策；适时实现全线通水复航等四方面意见。

大运河时空跨度长、流域面积广、遗产类别多，文化价值高。在国家层面加强大运河文化保护传承利用，需要统合协调水利、文物、旅游、交通、国土、建设等多个行业主管部门。

二　国家发展改革委在大运河遗产保护中的作用

国家发展改革委高度重视大运河文化带建设工作。2017 年 7 月，会同文化部、国家文物局深入学习贯彻习近平总书记和中央领导同志重要批示指示精神，就大运河文化保护传承利用问题，共同上报《关于建设大运河文化带有关情况的报告》，提出编制相关规划，明确了基本思路和工作计划。习近平总书记和其他中央领导同志圈阅同意。2017 年 9 月，会同大运河沿线 8 省（直辖市）和原文化部等 18 个中央部门，共同成立了规划编制领导小组，下设起草小组，组织召开编制领导小组第一次会议，审议通过编制工作计划和专题研究方案，讨论明确规划大纲，正式启动规划编制并进行工作部署。

2017 年 10～11 月，国家发展改革委、文化部、水利部、国家旅游局分别牵头组织调研组，赴大运河沿线 8 省（直辖市）开展综合调研。会同中央相关部门开展大运河文化带建设专题研究，结合研究需要多次开展实地调研，沿线各省（直辖市）进行基础情况摸查，并结合本地区实际情况开展规划文本编制前期研究。同时，组织召开多次相关领域专家座谈会专题研究重大问题，为后续工作顺利开展廓清了思路。2017 年 12 月至 2018 年 1 月，起草形成了规划初稿。全国政协副主席、发展改革委主任何立峰同志高度重视，亲自主持召开专题会议对初稿进行研究，明确题目为《大运河文化保护传承利用规划纲要》（以下简称《规划纲要》），并研究确定了规划的总体框架、目标方向、主要内容等。2018 年 2～4 月，组织地方进一步集中细化完善重大任务、重大工程，并在工作层面反复征求了大运河沿线省市和中央部门有关方面意见，对文稿进行多轮修改完善，最终形成了《规划纲要》送审稿。

（一）《规划纲要》主要亮点

《规划纲要》认为建设大运河文化带有利于展示中华文明和中华民族的

文化自信，有利于推进大运河遗产保护和合理利用，有利于传播民族力量和运河文化千年品牌，有利于推进文化交流和地区融合发展。

《规划纲要》的主要亮点体现在：一是突出以文化为引领推动沿线地区协调发展，把保护传承利用大运河承载的优秀传统文化作为基本出发点和立足点，着力将大运河打造成璀璨文化带、绿色生态带、缤纷旅游带，推动大运河沿线区域社会经济实现绿色发展、协调发展和高质量发展。二是坚持共抓大保护、不搞大开发理念，以文化遗产、河道水系、生态环境保护为重点，提出科学规划、突出保护、古为今用、强化传承，优化布局、合理利用的基本原则，推动形成大运河文化保护传承利用新模式。三是有效衔接国家重大发展战略，紧密结合“一带一路”建设、京津冀协同发展、长江经济带发展和河北雄安新区建设等战略实施，发挥大运河连线织网、融会贯通的重要作用。

（二）《规划纲要》主要内容

《规划纲要》大致分三部分。第一部分提出大运河文化保护传承利用的指导思想、基本原则、功能定位和主要目标，并对大运河所承载的中华优秀传统文化进行了解读和阐述。第二部分重点推进文化遗产保护传承、河道水系治理管护、环境保护修复、文化和旅游融合发展、城乡区域统筹协调、保护传承利用机制创新等六方面重点任务。第三部分从加强党的领导、做好组织实施、完善政策措施、健全法律保障、抓好督查评估五方面，提出了保障《规划纲要》贯彻落实的具体举措。

《规划纲要》牢固树立和贯彻落实新发展理念，按照高质量发展的要求，紧紧围绕统筹推进“五位一体”总体布局和协调推进“四个全面”战略布局，坚定文化自信，坚持以文化为引领，坚持以人民为中心，共抓大保护，不搞大开发，着力强化文化遗产保护传承，着力推进河道水系治理管护，着力加强生态环境保护修复，着力推动文化和旅游融合发展，着力促进城乡区域统筹协调，着力创新保护传承利用机制，打造大运河璀璨文化带、绿色生态带、缤纷旅游带，延续壮美运河的千年神韵，将大运河文化保护好、传承好、利用好。

《规划纲要》始终坚持科学规划、突出保护，古为今用、强化传承，优化布局、合理利用的原则，按照“河为线，城为珠线串珠，珠带面”的思路，构建一条主轴带动整体发展、五大片区重塑大运河实体、六大高地凸显文化引领、多点联动形成发展合力的空间格局框架，着力将大运河打造成继古开今的璀璨文化带、山水秀丽的绿色生态带、享誉中外的缤纷旅游带。

《规划纲要》深入分析了大运河文化的内在价值所在，统筹考虑可移动文物、不可移动文物、非物质文化遗产、历史文化名城名镇名村和历史建筑，乃至工业遗产、水利遗产、农业遗产等多种遗产资源，既保护资源本体，也保护历史环境，提出加强文化遗产系统保护、增强文化遗产传承活力、阐发文化遗产当代价值等三方面任务，把保护传承利用统一成一个有机整体。

为强化大运河文化和生态资源的保护，避免过度开发建设，《规划纲要》提出建设绿色生态廊道，优化滨河生态空间，加强生态空间管控，整体保护大运河沿线空间形态。绿色生态廊道的打造，不仅将为大运河文化的保护传承利用创造良好的外部生态环境，有利于大运河在新的历史条件下得以传承延续，也从城市合理开发建设和区域可持续发展的角度，为沿线经济发达地区保留一片重要的绿色生态空间，着力改善沿线生产生活环境，为百姓创造永续美好运河家园。

《规划纲要》提出，原则上除城市建成区（含建制镇）外，京杭大运河和浙东运河主河道及隋唐大运河等具备条件的有水河道两岸优化滨河生态空间，严格控制非公益建设用地，实施滨河防护林生态屏障工程，在沿河两岸集中连片植树造林，加强植被绿化。此项举措将在大运河沿线形成相对完整、互相联通的滨河生态空间。同时，在京杭大运河和浙东运河主河道及隋唐大运河等具备条件的有水河道两岸的核心区范围划定核心监控区，实行负面清单准入管理，推动各地因地制宜制定禁出和限制发展产业目录，严禁新建扩建不利于生态环境保护的工矿企业等项目，对于违规占压运河河道本体和岸线的建（构）筑物限期拆除，推动不符合生态环境保护和相关规划要求的已有项目和设施逐步搬离，原址恢复原状或进行合理绿化，整体保护大运河沿线空间形态。

三　水利部在大运河遗产保护中的作用

2014年6月，大运河申遗成功后，水利部加大力度开展水利遗产保护工作。初步建立大运河水利遗产保护管理体系，大运河部分古河道基本恢复，水文化遗产得到重点修缮。初步建成大运河“水上泛舟”长廊和岸域“陆上漫步”长廊。大运河沿线城镇基本实现“一城一水景”，部分村落实现“水通村美”或“水活村灵”。

近年来，水利部多次组织有关单位和专家开展了大运河沿线水利文化遗产调研，编制了《大运河遗产保护与管理水利专项规划》，撰写了《大运河水利遗产调查报告》。并在《水法》、《防洪法》和《河道管理条例》的制度框架下，结合《文物法》的要求，在运河沿线设置了遗产保护标识，并对大运河遗产中的水利文物古迹进行修复修整、防护加固、重点修复等。根据《大运河遗产保护管理办法》和《河道管理条例》有关规定的要求，划定了运河沿线各遗产点的保护范围、建设控制地带和环境协调区。结合河长制的实施，完成了各遗产点的河道整治、文物保护和环境整治工程。建成了杭州、淮安、淮北、聊城、济宁等运河博物馆和山东戴村坝、江苏宿迁等水利展示馆以及淮安河道总督展示馆。通过建设专题和地区博物馆等文化设施，加强对运河文史研究和运河水文化宣传展示。同时，开展了多处运河滨水景观和水利风景区建设。

（一）已有工作成效斐然

加强大运河水利遗产的保护利用与管理。建设了大运河水文化资源数据管理平台，研究了大运河发展历史，新建和扩建了水利遗产公园和遗产保护示范区，深入挖掘了大运河水文化和水利精神，讲好大运河故事，推动大运河水文化的展示、传承与发展，初步将大运河建成“文化长河”。

开展水利遗产调查与评估。近年来，各级水利部门强化了大运河水利遗产的调查工作，初步摸清水利遗产家底，建立基础资料数据管理平台。充分利用沿线各级水行政主管部门的工情监测系统和实时工情监测系统加强对大运河水利遗产监测。编制《水利遗产认定标准》，开展水利遗产评估，根据遗产类型、价值和分布情况等，提出分区分类分级保护和利用对策。

开展水利遗产修缮与修复。综合考虑文物保护和水利功能发挥的要求，在科学研究的基础上，结合水利工程改造提升，实施一批古闸、古坝古堤、古码头等重要水利遗产修缮与修复工程，再现大运河的千年神韵，提升大运河的展示品质。结合南水北调工程、水生态修复等措施，部分恢复大运河黄河以北会通河、通惠河等河段河流生态景观，部分河段水质明显改观，再现大运河南北贯通的流动之美。

（二）正在开展的工作

通过大运河水利遗产保护，真实完整地保存其历史信息和全部价值，再现大运河“水通南北”的历史风貌，延续和恢复其防洪排涝、输水、通航等基本功能。充分考虑不同类型水利遗产的特点和保护利用的专业性要求，统筹加强以河道、水工建筑物、通航建筑物为主的水利工程遗产，以大运河管理机构衙署、管理工房、祭祀场所等为主的水利管理遗产，以及因水和治水而衍生的相关遗产的保护和利用。依托大运河水体、水利遗产和现代水利工程，科学利用和保护大运河河道和岸线资源，因地制宜建设运河水景观，使大运河全线实现“水通、水活、水绿”，成为有生命、有文化、有内涵、有神韵的河流。

加强大运河水利遗产基础研究。配合文物部门开展大运河古河道、古闸、古堰坝、古堤防、古码头等重要遗产、遗址区域考古调查、勘探和发掘工作。深入研究大运河水利演变历程、水利科技与管理成就，大运河与沿线地区乃至国家经济、社会、环境、生态、文化等的关系，客观真实地再现古代大运河辉煌的治水成就和巨大效益，为大运河展示与治理提供科学的历史依据。

加强水利遗产保护利用技术研究。针对大运河水利遗产保护利用理论与技术的薄弱环节，加大相关科研支持力度，开展多学科参与的综合研究。结合水利遗产保护要求，研究大运河水利遗产，尤其是“在用”古代水利工程的保护关键技术，制定技术标准和工作规范，为日常维护、修缮和管理提供技术依据。

深入挖掘大运河水文化内涵。加强大运河水利遗产价值研究，挖掘大运河水利工程技术内涵、科技价值和历史文化价值。深入开展古代大运河管理制度研究。包括工程建设、漕运运河管理体系等。

完善大运河水文化展示体系。对沿线具有重大历史、科技、社会、景观价值且保存较好的水利遗产，分级分类建设大运河水利展示馆或专题博物馆。加强大运河水利遗产科普宣传与传播交流，拍摄大运河大型纪录片，开展大运河水情教育活动。

建设大运河水文化廊道。充分挖掘沿线水文化、生态、旅游资源优势，开展城区水文化廊道建设，推动产城融合互动和文化旅游产业结构升级，促进大运河沿线文化城市群建设。结合乡村振兴战略，开展水美乡村建设，实现乡村水系长流水、流清水，打造良好农村水环境。资源条件较好的河段，以河流湖泊为线，连村成片，建设独具特色的乡村水景区。依托沿线河湖、湿地、水利工程，加强水文化景观建设，丰富其文化内涵，建设有特色的水利景观格局，促进大运河沿线生态环境保护修复。

加强大运河水文化产业布局与培育。以大运河沿线类型丰富的水利遗产和独具特色的传统水文化为内容，以水文化产业项目为支撑，推进大运河文化创造性转化和创新性发展，策划制作彰显大运河丰厚历史底蕴和文化内涵的大型演艺活动，讲好大运河故事。推动发展以大运河故事和治水历史为主题的动漫、游戏、数字化装备、数字艺术展示等新兴产业。培育移动多媒体、3D 打印等文化科技融合的新业态。谋划具有较强带动性和辐射性的重大文化产业项目，展示大运河的历史文化内涵。

四　国家文物局在大运河遗产保护中的作用

近年来，国家文物局将大运河文化带遗产保护传承利用工作作为学习贯彻习近平新时代中国特色社会主义思想和党的十九大精神的重点工作。2017年6月28日至29日，在山东济南召开大运河文化带建设工作座谈会；2017年9月举办大运河文化遗产保护与传承培训班，组织大运河沿线8省（市）文物行政部门及各地级市人民政府负责人深入学习总书记指示、批示精神，研究部署贯彻落实总书记批示相关工作。

2017年7~11月，国家文物局组织开展大运河全线文物保护利用工作现场调研。调研发现在大运河文化带建设过程中，大运河遗产保护主要面临四个方面的问题：一是遗产保护压力巨大。大运河遗产数量多、分布广、构成复杂。其中，省级及以下不可移动文物占比高，地方政府对这部分文物的重视程度和调查、研究、保护的投入力度亟待加强。二是保护理念亟待提升。大运河沿线大量近现代遗产、文化传统，特别是记录了新中国发展建设历程和广大人民群众记忆的历史遗存，以及大运河周边历史环境、景观风貌等，尚未得到地方政府足够重视，很多尚未纳入保护视野。三是研究利用水平不高。大运河考古、研究力量亟待加强，文化遗产内涵、特点的挖掘尚待深入，各地普遍存在大运河科技文化阐释展示内容粗浅、展示手段单一、利用水平不高、服务意识不强等问题，难以满足广大人民群众日益增长的文化和精神需求。四是沟通协作亟待加强。大运河纵跨8省市，涉及众多行业部门，大运河保护法律法规体系还不健全，针对其活态特点的保护管理要求亟待完善，各地、各部门之间协调配合不够，部分政策、规划存在矛盾冲突，常态化沟通协作机制尚不健全，难以形成保护合力。

（一）做好《大运河文化遗产保护传承利用规划纲要》编制工作

国家文物局全力配合国务院办公厅、国家发展和改革委员会做好《大运河文化遗产保护传承利用规划纲要》公布实施相关工作。在规划纲要的指导下，国家文物局会同大运河沿线8省市人民政府、文物行政部门和专业机构开展《大运河文化遗产保护传承利用规划纲要》编制，进一步巩固和强化文物保护利用和文化遗产保护传承在大运河文化带建设中的核心地位，进一步细化大运河文化遗产考古研究、本体保护、环境整治、展示阐释、开发建设等相关规划目标内容、明确工作重点、测算项目规模、提出工作要求，研究确定大运河国家遗产线路、国家文化公园、生态博物馆建设试点段落。

《大运河文化遗产保护传承利用规划纲要》包括以下方面：

一是大运河国家遗产线路建设，实施河道修复、建设慢行系统、设置展示服务设施，串联、整合文化自然资源，打造集文化旅游、生态体验、体育休闲为一体的大运河公共文化服务空间，推动文化、生态、旅游、绿色产业融合发展。

二是大运河古村镇保护展示，以大运河沿线承载了乡愁和记忆、代表优秀传统文化发展水平的乡村古镇为中心，结合乡村振兴战略和美丽乡村建设，培育环境优美、功能完善、特色鲜明的大运河古镇生态博物馆群，全方位展示诗意人居环境、独特建筑风格和民间风俗传统。

三是大运河工业遗产活化利用，通过打造特色博物馆、文化产业园区、开展工业旅游等方式，多举措展示、利用大运河沿线重要工业遗产，记录呈现大运河沿线工业化、现代化进程，维护延续运河城市个性和城市记忆，改善城市环境品质，促进城市有机更新。

四是大运河博物馆体系建设，充分利用现有博物馆、陈列馆，适当新建、改扩建博物馆、专题陈列馆，突出地方特色，建设既相互衔接又各具特色、一条主线、多点分布的大运河博物馆体系，提升展陈解说和宣传教育水平。

五是大运河“互联网+”建设，加强文化遗产数字化、信息化、智能化建设，运用3D影像、多媒体互动、数字讲解、VR虚拟展示等手段提升大运河展示水平，推动“互联网+大运河”、文物监测预警、文物保护展示、文化文创产业等渠道拓展聚合。

六是沿线文化高地保护展示，推动具有中华文化标志意义的儒家文化、泰山文化等大运河沿线代表性文化保护展示工程，建设一批保护状况好、展示水平高、服务能力强的国家级文化公园，多类型、全方位展示中华文明的历程和现代成就，弘扬泱泱中华文化。

（二）围绕大运河文化阐发开展多领域合作

做好文物保护利用和文化遗产保护传承是新时代党中央、国务院对文物工作提出的新希望、新要求。国家文物局一如既往地继续加强与国务院各相关部门的沟通、协作：做好涉及大运河的交通、水利、民生工程审批，服务好大运河沿线经济社会发展。同时，指导各地积极探索大运河遗产活化、利用模式，有机整合不可移动文物、文化景观、文化线路、工业遗产、乡土建筑、历史文化名城名村名镇、20 世纪遗产等资源，鼓励并吸纳社会力量参与共同保护，推动大运河遗产文化创造性转化和创新性发展，使大运河文化遗产成为地方经济社会发展的新动力。

强化与联合国教科文组织世界遗产中心、国际古迹遗址理事会等国际组织交流、合作，以世界文化遗产大运河保护为案例，就世界遗产保护如何更好地促进遗产地经济社会发展进行专题研究并充分利用联合国缔约国大会、世界遗产大会、国际古迹遗址理事会年会，以及世界运河历史文化城市合作组织（WCCO）等平台，在国际文化遗产保护舞台上发出“中国声音”、推广“中国经验”。

（三）争取各有关部门政策支持

大运河遗产由于具有“活态”文化遗产特性和跨流域、跨地区、跨行业特点，所以迫切需要在政策上加大支持力度。在保护立法方面，国家文物局已经组织专业机构就《大运河遗产保护管理办法》实施情况进行调研评估，下一步将积极加强与司法部等部门的沟通、协商，力争启动大运河专项立法工作。

近期，国家文物局已经启动第八批全国重点文物保护单位申报遴选工作，将鼓励、指导各地将重要省级及以下文物保护单位、一般不可移动文物等大运河文化遗产资源作为申报重点，进一步提升保护管理级别、落实中央补助经费支持。同时，国家文物局将鼓励、指导各地开展大运河沿线新中国成立以后各时期历史遗存调查、认定、保护展示等，留住大运河沿线城市记忆和文脉，并加强与国家发展改革委、财政部的沟通、协商，继续加大中央财政经费的支持力度。

五　文化和旅游部在大运河遗产保护中的作用

大运河沿线是文化要素最多，最密集的地区，是城市与文化共生发展、经济和文化结合最紧密的地区。大运河沿线地方经济发展为区域文化旅游世界提供了强大的支撑，文化建设和旅游发展对于促进沿线地区实现社会经济高质量发展提供了重要的助推剂。文化和旅游部认真贯彻落实中央决策部署和习近平总书记重要批示指示精神，把大运河文化的保护、传承和利用工作作为体现部门职能、加快推动文化和旅游发展的重要方面，积极推动大运河文化带建设。

（一）前期主要工作

一是深入了解大运河沿线地区文化建设总体情况。加强与运河沿线 8 省市的联系，加强研究，厘清现状。2017 年 11 月，在杭州召开大运河沿线 8 省市文化建设专题座谈会，了解大运河沿线文化建设的基本情况，与地方文化部门探讨大运河文化带建设需要解决的突出问题。

二是深化相关专题研究。结合大运河沿线实际，开展“大运河文化遗产保护利用和文化建设”“大运河文化带旅游发展”等专题研究，深入谋划大运河沿线文化建设和旅游发展的思路举措，形成有一定深度的研究报告，为后续工作提供了支撑。

三是开展有针对性的实地调研。按照发展改革委部署，牵头组织有关部委和单位赴河南、安徽、浙江等省调研了解不同地区对大运河文化带建设的诉求，进一步明确大运河文化带建设的思路和任务，进而提出有较强针对性的对策建议。

四是配合国家发展改革委推进规划文本的编制工作。在前期工作的基础上，进一步研究提出推进大运河文化带建设的重要举措，设计具有较强的指向性和可操作性的重大工程项目，向发展改革委报送规划编制材料。规划稿形成后，积极配合发展改革委对规划文本进行修改完善，及时提出意见建议。

（二）正在开展的工作

作为一项重大国家战略工程，大运河文化带建设意义重大，其将为全面推进文化与旅游深度融合发展提供历史性机遇。在大运河文化带建设过程中，应该做到文化建设与经济社会发展相结合，拓展提升与新建布局相结合、开展活动与创立品牌相结合、静态设施与动态活动相结合、政策规划与法制建设相结合。为此，现阶段大运河文化带建设将围绕：

一是加强大运河沿线文物保护利用工作。大运河沿线文物众多，应当坚持保护为先的原则，正确处理好保护和利用之间的关系。统筹推进整体性保护、抢救性保护、预防性保护，实施重点文物系统保护工程、重要遗址遗迹考古发掘展示工程等。明确大运河文化遗产的保护范围和建设控制地带，禁止不符合保护要求的建设项目，消除不合理的城乡建设、产业发展、水利航运等对遗产保护的不利影响。

二是加强大运河沿线非物质文化遗产保护工作。深化“见人见物见生活”的理念，不断提高大运河非物质文化遗产的保护、传承和发展水平。推进非遗项目保护，探索分类保护措施，建设保护利用设施。加强非遗传承发展的重要载体保护和空间保护，推进文化生态保护区建设。在大运河沿线地区实施非物质文化遗产传承人群研修研习培训计划，进一步扩大非遗传承人群。振兴大运河沿线传统工艺，不断提高非遗传承实践能力。

三是提高大运河沿线公共文化服务水平。改善大运河沿线地区城乡公共文化服务设施条件，提高公共文化服务效能，推动文化惠民利民，努力实现服务联网、共建共享，争取在沿线地区率先建成现代公共文化服务示范区，让人民群众有更多的文化获得感。

四是加强大运河题材的文艺作品创作生产。在大运河沿线开展艺术创作采风活动，推出一批大运河题材优秀文化作品，打造一批体现大运河文化特点、适合在沿线城市开展的文化艺术品牌活动，不断增强大运河文化的感染力和吸引力。

五是推动大运河沿线文化和旅游融合发展。统筹协调好大运河文化保护利用与产业发展之间的关系，推动沿线地区因地制宜发展特色文化产业和旅游业，促进产业结构优化升级，将大运河沿线打造成新的经济增长极和增长带。鼓励沿线地区挖掘特色文化资源，积极发展特色文化产业和新型文化业态，丰富休闲娱乐旅游产品，打造文化旅游精品线路，以文化为内涵、旅游为载体推进文化和旅游深度融合发展，将大运河文化资源转化为发展优势。

六是推动健全大运河保护的法律法规体系。《大运河遗产保护管理办法》作为国家层面的部门规章，法律层级较低。运河沿线绝大多数省、市也缺乏运河遗产保护管理相关的地方性法规。文化和旅游部推动有关部门和地方尽快健全法规和规章，严格执行《文物保护法》《环境保护法》等法律规定，为大运河保护提供有力的法制保障。

参考文献

全国政协文化文史和学习委员会：《有关“推动大运河文化带建设”专题参阅材料》，2018 年 8 月 29 日。

北京市政协：《全国政协文化文史和学习委员会推动大运河文化带建设调研座谈会汇报材料》，2018 年 9 月 7 日。

金湘军：《在全国政协文化文史和学习委员会来津调研座谈会上的汇报提纲》，2018 年 9 月 9 日。

山东省文物局：《在大运河文化带建设座谈会议上的发言》，2018 年 9 月 12 日。

河北省政协：《全国政协文化文史和学习委员会推动大运河文化带建设调研座谈会汇报材料》，2018 年 9 月 13 日。

安徽省政协文史资料委员会：《关于安徽省大运河文化带建设专题调研的报告》，2018 年 10 月 18 日。

河南省政协学习和文史委员会：《大运河河南段文化带建设调研报告》，2018 年 10 月 18 日。

驻苏全国政协委员专题调研组：《关于江苏大运河文化带建设情况的调研报告》，2018 年 10 月 18 日。

驻鲁全国政协委员调研组：《关于大运河（山东段）文化带建设情况的调研报告》，2018 年 10 月 18 日。
浙江省发改委：《浙江省大运河文化带建设情况说明》，2018 年 11 月 2 日。
万金红：《把握文化核心助力大运河文化带建设》，2018 年 10 月 29 日。
范周：《大运河文化带建设新思考》，2018 年 8 月 29 日。

B.6

大运河文化遗产游客感知评价报告

史凯静　刘建峰*

摘　要： 大运河不仅自然景观优美，而且历史遗迹、人文景观底蕴深厚。大运河是线性文化遗产的典型代表，凭借独特的旅游资源，沿线运河城市文化传播、旅游保护与开发价值不断增加，大运河逐渐成为国内游客旅游的新兴目的地。专家学者意识到互联网在运河旅游发展中至关重要的作用，因此以大运河为研究对象，以互联网、大数据为大运河文化遗产游客感知研究的数据来源，通过网络爬虫的方式和网络文本分析方法来评估游客对大运河文化遗产的感知情况。游客对大运河文化遗产感知呈现出四个方面的特点，即游客对大运河文化遗产感知存在偏好性、表面性、整体性和情感性。根据研究结果发现，大运河文化遗产游客感知处于初级阶段，未涉及深层次的文化内涵的理解。同时大运河文化遗产游客感知的积极性有待提升。接着从大运河沿线热门旅游城市、游客对京杭大运河遗产点文化感知、情感感知和整体文化遗产形象感知来解释游客感知产生差异的机理，并提出了大运河文化遗产感知提升的策略，以便为大运河旅游开发和发展方向提供借鉴。

关键词： 大运河　文化遗产　游客感知

* 史凯静，中央民族大学管理学院博士研究生，主要研究方向为文化遗产旅游；刘建峰，聊城大学历史文化与旅游学院副教授，主要研究方向为旅游人类学。

中国大运河始建于春秋时期，由隋唐大运河、京杭大运河、浙东运河三大部分组成。2014 年 6 月 22 日，中国大运河项目成功申遗，成为中国第 46 个世界遗产项目。大运河地跨浙江、江苏、山东、河北、河南、安徽、天津、北京 8 个省、直辖市，包含 58 个遗产点和 27 段河道。遗产的种类包括码头、闸、堤、坝、险工、桥、纤道、水城门等运河水工遗存，钞关、会馆、驿站、仓窖、行宫、衙署等大运河的配套和管理设施，以及一部分在大运河背景下形成的人文韵味十足的古建筑、历史文化街区等。其中最具代表性的是京杭大运河，京杭大运河是世界上里程最长、工程最大的古代运河，也是最古老的运河之一。京杭大运河途经今浙江、江苏、山东、河北四省及天津、北京两市，贯通海河、黄河、淮河、长江、钱塘江五大水系，全长为 1797 公里。京杭大运河是线性文化遗产的典型代表，对中国南北地区之间的经济、文化发展与交流起了巨大作用。而且京杭大运河凭借沿线优美的自然景观、丰富的历史遗迹和深厚的人文景观底蕴成为新兴旅游目的地。因此，为更好地进行大运河旅游开发和指导大运河的发展方向，深入研究和评价大运河文化遗产游客的感知情况具有重要的理论意义和实践价值。

一　大运河文化遗产游客感知评价方法

通过对现有相关文献的梳理发现，大多数专家学者主要通过问卷调查与个别访谈、问卷调查与实地访谈相结合、城市历史研究和公众感知调查、文献研究、旅游产品生命周期理论、马斯洛需求层次理论、单因素方差分析等方法对大运河遗产感知进行研究，主要涉及大运河旅游形象感知、大运河旅游目的地形象感知、大运河旅游开发、旅游景区感知、旅游体验等方面。蒋婷通过实地问卷调查，以窑湾古镇为例，分析了京杭运河古镇居民对古镇旅游经济、环境、社会文化的感知情况。梁雪松通过运用问卷调查与个别访谈等方法，分析了游客基本特征、旅游感知映像评价、旅游环境、旅游服务及管理等方面，从游客的旅游感知角度，科学认识和分析游客对杭州运河旅游感知形象问题。方田红采取了问卷调查与实地访谈相结合的方法研究了居民对大运河旅游开发的经济影响、社会影响、生态影响三方面的感知。姜斌从城市历史研究和公众感知调查两种不同的途径入手建立了城市文化遗产的重要性评价模式和整体性保护框架，以求对解决当前城市文化遗产保护面临的诸多问题做出贡献。马伟杰借助文献研究、实地考察和问卷调查等方法，在对三大景区优势品质、游客需求、景区旅游形象属性进行分析的基础上，提出杭州三大滨水旅游景区的品牌形象定位建议及营销策略。李寿兰以旅游产品生命周期理论、马斯洛需求层次理论、RMP（昂普）模式以及旅游体验营销理论为基础，以扬州古运河为研究对象，梳理了扬州古运河的旅游资源，分析了古运河的旅游市场。从体验的视角出发，提出文化旅游产品开发中应具有的文化体验措施。徐东亚提出了改善居民旅游感知的对策建议，构建了游客夜间游览体验质量的概念模型。通过以问卷调查为基础，利用SPSS 15.0 统计软件的描述分析、因子分析、回归分析、相关分析、方差分析等方法，对调查的数据进行分析验证。根据单因素方差分析对不同游客个体属性对运河夜游体验质量实际感知进行了比较研究，深入了解不同游客属性的感知差异性和了解目标市场的特征。而关于大运河的文化遗产感知研究还不深入。但是大运河文化作为大运河旅游的重要构成方面，文化遗产旅游越来越热，亟待研究游客对大运河文化遗产的感知情况。

此外，随着互联网成为广大游客共享旅游资讯的一种重要方式，在旅游网站平台发表旅游攻略和网络游记成为现代人的生活方式，从互联网获取数据来研究相关课题成为专家学者的关注热点。通过网络文本内容分析方法、基于网络文本和 ASEB 栅格分析方法分析游客对运河遗产的感知情况逐渐成为一种趋势。孙毓含以苏州为例，收集网络游记作为研究文本，利用 ROST Content Mining 6 软件对收集的文本进行内容分析，深入分析游客对苏州运河景区的体验与印象。蒋婷通过网络文本分析方法研究了游客对京杭大运河（杭州段）的运河旅游形象感知。颜敏基于网络文本和 ASEB 栅格分析的方法从旅游景观、旅游线路、旅游环境、设施与服务等方面以无锡清名桥古运河景区为例分析了游客对景区的感知和印象。而当前的研究都鲜有通过网络游记来研究大运河文化遗产感知问题。

综合来看，当前阶段学者对大运河旅游感知研究中在资料收集方式上多以问卷发放为主，基于网络游记的评价进行感知研究缺乏。本文通过 Python 网络爬虫爬取网络游记数据并选用 ROST Content Mining 6 软件，采用网络文本分析方法，对大运河旅游文本文件进行词频分析、语义网络分析和情感分析。在其统计结果的基础上，深入挖掘游客对大运河文化遗产的感知层次。

二　大运河文化遗产旅游词频分析

为评估游客对大运河文化遗产的感知情况，报告以大运河为研究对象，首先通过 Python 网络爬虫的方式爬取了艺龙旅行网、马蜂窝旅游网、百度旅游网三大网站有关大运河旅游的网络游记 667 篇，整理得到有效游记 432 篇。通过提取网络游记中游客对大运河旅游描述中的高频特征词，按照出现的频次由高到低选取与研究主题相关的所有的词汇，制作成高频词表，如表 1 所示。

表 1　大运河旅游网络游记内容高频词统计

序号	词组	频次	序号	词组	频次	序号	词组	频次
1	运河	1981	16	台儿庄	411	31	台儿庄古城	211
2	杭州	1644	17	北京	383	32	天津	206
3	无锡	972	18	攻略	363	33	交通	205
4	中国	807	19	码头	328	34	塘栖	201
5	京杭大运河	746	20	大运河森林公园	308	35	运河文化	193
6	古运河	683	21	清名桥	296	36	江苏	192
7	景区	588	22	拱宸桥	280	37	河道	184
8	文化	558	23	苏州	243	38	遗址	153
9	古镇	532	24	西湖	229	39	塘栖古镇	148
10	博物馆	531	25	漕运	226	40	风景	146
11	历史	523	26	常州	221	41	古代	146
12	旅游	503	27	淮安	220	42	南北	144
13	建筑	446	28	特色	218	43	山东	144
14	扬州	440	29	游船	218	44	浙江	141
15	通州	418	30	济宁	215	45	休闲	137

续表

序号	词组	频次	序号	词组	频次	序号	词组	频次
46	千年	136	68	徐州	75	90	绍兴	39
47	自然	129	69	个园	74	91	河南	39
48	风格	124	70	漂亮	74	92	观光	37
49	无锡古运河	123	71	周边	73	93	交流	36
50	镇江	121	72	瘦西湖	72	94	洛阳	36
51	传统	121	73	北运河	69	95	嘉兴	36
52	繁华	120	74	淮河	67	96	水上巴士	35
53	枣庄	119	75	文化遗产	65	97	南旺	34
54	聊城	113	76	富义仓	65	98	名人	34
55	长江	112	77	桥上	65	99	广济桥	34
56	水上	108	78	夜景	65	100	里运河	33
57	船闸	106	79	风貌	63	101	桥西历史文化街区	33
58	遗产	105	80	民俗	62	102	通惠河	32
59	故事	104	81	中国大运河	61	103	价值	31
60	临清	103	82	伟大	55	104	隋唐	30
61	南浔	101	83	钱塘江	55	105	开车	28
62	经济	90	84	历史街区	53	106	散步	27
63	香积寺	89	85	宿迁	45	107	讲解	27
64	历史文化街区	85	86	平江	45	108	申遗	26
65	欣赏	78	87	海河	42	109	江南运河	26
66	黄河	78	88	漫步	42	110	航运	25
67	历史文化	75	89	河北	42			

资料来源：根据网络游记文本整理并分析而得（截取排名前110位的高频词呈现）。

其中，表1中出现的城市名称频次大于100的有12座城市，分别为“杭州”“无锡”“扬州”“北京”“苏州”“常州”“淮安”“济宁”“天津”“镇江”“枣庄”“聊城”，出现的省份名称频次大于100的有3个省份，分别为“江苏”“山东”“浙江”，发现这12座城市中除了北京、天津两个直辖市以外全部属于这3个省份。这能够充分反映游客选择的大运河旅游目的地偏好与地理位置的关系，大部分游客选择的是京杭大运河旅游开发比较成功的城市。表1中出现的直接与运河相关前3位的高频词汇有“运河”“京杭大运河”“古运河”，这充分说明了游客在对运河认知时，脑海中是将运河与京杭大运河联系认知的，并且清楚地了解到大运河是古代劳动人们创造的一项伟大工程，是世界上最古老的运河之一。表 1 中出现的和大运河文化遗产相关的前 5 位的高频词有“文化”“古镇”“博物馆”“历史”“建筑”，这反映了游客对大运河文化遗产的感知，主要通过游览古镇，参观博物馆和欣赏沿线的建筑风格等了解大运河的历史文化。但这些词汇均为高度笼统、概括性的文字，而且可以看出排序前 10 位的高频词中并没有涉及具体景点。

从交通来看，大运河旅游游客选择的方式主要是“开车”“骑行”“散步”，这主要是由于大运河具有线性特征。近距离水上观光体验主要通过“游船”的方式进行，游客对水上巴士有着较强的感知。而对其他的旅游基础服务设施提及很少，从侧面说明大运河旅游中参与式体验的形式单一化，旅游开发尚不完善，未能实现完整的、内涵化的旅游形象塑造。通过表 1 发现“讲解”出现的频次排序比较靠后，结合游记分析发现，游客通过导游讲解了解运河文化的主动意识较差，在大运河之旅中自然景观和休闲景观几乎吸引了游客的全部关注，没有意愿去深层次地了解大运河背后的文化内涵。历史文化的参与性十分有限，游客对大运河文化遗产的感知较弱。

综合分析表 1 发现，游客对于大运河的直观印象形容以“繁华”“壮观”“伟大”为主。这说明游客整体上对大运河旅游形象感知是积极的，游客在旅程结束后对大运河旅游的整体评价是满意的，这为其他潜在的游客提供了正面的旅游建议。通过“申遗”“文化遗产”“漕运”“古代”“遗址”“运河文化”等高频词的描述，反映了大运河借助旅游这一形式增加了游客对其文化底蕴的感知，但仅仅停留宏观描述上。这说明了大运河文化遗产更深刻的历史文化内涵未在游客的游记中体现。从“旅游”“码头”“游船”“风景”“休闲”“夜景”“散步”“观光”这些高频词，可以看出当前大运河的功能从古代的漕运交通逐渐转向休闲观光旅游，这种转变使得大运河重新焕发生机，成为游客工作之余休闲旅游的热点目的地，给游客留下深刻的印象。

三　游客对大运河文化遗产感知情感分析

为了更加详细地了解游客对大运河旅游的情感倾向，根据网络文本数据整理并绘制游客对大运河文化遗产感知的情感倾向饼状图。从图1中可以看出大部分游客对于大运河旅游是呈现积极情绪和中性情绪的。通过结合游记分析发现，超过一半的游客没有明确表达对大运河的情感倾向。游客对大运河文化遗产没有具体的了解，只是走马观花式的观光，导致没有情绪的强烈感知。另外，通过对网络文本中情感类词汇及其频次的统计发现，有相当部分游客提到京杭大运河都使用“欣赏”“喜欢杭州，喜欢运河，喜欢这里的一切”（摘自网络游记）。这些褒义词的表达，都表现出游客的正面情感感知。游客表达积极情感的词语有“壮观”“休闲”“漂亮”“伟大”等。但是通过分析网络文本也发现，有一小部分游客呈现出消极情绪，这与大运河旅游目前仍处于初级阶段，旅游观光形式单一，沿线旅游服务基础设施不完善有关。

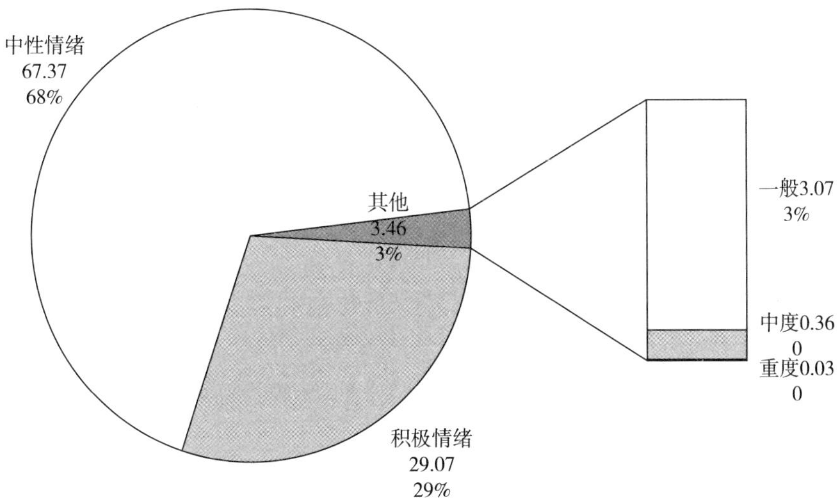

图1　游客对大运河文化遗产感知的情感倾向

资料来源：根据网络游记文本整理并分析而得。

由以上分析结果总结可知，总体上游客对大运河文化遗产的感知积极性有待提升，存在明显的情感性。游客对大运河文化遗产感知中，在游记中描述以中性情绪为主，结合游记分析发现游客仅仅以一种非常单一的“游船”的方式观赏了大运河的自然风光，导致趣味性不足。而且解说系统的不完善使得游客可进入性差，这同样影响了游客对大运河文化遗产的感知。这也从侧面反映出通过今后对这些问题的改善，将游客中性情绪逐渐转化为积极情绪的潜在发展空间很大。

四　游客对大运河整体文化遗产形象感知分析

大运河整体属性分析是基于游客对旅游目的地形象认知和情感认知的基础之上而形成的一种对于大运河旅游的总体认知。为研究游客对大运河整体形象的感知情况，由于游记标题具有很强的概括性，因此分析了大运河旅游网络游记的标题。从图 2 可以看出，游客对大运河的文化遗产感知停留在“古运河”“千年”“文化”等词汇的表层认知上，而且根据网络游记内容

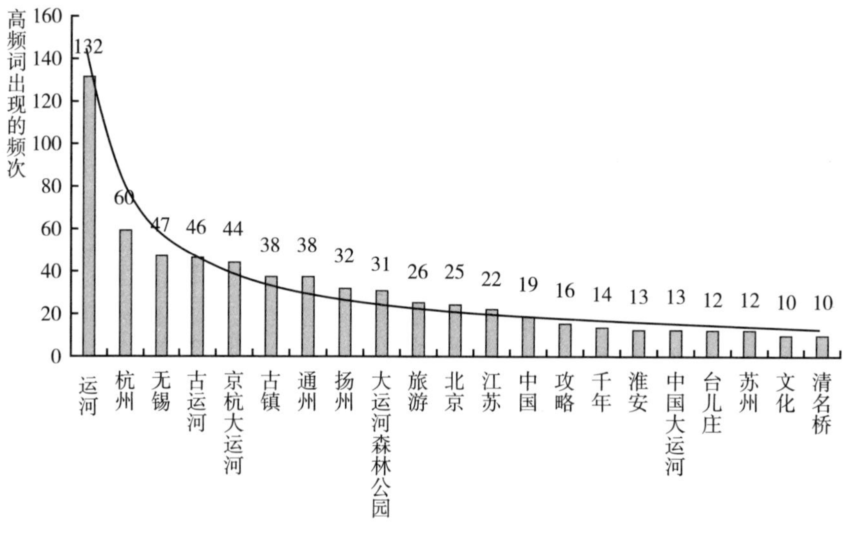

图 2　大运河旅游网络游记标题的高频词柱状

资料来源：根据网络游记文本整理并分析而得。

了解到游客了解大运河文化内涵的主要途径是“博物馆”“古镇”“历史文化街区”等。但是由于景区的文化解说系统有待提升，而且游客之间不同受教育程度导致的文化解读能力的不同，与真正的运河文化遗产要传承和保护的内涵仍然存在很大的差异。根据这些高频词汇发现，游客很少提及具体的大运河河段以及遗产点，可知游客对大运河文化遗产的整体形象感知比对具体遗产点的感知要强烈。

由以上分析结果总结可知，游客对大运河文化遗产的感知具有表面性。结束自己的游程后，游客仅仅记住了大运河沿线相关景点的名字和它的历史文化表层印象“漕运”“交通”“千年”，其中的文化内涵感知较弱。同时，游客对大运河文化遗产的感知也具有整体性。在游客的认知里，大运河旅游以自然休闲景观为主，对具体文化感知较强的只有个别著名景点。在一定程度上说明特色突出的大运河自然风光使得游客对其他具体遗产点感知产生了屏蔽效应，只有伟大、繁华的古运河文化旅游的综合印象。

五　大运河文化遗产感知的提升策略

（一）加强大运河沿线城市基础设施建设是提升游客对大运河文化遗产感知的基础

大运河沿线城市的基础设施以及旅游保障直接影响到大运河旅游的整体发展水平。当前大运河沿线城市旅游景点呈现的不均衡性，很重要的原因是部分城市针对大运河旅游开发程度较低，旅游基础设施建设不足，旅游吸引物缺乏，导致游客可进入性差。只有加强对运河沿线城市基础设施的建设、增加旅游交通路线的建设、完善旅游接待和休憩设施，才能够吸引更多的游客进行旅游活动，从而提升游客对大运河文化遗产的感知层次，发展大运河，为大运河提供新的活力。

第一方面，为改善运河沿线城市及其周边交通环境，相关部门可以通过构建铁路、公路、水路、航空等多种交通方式为一体的交通运输网络，各种交通方式互相补充，突出优势。这能够改善运河交通不发达地区的可进入条件。并且建立便捷的停车场，提高游客的自驾车旅游便利程度，为大运河沿线城市发展旅游创造良好条件。

第二方面，为改善运河旅游景区交通方式，旅游开发商可以通过增加水上交通工具和码头的选择，切实提高水上景区路段的可进入性和便利性。注重运河发挥水上交通的优势，形成运河旅游聚集区。与此同时，必须拓展运河沿岸线路，通过线路整合运河的水陆两类旅游资源，提升运河整体的体验价值，做到水上线路和岸上线路相辅相成。

第三方面，为完善旅游接待和休憩设施，可以在景区增设服务区，而且针对不同年龄层次设计不同的娱乐设施，做到休闲和娱乐的功能定位。建立全面有效的旅游服务体系和旅游安全防范控制体系，实现真正的“智慧旅游”，让游客共享数字化带来的便利。逐步建设运河特色住宿、特色餐饮、区域文化、休闲娱乐、便捷交通、实时通信、商店质保、洁净公厕等设施配套齐全并且旅游功能完善的旅游产业链。设计旅游景区基础设施和旅游接待、休憩设施的过程中，要结合公共空间和景观组织，注入新文化，体现现代文明。做到总体功能协调、功能结构清晰、空间收放有序、风貌和谐统一。打造自然环境和人工环境相互交融、相互渗透，且呈现出环境美、特色美、景点美、内涵美、设施美共存的运河环境。每个场景都具有其自身的意义，与城市历史、文化、传统、风俗等主题息息相关。从硬件设施上完善整个运河旅游景区的建设，给游客放松、美好的整体第一印象，营造出一种特别的美感与氛围。这在很大程度上可以满足游客的旅游心理。

（二）科学开发大运河相关深度文化体验型旅游系列产品是提升游客对大运河文化感知的关键

欣赏大运河自然风光和享受大运河遗产文化内涵是游客选择大运河旅游的主要动机，因此旅游企事业单位将工作重心放到大运河相关旅游产品的开发上，并努力创造出反映大运河文化的特色旅游产品，才能成为游客持久的旅游吸引物，从多角度展现大运河深度文化之旅的形象。这是提升游客对大运河文化感知的关键，也是大运河文化遗产旅游成功的关键。

第一方面，为扩大大运河旅游的客源主体，可以针对不同爱好和不同年龄段的游客设计形式各异的活动，比如进行大运河民俗工艺品的学习制作、非遗项目展演等人文体验。开展摄影展、运河文化节等活动，彰显运河沿岸名区文化自信和文化魅力，隐形构建整体的旅游形象。

第二方面，为直观地有趣味地了解大运河文化，先从基础知识方面进行推广。开发与大运河相关的小游戏，以及设计有奖挑战趣味知识问答比赛。在玩游戏和趣味知识问答的同时，加深游客对京杭大运河的历史、地理和民俗的了解。逐步吸引游客积极主动地去挖掘大运河背后深层的文化内涵。

第三方面，为实现大运河旅游休闲的功能定位，还可以举办大运河沿线步道的汽车开运、户外自行车骑运等休闲活动，增加游客的大运河旅游参与式体验，提高游客重游意愿。

第四方面，为弘扬运河文化，可以创建多样化的研学旅游产品。充分发挥群众团体、旅游组织、社会公益组织等机构的积极性，举办特色鲜明、轻松有趣的研学旅游活动，逐渐形成功能完备、优势互补的大运河研学旅游品牌，让研学和旅游真正结合起来打造研学旅游产品，实现价值。通过大运河研学之旅了解运河古老历史、自然风貌，体验运河民俗风情，初步整体了解文化经典故事及大运河的发展历程。在旅游产品设计中也应该注重文化遗产传承和保护的内涵，清楚定位大运河旅游是集“自然观光之旅”“文化之旅”于一体的发展方向。

（三）充分利用互联网技术发展大运河旅游是提升游客对大运河文化遗产感知的有效途径

随着互联网技术的发展，旅游景区应该充分应用人工智能带来的便捷性，推进数字化建设，增强游客游览过程中的舒适感、便捷感。只有这样游客才能有满意的参与体验感，在大运河旅游中静下心来感知大运河遗产深层的文化内涵。因此通过互联网技术手段增强游客舒适感和体验感是提升游客对大运河文化遗产感知的有效途径。这包括了实时监控系统、景区治安疏导系统、电子门票和解说服务系统、天气提醒服务系统、游客限流服务系统，以高质量、高效率服务游客，提高游客的满意度。同时借助在线旅游网站等互联网平台传播京杭大运河的多样文化，引导游客聚焦于深层文化内涵，逐步使大运河成为旅游受众从单纯的欣赏自然景观和休闲娱乐转移至追求深层文化内涵的游客市场。

第一方面，可以利用虚拟现实、全息、3D 等技术复现历史文化原貌，穿越过去，置身其中感受古代货运的繁华景象，有趣味地吸引游客的参观，加深游客对遗产点的多方位感官体验，对文化遗产进行传承、宣传，让文化自信深入灵魂。

第二方面，可以通过构建旅游景区的专题网站，给游客参与网络讨论的自由平台，推荐旅游景区的节庆活动、宣传特色文化等内容，加强运河旅游的推广和营销。这不仅能为游客提供吃、住、行、游、购、娱等方面快捷、便利的咨询与预订服务，并且和游客建立互动区，使得游客及时发现运河景区的活动开展情况，鼓励游客参与活动，提升游客对大运河文化遗产的感知满意度。

第三方面，针对大运河沿线城市的旅游发展存在的不均衡性，应以长尾理论为指导，在非热门运河城市有效利用网络平台，挖掘本区域的特色旅游资源，打造长尾产品，形成长尾市场，由此来提升非热门运河城市的旅游发展现状。

（四）发展运河产业集群和合理设计运河现代功能定位是提升游客对大运河文化遗产感知的必要条件

由于大运河线性文化遗产的特点，发展运河产业集群和合理设计具有区域特色的运河现代功能定位来吸引游客，是提升游客对大运河文化遗产感知的必要条件。因地制宜地挖掘大运河沿线城市的地方特色文化，在设计开发的过程中要以保护遗产原真性、深化体验设计为原则，建议对大运河不同的城市区域开发形成各自的功能定位。在对外推广中要注重在形象定位上的差异，避免同一区域内旅游形成竞争。发展运河产业集群主要是针对当前大运河的河段和遗产点资源分布松散、旅游景点不均衡的现状，发挥著名遗产点的辐射带动作用，加强地区间的合作以实现文化资源共享和优势互补，形成聚集效应和规模效应，建立运河经济文化圈。还可以开展“大运河文化遗产+”计划，可以通过结合生态、休闲、旅游的方式多样化发展，推进与沿线城市的功能定位、经济协同发展的旅游开发模式。地方政府和相关旅游开发企业充分挖掘地方运河的历史文化资源，丰富城市旅游的多样性与特色性，根据不同的城市开发运河风情游、运河访古游和运河研学游等现代功能定位。大运河旅游不必局限于大运河河道、遗产点等，应该发挥周边古镇、历史文化街区具有独特的历史人文功能，以古镇和历史文化街区带动文化旅游，使大运河文化体验兼具历史性、时代性和地域性。

（五）完善大运河文化遗产解说系统是提升游客对大运河文化遗产感知的直接环节

当前大运河旅游景区发展处于初级阶段，游客以欣赏大运河自然风光为主，文化吸引力匮乏，很大原因是因为文化解说系统的不完善。大运河旅游在完善旅游基础设施建设、构建大运河文化遗产旅游产品体系和发展建设运河产业集群之后，应该创新解说系统并且配备了解运河文化、民俗的专业解说员，与此同时开发兼具便捷性和易操作性的多语种的解说软件。这是提升游客对大运河深层文化遗产内涵的感知，增加游客的体验满意度的最直接的环节。解说系统分为景点解说内容和游客休闲区和景区交通的引导牌两种形式。从运河遗产点和河段等的解说内容来看，当前景区的解说系统一般专业性比较强，枯燥的专业术语缺乏对游客的吸引力。因此可以从其历史文化背景出发，设计通俗易懂兼具诙谐幽默的解说词。从游客休闲区和景区交通的引导牌来看，可以参考生活常识，设计色彩鲜明且直观醒目的地图式引导标识。设计解说牌在整个运河景区的布局时，可以根据游客选择的经典参观线路，设计合理的解说牌布局，同时做到环境和引导牌的和谐统一，符合人类审美的需求。通过构思全面的大运河解说系统，使得游客在宏观层面上观光游览时能意识到保护历史文化遗产的意义，从而自觉地保护大运河文化遗产。

（六）强化政府对大运河文化带建设职能是提升游客对大运河文化遗产感知的强有力保障

习近平总书记提出“大运河是祖先留给我们的宝贵遗产，是流动的文化，要统筹保护好、传承好、利用好三个方面”，强调“深入挖掘以大运河为核心的历史文化资源”，处理好遗产保护、文化传承和区域发展在大运河文化带建设中的关系问题。要积极发挥政府的各项职能，充分协调各利益主体共同参与到大运河文化带的建设中，将政府的保障作用发挥到最大限度。准确进行运河沿线城市功能定位，核心是做好大运河旅游资源规划和开发任务，整合旅游资源，保护传统的文化遗产存留，尤其是古镇等建筑。加大对旅游相关单位的政策支持，鼓励旅游相关单位进行旅游产品体系的创新。建设各个城市的大运河文化带地标，打造具有地域特色的标志性文化品牌。结合全域旅游促进大运河沿线产业结构和文化建设的转型，强化大运河文化带建设的整体性。从大运河的文化内涵出发，各相关人员带着高度的历史责任和文化自觉来推进大运河文化带建设。这不仅是增强中华民族文化自信的举措，更是提升中国文化软实力的战略。

参考文献

蒋婷、李永乐：《京杭运河古镇居民旅游感知研究》，《齐齐哈尔大学学报》（哲学社会科学版）2015 年第 5 期。

梁雪松：《国内游客杭州大运河旅游感知评价分析》，《经济论坛》2009 年第 3 期。

方田红、励栋磊：《京杭大运河杭州段居民对旅游影响感知研究》，《华东理工大学学报》（社会科学版）2017 年第 5 期。

姜斌：《济宁市城市文化遗产研究及整体保护策略探讨》，北京大学，2005。

马伟杰、高静、胡芳芳等：《杭州滨水旅游景区品牌形象定位研究——以西湖、西溪湿地、大运河为例》,《北方经贸》2013 年第 8 期。
李寿兰:《扬州古运河体验型文化旅游产品开发研究》,扬州大学,2014。
徐东亚:《游客感知下的城市滨水区域夜间游览体验质量研究——以杭州段运河为例》,浙江工商大学,2010。
孙毓含:《基于网络文本分析的京杭运河旅游体验研究——以苏州为例》,《江苏科技信息》2018 年第 14 期。
蒋婷:《基于网络文本的京杭大运河(杭州段)旅游形象感知研究》,《常州工学院学报》2016 年第 6 期。
颜敏、赵媛:《基于网络文本和 ASEB 栅格分析的运河遗产旅游开发研究——以无锡清名桥景区为例》,《南京师大学报》(自然科学版)2016 年第 3 期。

B.7
世界文化遗产视域下大运河河南段研究进展报告*

贾兵强**

摘　要： 大运河河南段是大运河文化遗产的重要组成部分，是中原历史文化遗产中的重要代表和珍贵的文化资源。近年来，学术界对大运河河南段文化资源研究取得丰硕成果。为了准确把握大运河河南段文化带建设发展趋势，本文以中国学术期刊网络出版总库（CNKI）为检索对象，采用高级检索方式，对检索出来的大运河河南段的论文进行了梳理，从大运河河南段遗产分布、保护、开发利用以及大运河河南段运河文化研究进行论述，旨在对大运河世界文化遗产可持续发展有所启示，对大运河文化带建设有所借鉴。

关键词： 运河文化　大运河河南段　郑州

2014年6月22日，第38届联合国教科文组织世界遗产委员会会议审议通过中国大运河世界文化遗产提名项目，并成功列入《世界遗产名录》。中国大运河包括隋唐大运河、京杭大运河和浙东运河三部分。大运河河南段遗

---

* 本文是国家社科基金重点项目“中国水文化发展前沿问题研究”（14AZD073）和河南省高等学校哲学社会科学研究“三重”重大项目“中原水文化资源开发利用及其数据库建设”（2014SZZD24）阶段性研究成果。

** 贾兵强，华北水利水电大学副教授，博士后，硕士研究生导师，中国人民大学历史学院访问学者，研究方向为水文化资源开发与利用。

产涉及省内 8 个地级市（郑州、洛阳、开封、安阳、商丘、新乡、鹤壁、焦作），包括回洛仓遗址、嘉仓 160 号仓窖遗址、通济渠商丘南关段、通济渠郑州段、永济渠滑县波县段、通济渠商丘夏邑段、浚县黎阳仓遗址 7 处遗产点，是大运河的重要组成部分。由此可知，大运河河南段在运河文化传承创新中居重要地位。

早在 2012 年 11 月，河南省政府办公厅印发了《关于加强大运河河南段遗产保护工作的通知》，为大运河河南段遗产保护工作提出根本遵循。郑州、洛阳、开封等也印发了关于加强大运河遗产保护工作的通告，为保护开发大运河文化遗产提供了方向。郑州大学、河南省社科院、《华夏考古》编辑部等是最早关注河南省大运河文化遗产研究的高校科研单位。对于大运河郑州段而言，学术界也取得诸多研究成果。

一 大运河河南段遗产分布研究进展

从研究进展地域分布来看，郑州段居首位，其次是洛阳，再次是商丘、开封和新乡，而安阳、鹤壁、焦作相对较少。郑州段遗产研究代表性的有，郑州市文物局在《世界文化遗产——中国大运河通济渠郑州段》一书，对中国大运河通济渠郑州段的资料及相关研究汇编，对于研究大运河的历史以及历史地理变迁具有一定的学术价值，是对中国大运河整体历史文化的资料补充。顾万发、江松枝的《隋唐大运河郑州段调查》一文，对郑州市文物考古研究院 2010 ~2011 年隋唐大运河郑州段发现的洛口仓、通济渠荥阳故城段、惠济桥段河道、水溃等遗迹及出土的陶片、瓷片进行详尽论述。齐凤芹在《中国大运河通济渠郑州段隋唐时期初考》一文中，梳理了隋唐时期大运河郑州段运河的历史形态，从非物质文化遗产角度对民谣歇后语、民俗、诗词、水产、古迹、地名、民间流传故事等进行了考证。李思雨的《郑州大运河遗产之惠济桥研究》一文，探究了惠济桥的建造年代，介绍了惠济桥及其桥下古河道的价值。鲍君惠在《世界文化遗产——中国大运河通济渠郑州段的历史考述》一文中，认为中国大运河通济渠郑州段始于公元前360年开凿的鸿沟水道，详述隋唐、北宋、蒙元、元明清等四个时期大运河通济渠郑州段变迁过程。陈隆文的《隋唐大运河通济渠考古新发现研究——以惠济桥为中心》一文，对惠济桥的建造时间、古河道、水运格局进行了详细考证。朱瑞增等的《隋唐大运河郑州荥泽枢纽活态遗产体系研究》一文，论述了隋唐大运河郑州荥泽枢纽的漕粮码头、仓廪输场、渡口驿站、桥梁水坝、城堡村落、寺庙观庵等遗址遗迹和黄河文化、汉唐民俗、戏曲、工艺等非物质文化遗迹。陈隆文的《隋唐大运河通济渠水溃遗迹研究》一文，对最新发现的隋唐大运河通济渠段水溃遗迹地理位置、空间范围、历史价值等进行详细分析。

对豫西大运河文化遗产研究主要集中在洛阳段，张婷瑜的《隋唐洛阳含嘉仓遗址复原研究》一文，利用建筑学、类型学、行为学、考古学等学科知识，对隋唐洛阳含嘉仓的粮仓建筑进行复原研究，提出了含嘉仓遗址复原的各种猜想，探讨总结大型城市类遗址的研究理论方法。王伟的《洛阳与隋唐大运河》一文，分析了洛阳的地理环境、建都史略、水运基础、隋唐大运河开凿的历史背景和由其开凿而促进的隋唐时期洛阳政治、经济、文化中心位置的形成，以及中晚唐时期受战争、通航条件、气候、灌溉和漕运制度改革等因素的影响，使洛阳逐渐远离了中心位置。

对豫东大运河文化遗产研究主要集中在商丘段和开封段。大运河河南商丘段遗产代表性的主要有，郑清森在《隋唐运河商丘段的历史沿革、考古发现及历史风貌》一文，对隋唐运河商丘段的历史沿革、考古发现、历史风貌等方面进行探讨。何艳华的《隋唐大运河商丘南关码头遗址探析》一文，对大运河商丘南关码头的形制、面积、建筑方法、用料选择以及发掘的排水沟、钱币、瓷片、青砖和房基等遗迹进行介绍。王修全的《隋唐大运河商丘段的遗产构成与价值分析》一文，通过对大运河通济渠商丘段历史变迁、考古发现的论述，对大运河商丘段的隋堤烟柳、商丘古城、崇法寺等物质文化遗产以及木兰传说、四平调和二夹弦等非物质文化遗产进行了系统的整理。对大运河河南开封段遗产研究代表性的有，郭峰在《隋唐五代开封运河演变与城市发展互动关系研究》一文，论述隋唐五代汴州运河演变与城市发展的过程、制约和影响互动关系演变的因素，影响汴州与运河互动关系演变因素有洛阳、仓储系统、军事活动、国家控制力变迁和主观认识变迁。颖建的《“大运河”考古行记——河南中牟段》一文，通过考古勘探和田野调查，厘清大运河河南中牟段走向是“杨桥→永定庄→十里店→七里店→万胜→杨佰胜→土寨→水溃→韩庄→大胖”。

对豫北大运河文化遗产研究主要集中在新乡段和鹤壁段，王元黎的《隋唐大运河永济渠新乡段的历史变迁》一文，认为隋唐大运河永济渠新乡段是中国大运河形成时间较早、延续使用时间较长的河段之一，也是目前河南境内唯一一段可以看到的大运河河道。大运河新乡段始于隋永济渠，明以后改称卫河，历代均为华北平原上沟通南北的重要水道，承担着漕运、灌溉、行洪等功能。杨士恒在《浚县运河简考》一文，对中国大运河浚县段的形成和发展的四个阶段，即汉代的白沟、隋唐的永济渠、宋元时期的御河和明代的卫河和衰落进行了探讨。陈隆文等的《隋唐大运河永济渠沁河故道探索》一文，介绍了隋唐永济渠沁河故道的走向。除分地段对大运河河南段进行研究外，中国大运河史编委会所编的《中国大运河史》一书，对大运河河南段的政治、经济、军事、文化、水利以及社会风俗等均有涉及。郝飞雪的《论河南大运河文化带建设问题》一文，对大运河河南段洛河、汴河、卫河、会通河 4 个遗产段落以及沿线河道、码头、仓窖、桥梁、运河城镇和村落等进行介绍。与此同时，对大运河河南段沿线水利工程科学遗产焦作武陟境内的永济渠渠首工程、巩义境内的导洛入汴“清汴”工程、开封境内的束水攻沙“狭河木岸”工程等进行考述。另外，《华夏考古》编辑部分别以图片方式，展示了隋唐大运河考古河南段永济渠黎阳仓遗址和通济渠郑州段文化遗产分布情况。

二　大运河河南段遗产保护研究进展

单霁翔在《大运河文化遗产保护》一书中，整理 2004～2011 年作者有关大运河文化遗产保护的相关文集，涵盖了政协提案、相关会议的讲话等内容，按照时间顺序梳理了中国对大运河文化遗产保护的理论体系。刘继刚的《关于河南大运河故道保护的几点建议》一文，认为河南大运河故道存在水质污染，水源枯竭，部分企业生产取土破坏了遗址的原貌等问题，提出政府统一部署、加大资金投入和宣传力度、改善运河故道水质、扩大水量等建议。

大运河河南段遗产保护微观研究代表性的有，陈静等在《河南道口运河古镇历史地段保护及更新设计》一文中，以运河古镇道口镇为例，提出做好卫河沿线及古镇周边大环境的生态保育、采取整体保护的方法、注重非物质文化遗产的活态传承、配套完善公共服务设施、合理发展旅游等规划策略。高婉斐在《隋唐大运河开封段遗产保护与展示研究》一文中，通过对开封段运河遗产已有的历史、地理研究及文献进行梳理，归纳出运河与开封城市的历史脉络以及它们之间的联系，对隋唐大运河开封段遗产的保护内容与原则、遗产类型与等级、保护框架与保护策略进行了研究。龚龑在《隋唐大运河通济渠西段三个粮仓遗址的保护与展示研究》一文中，隋唐大运河通济渠西段的洛口仓、含嘉仓和回洛仓的历史文化、科学及艺术价值进行了评价，并归纳了其特点以及在遗址保护和展示利用方面存在的问题，提出了粮仓遗址及其环境的整体性保护策略和未来的展示利用方式。马攀的《文物古迹保护的困境与对策初步探析——以夏邑县济阳镇隋唐大运河遗址为例》一文，以河南省夏邑县济阳镇隋唐大运河遗址为研究对象，分析济阳镇大运河遗址的保护工作面临着人为破坏和自然损坏的挑战，提出行政主导、筹集资金、加大宣传，开发大运河遗址的商业性旅游价值等保护济阳镇隋唐大运河遗址的建议。白瑞的《河南省大运河遗产卫河段保护初探》一文，以滑县至浚县卫河段运河遗产为例，从遗产特点、属性、价值出发，分析了遗产现状存在的主要问题。

三　大运河河南段遗产开发利用研究进展

大运河河南段遗产文化旅游带建设方面，梁留科等在《隋唐大运河遗产的保护性开发》一文中，对隋唐大运河遗产的保护性开发原则、创造性转化与创新性发展、保护性开发的现状和措施等方面进行研究。梁留科的《活化隋唐大运河遗产 弘扬隋唐大运河文化》一文，提出深化、提升隋唐大运河文化经济带建设就要坚持编制国家级“大运河文化保护传承利用规划纲要”，把隋唐大运河文化带建设纳入国家“大运河建设”的战略布局，加大考古与研究工作力度，建设国家级隋唐大运河博物馆和构建“一心四带四区”的隋唐大运河黄金旅游带。杨俊博在《洛阳隋唐大运河旅游带空间布局构建研究》一文中，提出了加快创建隋唐大运河洛阳旅游带全域旅游示范区的一些建设意见。朱瑞增的《隋唐大运河郑州荥泽枢纽申遗与保护利用研究》一文，论述了郑州荥泽枢纽的历史发展脉络、漕运转输的历史地位、申遗的战略机遇与竞争挑战等内容。

大运河河南段遗产廊道展示方面，马均鹏在《隋唐大运河郑州市惠济区段遗产廊道构建探究》一文中，以郑州市惠济区内的隋唐大运河及沿线遗产为研究对象，提出建立遗产廊道的一些政策建议。李静兰在《隋唐大运河郑州段历史价值及遗产廊道构建研究》一文中，阐述隋唐大运河郑州段在不同时期的历史发展。马均鹏的《隋唐大运河郑州市惠济区段遗产廊道构建探究》一文，以郑州市惠济区内的隋唐大运河及沿线遗产为研究对象，提出了建立管理系统、展示与解说系统等多位一体的遗产廊道。

另外，李标标在《河南古代运河的社会功能转变和利用思路》一文中，指出大运河是以政治和军事漕运为核心功能，同时兼有经济、文化、地区交流等多个层面的社会功能，因此利用河南运河文化理应发掘其社会、文化和经济的价值。张艳双、张耀在《河南夏邑古运河景观规划设计》一文中，从历史文化传承、生态维护、地域特色营造等方面对夏邑古运河景观规划进行了论述。赵永新在《河南商丘：整治运河景观 改善人居环境》一文中，对商丘古运河整治背景、综合整治理念进行阐述，构建“三轴”“四区”“五节点”运河景观发展架构。

四 大运河河南段运河文化研究进展

在大运河河南段历史地位方面，洛阳师范学院大运河研究中心在《洛阳在隋唐大运河的历史地位与现实影响》一文，指出因洛而开、奠定洛阳运河中心地位，因丝而兴、确立洛阳东方丝路起点，因河而盛、铸就洛阳千年历史名城。吕佩义的《大运河：支撑河南文化繁荣的源泉》一文，认为大运河对河南交通枢纽形成、物资集散、城市建设与文化交流均产生了重要影响。冯西西的《隋唐大运河与中原繁荣的相互影响》一文，认为隋唐大运河是隋唐宋金时期连接中国南北水陆交通的最重要水道，运河水道的畅通促进了中原地区的繁荣，中原地区的安定也保障了大运河的水运畅通，二者的相互关系最终影响了当政王朝的兴衰。同时，中原地区通过大运河连通了海上丝绸之路，对当时的中外经济发展与文化交流做出了重要贡献。

大运河河南段运河功能的成果主要表现在漕运方面，李梦竹在《试论清代河南漕运》一文中，对清代河南漕运经历的由盛至衰的过程进行了梳理，漕运管理体制、漕运对社会经济影响以及漕运和农田灌溉造成水资源危机时争端进行研究。曾谦的《隋唐洛阳运河体系与漕粮运输》一文，认为洛阳漕粮运输与洛阳的水道、城内市场、水运密切相关。郑民德在《漕运天下与王朝兴衰——以隋唐大运河洛口仓为对象的历史考察》一文中指出，洛口仓是隋唐大运河沿线的重要漕运仓储，对于京城供给、军事需求、灾荒赈济起到重要作用。

在大运河河段运河与社会发展方面，王金根在《隋唐大运河通济渠与沿岸聚落空间关系研究》一文中，认为通济渠与沿岸聚落具有“亦亲亦疏”的依存关系、跨河城镇少、正相关性的特点，沿岸聚落具有人口密集、农业发展；结构完整、职能明确，通盛废衰，变化显著等特征。曹坤梓等的《隋唐运河通济渠与沿岸聚落空间关系初探》一文，认为通济渠营造了沿岸区域经济环境，影响了沿岸聚落的兴衰变化及沿岸聚落空间形态的发展；与此同时，沿岸聚落也影响着通济渠及运河体系的发展。商春芳的《隋开大运河对隋唐洛阳城城市功能的影响》一文，从运河角度考察城市在特定历史条件下所发挥的商业职能，从中揭示东都洛阳城在隋唐时期的城市面貌和经济状况。冯兵、黄俊棚的《水与城的双向互动：隋唐五代时期运河变迁与城市兴衰》一文认为，运河是改变隋唐五代时期沿线城市运动轨迹和方向的重要因素，运河城市形成会强化运河运输、交流功能、经济功能，不断推动运河体系发展与完善。

五　结论

综上所述，学界对大运河河南段研究呈现出多领域多学科、多领域多层次研究的态势，相关高校期刊开辟了大运河文化遗产专栏，为今后运河文化研究奠定坚实的基础。但以往的研究不少局限在某一阶段或某一方面，尚缺乏一些全面与系统的研究。同时，在运河文化河南段的研究中，学界没有深层次探讨大运河河南段在华夏历史文明进程和中国古代社会发展中的地位与作用，有待于进一步深化。进入后申遗时代，大运河河南段研究要紧紧围绕习近平总书记新时期治水思想系列重要讲话精神和大运河文化带建设重要指示精神，坚持“保护为主、合理利用、科学展示、可持续发展”的指导思想，创新研究方法，加大研究力度，提高运河文化河南段研究在中国乃至国际上的话语权，让中原在实现中国梦的进程中更加出彩，为实现“两个一百年”奋斗目标提供更加坚实的智库源。

B.8

“大运河文化带”视域下（济宁段）的文化景观与文化记忆保护及利用发展报告

孙凤娟*

摘　要：　大运河（济宁段）在“中国大运河”体系中占有重要地位，随着运河的开凿、兴衰和发展、变迁，留下了诸多丰富且重要的大运河文化景观和文化记忆遗产。通过对大运河（济宁段）的文化景观和文化记忆保护和利用的现状梳理可知，目前大运河济宁段已经出台各类规划、规范、法规，为大运河文化带发展提供目标和框架；利用在用大运河水利工程遗产，运用现代技术手段对大运河济宁段进行清淤、建闸，实现大运河济宁段的复航，提升交通运输量；打造济宁“运河之都”，积极发展旅游业；重视大运河非物质文化遗产的保护和传承工作。在此基础上，文章分析了大运河（济宁段）目前在大运河各项事业中所存在的问题，并提出相应的对策和建议。

关键词：　大运河文化遗产　大运河文化带　大运河济宁段

世界遗产委员会在 1992 年的第 16 届大会上正式提出了“文化景观”的概念，它是一种结合了人文与自然，侧重于地域景观、历史空间、文化场所等多种范畴的遗产对象。笔者认为，文化景观指的是附加在自然景观之上

* 孙凤娟，博士，江苏大学文学院讲师，研究方向为民俗学、人类学。

的各种人类活动的产物，如大运河的水利工程和聚落文化景观。而文化记忆则是通过文化形式（文本、仪式、纪念碑等）以及机构化的交流（背诵、实践、庆典等）维持的，笔者在此将叙述运河逸事和传说、庙会和民风等。限于篇幅要求，本节选取大运河流经的济宁段为个案，全景呈现大运河济宁段的文化景观与文化记忆，分析济宁段开发和利用文化景观与文化记忆中存在的问题，并提出相对应的解决措施。

一　大运河济宁段文化景观与文化记忆

（一）大运河济宁段文化景观

1. 运河水利漕运景观

运河文化景观包括水利漕运，它们因运河而出现，并随着运河的衰败而遭到破坏，它直观地反映出了运河的历史变迁过程。水利漕运文化景观主要包括船闸、桥梁、码头、水坝和水利枢纽等建筑。

济宁段运河处于黄河与运河交汇地区，据统计元代就有 23 座闸，包括是寿章闸、安山闸、开河闸、济州上闸、济州中闸、济州下闸、赵村闸、石佛闸等。明清时期，因大运河疏浚和改道又修建了一批闸，如安山闸、天井闸、南旺上下闸、南阳闸、夏镇闸等，此外还有桥、码头、水坝等大量建筑物。这些古代修建的水利工程，反映出当时的水利科学技术水平，它们在整条运河上的空间分布和合理设置，为今天南水北调工程提供了借鉴。新中国成立以后，随着国家对大运河的重视和技术水平、经济实力的提高，修建了大量现代化运河水利文化景观。

金口坝。位于济宁兖州市城东的泗河、沂河、府河的交汇处。坝身用长条石砌成，长 123 米、宽 8 米、高 3.3 米，条石之间用重 10 斤的铸铁扣相连，铁扣上面铸有阴刻楷书“金口坝”三个字，坝名便因此而来。坝西端翼墙上部有卧式石雕“蚣蝮”水兽 1 对，体长 1 米，雕刻精致，惟妙惟肖。“金口秋波”是古兖州八景之一。

二级坝节制闸。位于济宁市微山县昭阳湖内，东起微山县常口村老运河西堤，西至大屯发电厂，全长7360米，坝高38.5米，有312个孔。由拦湖坝，溢流堰，第一、第二、第三、第四节制闸，船闸组成，于1958~1975年分期而建。该闸是济宁市乃至鲁西南地区最大的防洪排涝、蓄水灌溉、航运交通的枢纽工程。

南旺分水枢纽工程。包含戴村坝、开凿小汶河、设置水柜、建闸与斗门。该工程在世界上享有极高的声誉，与都江堰水利工程齐名。由明代工部尚书宋礼采纳水利专家白英的建议而建造，至今已经有590多年的历史。会通河1289年开通后，由于“常患浅涩”，过往漕船经常搁浅。宋礼接受白英老人“借水行舟、引汶济运、挖诸泉、修水柜”的建议，戴村坝拦汶河水后，经小汶河到达南旺而流入运河，南旺位于运河最高处，被称为“水脊”。在小汶河以及运河交汇处的丁字口对岸，修建有一道石护坡，长约300米，以抵挡汶水的冲击；又在河底部修建了鱼脊状石拨，用石拨将汶水分流，通过改变石拨的形状、方向和位置来调整南北分流的比例，因皇帝在北方，民间谚语称“七分朝天子，三分下江南”。同时，还设置了马场、南阳、蜀山、马踏、安山五个水柜，南旺分水口建成后，为节约水源，在分水口南北设置了十里闸、河柳林闸，控制南旺分水，当运河水源不足时，开启十里闸，关掉柳林闸，开水柜放水，水随着船北去。

此外，济宁段除了闸之外，还有许多其他的水利漕运文化景观，比如济宁城区的建设桥、草桥、解放桥、南门桥、济安桥、济阳桥等。

2. 运河聚落文化景观

运河聚落指的是因运河的开通，在运河沿岸地区出现的具有运河文化特色的生活和生产聚集区。运河贯通之后吸引了大量的商人来此经商，由此在运河沿岸相继出现了大量的客栈、饭馆、会馆和店铺等建筑，形成了带状分布的聚居区，以及极具运河文化特色的古镇和历史街区，如济宁竹竿巷、安山镇、夏镇、微山顺河街等。下面仅介绍一些代表性的聚落文化景观。

竹竿巷。是济宁最有特色的历史街区，位于济宁市中心，是一条以竹器加工销售为主业的街区，其范围包括竹竿巷、汉石桥、纸坊街、打绳巷、永丰巷和大闸口河南街的一大片临河区域。济宁竹竿巷曾作为山东最大的竹器市场，清末竹器作坊有 37 家，民国增加至 60 多家，抗日战争前甚至多达 130 家。如今，这里依旧是济宁最大的竹器市场。竹竿巷建筑艺术特征明显，门前交易院后乘船，店铺、作坊和民居融为一体，既有北方四合院的稳重，又有江南建筑的灵巧，故有“不逛竹竿巷，白来济宁城”之说。

安徽会馆。位于济宁旧城南门外福墙街北首路西，是济宁城区外省会馆中历史最悠久、规模最大的会馆，建于明天启年间。大门门楣上挂有“安徽会馆”木质大匾，由李鸿章题写。整个建筑风格充分体现了皖南建筑的特色，为七进院落，有厅、堂、楼室 80 余间。

（二）运河文化记忆

1. 大运河运河神话传说

元明清时期，运河沿岸地区流传着一些与运河相关的传说。面对运河的溃决和水灾，人们出于对大自然的崇拜之情，在治理运河的过程中逐渐出现了对人物神灵的崇拜。现在很多地名就是因传说逸事产生的，这些逸事与神话传说对运河沿岸地区的影响很大，也是运河文化记忆的重要组成部分。金口坝下聚金石的传说便是其中之一。

金口坝位于兖州泗河、沂水交汇处，是当地交通与商贸重地。相传，每年夏天都会有一位从南方来的商人在金口坝前的一个茶馆落脚，到秋后返回家乡，不做任何生意，只是到金口坝附近游泳，大把地花钱，走的时候手里拿着沉甸甸的布袋，年年如此，茶馆老板十分纳闷。某一年秋天，南方人突然病倒在茶馆，茶馆老板不遗余力地对他百般照顾。在南方人弥留之际，他告诉老板一个惊人的“秘密”：金口坝下第三座涵洞里，有一块聚金石，每年夏秋发大水之际常聚金沙，取之不尽。南方人并告诉了茶馆老板提取金石的方法。茶馆老板把南方人安葬以后，就去金口坝桥洞下去找，果然找回了金沙。茶馆老板十分贪心，嫌弃金石洼坑小，用大铁锤把那块聚金石凿了一个大坑，谁知道那块聚金石被破坏了风水，再也不能聚金了。

此外，济宁段运河岸边还流传着红沙湾驱妖、会河反影、运河修闸鲁班显灵传说、开河镇老鸹巷由来等和运河紧密相关的传说故事。

2. 庙会

庙会是一种以庙宇为依托，集祭祀神灵、交易货物、娱乐身心于一体的集会，在特定的日期举行。它涉及民众的经济生活、休闲生活和各种公共生活，可以满足民众的多种需求，并对民众的生活发挥特有的功能。如济宁的夏镇泰山庙会、南阳夜市、长沟大集、寿张集古会等，笔者此处仅以寿张集古会为例稍加阐释。

寿张集逢农历三、八为集日，每年有五次古会，分别为：农历三月初三的地藏王庙香火会，时值农村兴土木、搞建设的春季黄金期，因而古会交易以土建材料为主；农历四月初八的阎王庙香火会；农历四月二十三的观音庙香火会，时值麦收时节之前，交易以生产工具、麦收配套用具为主；十月二十三至二十八的“十月会”，其时间之长、规模之大，在周边省、县遐迩闻名；十一月的骡马会，后两者均为物资交流大会。五次古会均采用唱戏助兴，各有特色。

古会工作由会首承担，在清末民初之时，一般由王、井两大姓的头面人物担任，主要负责管理会上的交易、抽税以及保卫诸事宜。下设分行管理人员。各分行又设若干办事人员。会前一两个月发出邀请帖，主要说明会期、交易货物种类等。发帖对象多系往来熟悉的富商大贾，如蒙古的骡马商、山西的寒羊和皮货商、鼓城及辄沟的窑货商、济南与天津的洋庄、济宁泰顺家的铁货铺、苏杭的绸缎商等。与此同时，在邻近县境一些小有名气的商店、集市都贴出广告，主要招徕当地的土特产品前来参与交易。此地还有个“叫客”风俗，即本村和附近村庄十之八九的住户，都会把远村的亲眷请来听戏、逛会。

“十月会”除与其他古会有相同场景之外，更为突出的是牲口与皮货交易。据传，每年古会批量成交的黄牛、骡马和各类皮货等，都通过古运河和黄河分别运往济宁、徐州、济南等地的洋行，继而转销给日本、德国、美国、英国等外国客商。此外，土布也是古会土产中的重点，当地有这样的旧俗，即女子新婚后婆家给二斤半棉花就不管穿了，媳妇需要通过织布卖布来补给家庭穿衣。不少心灵手巧的妇女，运用五七把梭织出带有花格、五福捧寿、鸳鸯戏水等各种漂亮图案的被单、被面、衣料等，拿到“曲阜店”布市售卖。这些织物大都被山西、安徽等地的商人所收购。“十月会”的娱乐项目也比其他古会多，会上除名班大戏至少一台外，光说书场就有琴书、快书、道情、坠子、莲花落、花鼓等十七八棚。还有跑马戏的、拉洋片的、打十番的、走大吼的，不一而足。当时赌博亦盛行，会上仅“宝棚”“牌九”就超过二十棚。

据考证，因寿张集的集会交易量大，清代设行征税时，主要以地方“物产之丰者”或“外来货物”量大者为交易对象。当时，寿张集设有布行、线行、斗行、秤行、屠行等。牙人、牙行是买卖双方的中方。牙人，亦称经纪、牙侩、驵侩等。牙行在物价评点、交易主持之外，还行使为政府征收商税之职。

3. 运河水上习俗

京杭大运河流经的微山湖湖区，人们主要靠运输和捕鱼为生，住在船上，形成独特的湖上婚礼风俗。微山湖渔民有着独特的渔猎习俗，形成不同形式的“船帮”，主要有大船帮、货船帮、网帮等。船是微山湖渔民的生产和生活的主要场所，由此形成了独特的排船习俗，还有敬张大王、金龙四大王、龙王等水上宗教习俗等。安山闸附近还流行着“七月十五放河灯”的风俗。根据传说，明朝的一位漕运军官落水而死，他的夫人为其点官灯招魂，七月十五晚上，夫人梦见被封为治水将军的丈夫，说幸亏有灯光招魂才得以出水。从此，就有了“七月十五放河灯”的风俗。

二　大运河济宁段文化景观和文化记忆保护及利用现状

大运河济宁段现有全国重点文物保护单位 4 处、省级 9 处，明清时期的河道管理机构“总督河院署”就设置在济宁。2014 年 6 月 22 日，大运河成功入选世界文化遗产时，济宁拥有申遗保护规划里程 293 公里、运河文化遗产 59 处、相关历史文化遗产 84 处以及包括南旺分水点段的 11 处申遗点，是申遗工作的重点区段和关键河段之一。

（一）水利水运工程遗产挖掘和保护

近年来，济宁市积极出台了《大运河济宁段〈大运河遗产保护管理办法〉实施意见》，编制了《大运河遗产南旺枢纽分水遗址保护及展示工程》，河道环境整治以及桥、坝、闸等35个保护规划、维修和环境整治方案并如期实施，完成了大运河遗产监测预警体系建设、遗产点段考古发掘、保护与展示工程及标识系统建设。微山县文广新局委托北京建工建筑设计研究院编制了《大运河济宁市湖中运道（北一村至南阳闸段）保护与环境综合整治方案》。为适应航运发展需要，大运河济宁段对水利水运工程进行了相应调整，对在用河道进行拓宽、改造，使其航道等级提升，运量大幅度增加。如京杭运河济宁至徐州段航道由三级升级为二级，共涉及里程178公里，其中济宁段有140公里。升级后的水深比三级航道加深0.6米，单线直线航道宽度增加10米以上，可通航2000吨级的船舶。

（二）大运河生态环境治理

为了彻底治理黑臭水体问题，2014年至2015年6月，济宁市对城区老运河、越河进行了清淤及直排口改造。济宁市近年来又投资近1亿元实施引水入城工程，实施南跃进沟疏浚、扈营桥段提水等项目建设。为了促进微山湖生态的恢复以及水污染的防治，微山县实施28个南水北调重点治污工程项目；完成39个淮河流域水污染防治工程；封堵老运河及其支流两岸直排口，推进整个湖区的畜禽养殖、渔业养殖和航运污染治理，以及非法小码头、经营性餐饮船只与河道垃圾清理等系列面源污染的集中整治工作，在全省率先实施退渔还湖、退池还湖、退耕还湿工程，以尽快恢复环境的自净能力；建设人工湿地工程，相继完成1万多亩的新薛河人工湿地、5370多亩的蒋集河人工湿地、1800多亩的十字河人工湿地建设和8万多亩的高楼生态湿地保护恢复，全力保障微山湖及入湖河流水质稳居地表三类水质标准范围内。济宁在沿运城市中率先提出“以河兴市”战略和建设运河生态经济区的目标，将内河水运作为经济发展的重要组成部分加以调控，完成运河流域湿地保护和修复面积 81.5 万亩，建成国家级湿地公园 3 处，微山湖国家湿地公园入选“中国十大魅力湿地”。南四湖流域水环境质量连续 14 年得到改善并跻身全国 14 个水质良好湖泊行列。

（三）济宁段航道复航工程

济宁段是京杭运河航道的重要组成部分，在“十三五”期间由中央、省、市投入 70 多亿元，用于京杭运河济宁至台儿庄段航道“三改二”工程、湖西航道改造工程、梁济运河梁山至邓楼船闸段复航工程以及新万福河航道复航工程等主要航道的升级建设。项目建设完成后，将进一步发挥京杭运河黄金水道作用，全面提升京杭运河通航条件和服务能力。同时，济宁市即将开始编制的济宁市航道规划，对复兴河、西支河等航道进行论证，提升航道规划等级。近年来，京杭运河的航运船只数量不断增加，并且逐渐趋向大型化，船闸单线运行已无法满足过往船只的通行。例如，韩庄船闸的设计通过能力为 2100 万吨，但在 2011 年货运量已达 4265 万吨，大大超过了设计能力。为了解决这一问题，在与韩庄船闸平行的位置新建了韩庄复线船闸。2017 年，韩庄复线船闸按计划推进建设，微山一线船闸年内试通航；长沟、邓楼船闸年内完成竣工验收，实现京杭运河北延段航道全线通航；微山三线船闸争取早日完成立项批复，开展施工图设计。

（四）大运河聚落遗产保护和利用

济宁“居运道之中”，城镇聚落随着运河的形成而繁荣兴盛，至今仍留存下大量独特的自然景观、古建街道、商场集市。近年来，济宁市开工建设济州古城、状元小镇、山推工业遗址记忆，积极运作河道总督府、安徒生童话小镇、静思园、鲁抗工业博物馆、弘高文创园等重点文旅项目。围绕古运河区域发展定位，高标准规划建设老运河和越河贯通区域，统筹做好生态修复、临河景观和历史古迹复建，着力提升竹竿巷古韵商业区、宣阜巷文化创意区等历史文化街区档次，规划布局运河之星、济安台文化街区等节点项目。沿宣阜巷、运河南岸街两端延伸，穿点成线，以线带面，逐步形成从东大寺到济安台的运河文化风光带。2018 年 5 月 10 ~ 14 日，济宁市组织 30 家文化企业参加第十四届深圳文博会，将“运河记忆”历史文化街区作为重点项目进行招商推介，取得积极进展。

此外，济宁市还组织专家编制了《“儒风运河”文化旅游目的地品牌建设总体规划》。以运河漕运文化、运河商业文化、运河水工文化、运河古镇文化、运河民俗文化、运河饮食文化、运河建筑文化、宗教文化、文学艺术、古迹文化等独特的文化为内涵，通过品牌旅游形象一体化、旅游产品一体化、旅游线路一体化、旅游服务一体化、旅游市场一体化“五个一体化”建设，培育带、群、节点等区域旅游增长极。将济宁市太白湖、老运河区域定位为“齐鲁运河文化旅游核心区”，提出了城河一体、湖河一体、圣河一体“三位一体”的济宁运河旅游模式，依据历史文化空间的分布状态，济宁市区完整恢复运河昌盛时期的历史文化风貌。在核心产品的打造上，济宁围绕运河之都核心旅游区建设，以运河之都景区、南旺分水龙王庙、南阳古镇等运河遗产为核心吸引物，以观光体验为主要形式，在对运河沿岸遗产点进行妥善保护的前提下，通过现代高科技手段，对运河遗迹进行多元化展示，提升遗产旅游项目的可参与性。深入挖掘运河文化内涵，整合南旺运河遗风、竹竿巷百姓人家、玉堂酱园三百年老字号、潘家大楼民国风貌、太白楼吟诗对白、南阳千年古镇、微山湖运河故道等文化资源，建设“运河记忆”主题街区，打造运河遗产廊道，提升完善旅游交通引导标识系统和自驾游服务体系，再现可行、可望、可游、可居的运河盛景。进一步把运河旅游和微山湖旅游有机结合，推进微山湖创建国家 5A 级景区工作，在基础设施、环境打造、服务提升等方面下大力气，改造运河沿线厕所，达到 3A 级以上标准。

（五）非物质文化遗产保护利用

从 2005 年起，济宁市出台了《关于加强非物质文化遗产保护工作的通知》，成立了全市非物质文化遗产保护工作领导小组，建立了联席会议制度，组建了保护工作办公室和保护工作专家委员会，市文广新局成立了非遗科，为开展非遗保护利用打下了坚实基础。完善制度、规范管理，积极争取非遗保护经费。一是力促项目申报和管理规范化。出台《济宁市非物质文化遗产项目申报和管理办法》以及《济宁市非物质文化遗产项目代表性传承人申报和管理办法》等，进一步规范市级非遗项目、传承人的认定和管理。二是力促资金争取和使用规范化。主动对接上级政策，积极开展国家级、省级代表性项目及项目代表性传承人资金申请工作，目前，国家级传承人每年传承经费2万元，省级传承人每年传承经费6000元。积极争取市级非遗专项经费，目前，每年非遗专项经费80万元，其中，市级传承人每人2000元。与各项目保护单位签订了《非物质文化遗产名录保护项目任务书》和《非物质文化遗产项目代表性传承人传承目标责任书》，明确了资金使用范围和责任，确保了资金规范使用、高效利用、发挥作用。2018年，济宁先后举办了“讲述中国故事——济宁市优秀非遗展演项目走基层惠民巡演活动”“大运河流域曲艺发展论坛”、第二届“儒乡古韵金唢呐”、全市吹打乐大赛、第二届“千年运河曲声扬”全市曲艺大赛、非遗过大年等全市非遗精品展示和“市民体验日”体验活动等大型宣传活动百余场。组织相关项目参加全国手工技艺大展、中央电视台“中国记忆——走近大运河”特别节目拍摄等50余场活动。“到金乡听戏”被评为山东省非物质文化遗产保护十大亮点工作之一。推动宣传向媒体深入借力，积极与济宁电视台等合作录制了《家在济宁》《济宁记忆》等文化专题栏目。举办“文化济宁·百姓讲堂”150余场（2018年举办20场），借助微信平台进行推广。依托《齐鲁晚报》等媒体刊登一批专题报道。一系列活动的开展，极大地宣传和展示了济宁市非遗保护成效，取得良好的社会效益。

三　大运河济宁段文化景观与文化记忆保护、利用中存在的问题及对策

（一）存在问题

1. 历史空间与现代生活的矛盾

运河沿岸的房屋、街区所反映的不仅是建筑物本身的风貌，还包含建筑

所代表的历史信息、文化内涵、现代生活气息。但是，现代生活追求设施的便利、生活质量的提高，而运河沿线的很多民居的基础设施不到位、人口密度较大、各种管线和绿化不到位、沿线电线乱接乱拉的现象普遍存在。居民对运河文化景观保护的意识相对滞后，对房屋的改造往往按照现代方式进行，与运河文化带景观的传承和保护理念背道而驰。

2. 运河发展优势尚未充分发挥

对大运河济宁段沿线历史文化遗产的开发利用和传承展示缺乏系统规划，运河沿线各节点之间又缺乏统筹规划。运河城镇对运河的文化创意、旅游休闲等产业开发不足，运河的文化品牌效应和经济效益仍有待进一步挖掘，同时对周边区域发展的带动作用发挥明显不足。

3. 纵向空间割裂，整合资源困难

大运河济宁段各个文化遗址遗迹分布于运河两岸的狭长地带，空间上很难形成南北呼应，南北在距离上跨度很大，如此空间与用地格局限制了开发，资源整合难度很大。另外，各城镇多头管理，难以协调进行。目前，大运河济宁段每个城镇通常由多个部门和机构进行管理，运河又流经多个城镇，其管理体制和运行机制各不相同，导致大运河资源整合和利益共享机制难以推进，使得构建大运河文化带的合力不足。

（二）解决对策

1. 大运河济宁段物质文化景观的保护工作，需要将城市与文物的具体规划举措结合统一

大运河使得沿线城市百货骈集，呈现出一派欣欣向荣景象，与此同时，城市中蕴含的大量文化信息因自身生活功能延续而不断更新。根据 2007 年 10 月 28 日通过的《中华人民共和国城乡规划法》，制定和实施城乡规划时应当注重改善生态环境，促进资源、能源节约与综合利用，保护自然资源和历史文化遗产，保持地方特色、民族特色和传统风貌。因此，城市规划的编制目的在于保护并服务于城市传统面貌、历史文化遗产以及地方民族特色。这些规划承担起对运河沿线城市空间布局综合协调以及管控的应用性职能，

对文化景观保护的作用至关重要。与此同时，需要组织运河研究部门、规划设计部门等多方职能部门的专家学者，认真思考并有的放矢地制定出对运河沿线保护区文化景观的普查工作，将整体风貌纳入沿线城市的规划范围，认真改善旅游观光设施。

2. 多元化引资，解决资金投入不足问题

目前，经费短缺成为大运河济宁段文物保护和利用的瓶颈。由于用于济宁大运河聚落遗产保护和利用的资金不足，大运河文化景观的观赏价值和历史价值得不到充分发挥，影响大运河历史文化景观在人们心中的价值认同，以及人们保护大运河文化景观和文化记忆的积极性。2017 年以来，大运河济宁段响应中央号召，积极投入大运河文化带建设的工作，采取了投入资金用于大运河济宁段的复航工程、清淤、复建大运河文化街以及对非遗传承人进行资金奖励等措施。但是，大部分的资金来源于当地财政，投入渠道单一。因此，应该建立以政府投入为主，社会和民间资本共同参与的格局，督促全民参与到大运河文化带建设中来。

3. 需要政府立法，强化法律执行力度

推进济宁大运河文化景观和文化记忆保护和利用最有效的措施是对运河遗产保护立法。如今，虽然国家已经制定了相关的法律法规，但是除了部分城市如杭州在国内较早通过立法保护大运河遗产外，大部分大运河流经城市均尚未正式立法。法律是文物保护最有力的保障，一些文化景观保护和复建规划难以落实，其主要原因在于相关法规条例尚未成熟，加之地方对法规的执行力度不够，使得对大运河遗产的普查和监管工作难以顺利进行。因此，地方政府应该切实推动立法工作，为大运河遗产保护和利用提供制度保障，同时，提高文物保护者的执法素质，加大对文物的监管力度。

4. 建立多部门协调工作机制，成立统一的运河保护机构

由于大运河济宁段文化景观跨度大，目前没有统一的保护机构，主要职能分散在文物、水利、建设等多个部门。目前济宁大运河的管理存在条块分割、“九龙治水”的格局，分头管理成本很大。同时，运河管理和保护又分属不同单位和部门，管理协调工作难度大。因此，成立统一运河保护和申遗

机构，协调建设、文物、文化、环保、水利、宗教等各部门之间的职能，统一保护和治理的步伐。

5. 公众参与，加强宣传教育，普及相关知识

大运河济宁段不仅有南旺分水枢纽工程、金口坝等重点文物保护单位，还有大量散落在民间的物质和非物质文化遗产，对于物质文化景观，政府都比较重视。而对于一些非物质文化遗产，由于缺乏资金和了解没有得到相应的保护，因此，有必要成立民间保护组织，让这些遗留的文化遗产能得到应有的重视，如一些曲艺和手工技艺等文化记忆，如果没有群众的参与，很难得到真正的落实。与此同时，还应提高公众意识、培训技能和发展组织等活动，唤醒群众对大运河文化景观和文化记忆的保护意识，使之成为一种可持续的行为。大运河济宁段出台有《关于加强非物质文化遗产保护工作的通知》，成立了全市非物质文化遗产保护工作领导小组、针对性地制定保护计划，对民间文学、曲艺、民间戏剧等进行挖掘、保护和利用，通过网络影视传媒扩大运河宣传效果，展示运河文化魅力，引导群众参与保护等举措。但是，由于中国人口众多，人们的知识、收入、地位等差异很大，对不同群体应采用不同的办法，如那些住在历史文化街区的低收入者，他们并不清楚他们居住的街区、房屋都是文物，对这些建筑没有一点爱惜之情，对其进行大肆改造，但是他们确实是和这些文化遗存接触最为紧密的人群。因此，必须加强相应的宣传和舆论指导，加大宣传和教育工作，通过立法保护公众参与的权利和义务，让公众真正关注大运河文化保护和利用的问题。

B.9 京杭大运河山东段非物质文化遗产调查报告

刘玉梅*

摘　要： 近年来，山东省作为非遗大省，在非遗保护工作机制建设、传承能力培养、推动传统工艺振兴等方面，均取得显著成效。回顾2018年，京杭大运河山东段非物质文化遗产的保护与传承主要做了以下工作：一是建章立制，非遗保护工作机制、非遗保护体系进一步健全；二是举办培训班，非遗传承能力不断加强；三是进行各种形式的非物质文化遗产宣传；四是组织非遗“走出去”，积极开展对外交流；五是及时对非遗保护的各项工作效果进行评估、监督、检查和总结。通过对当前京杭大运河山东段非物质文化遗产传承与保护的现状分析，揭示其存在的问题，并提出相应的对策建议。

关键词： 大运河山东段　非物质文化遗产　建章立制　产业化与品牌化

近年来，山东省作为非遗大省，在省委、省政府的坚强领导下，在社会各界的大力支持下，全省各级文化主管部门认真履行自身职责，紧紧围绕弘扬中华优秀传统文化、扶贫脱贫、乡村振兴、新旧动能转换等重大战略部

* 刘玉梅，博士，聊城大学运河学研究院讲师，研究方向为生活美学、民间艺术学。

署，积极主动推进非遗保护工作，在保护工作机制建设、传承能力培养、推动传统工艺振兴等方面，均取得显著成效。

一　京杭大运河山东段非物质文化遗产的保护与传承工作所取得成效

京杭大运河山东段非物质文化遗产的保护与传承在山东省委、省政府和沿线各地市文化部门的领导下有序进行。回顾2018年，京杭大运河山东段非物质文化遗产的保护与传承主要做了以下工作。

（一）建章立制，非遗保护工作机制、非遗保护体系进一步健全

2011年，中国颁布实施了具有里程碑意义的《中华人民共和国非物质文化遗产法》，该法律的出台为中国非遗保护工作的开展提供了坚实的法制保障。之后，原文化部也相继出台了关于代表性传承人认定与管理、非遗代表性项目保护与管理、文化生态保护区建设管理、专项资金管理等制度规范。到2017年底，全国有26个省区市先后颁布了非遗保护条例。《山东省非物质文化遗产条例》经2015年9月24日山东省人民代表大会常务委员会公告第106号公布，该《条例》包括总则、非物质文化遗产的调查、非物质文化遗产代表性项目名录、非物质文化遗产传承与传播、文化生态保护区、法律责任、附则等内容，自当年12月1日起施行。2018年6月，为进一步规范和加强省级非物质文化遗产保护资金使用管理，山东省财政厅对《山东省省级非物质文化遗产保护专项资金管理暂行办法》（鲁财教〔2008〕29号）进行了修订，起草形成新的《山东省省级非物质文化遗产保护资金管理办法》。《暂行办法》和《管理办法》都是为加强山东省省级非物质文化遗产保护、提高专项资金使用效益而制定，它们明确规定了专项资金的使用范围、使用方法与步骤等。

2017年3月12日，国务院办公厅发布了由文化部、工业和信息化部、财政部联合制定的《中国传统工艺振兴计划》，该计划指明了未来几年中国

振兴传统工艺的重要意义、总体要求、主要任务和保障措施。在此基础上，为加快推进山东省传统工艺振兴，2018 年 6 月山东省文化厅、山东省财政厅、山东省经济和信息化委员会三部门联合出台《关于贯彻落实中国传统工艺振兴计划的实施意见》，该意见明确了山东传统工艺振兴的目标：一是探索、形成传统工艺振兴的“山东模式”；二是创建一批传统工艺发展集群和传统工艺著名品牌，到 2035 年涌现一批具有中国元素、山东特点、国际影响的传统工艺企业和品牌，使传统工艺产业成为山东省新旧动能转换、经济文化强省建设的支柱产业之一。意见还明确了传统工艺振兴要坚持保护为主、传承利用，精益求精、提升品质，融入生活、创造活力，促进就业、助力脱贫，生态保护、绿色发展的基本原则，并提出了建立传统工艺振兴目录、加强传统工艺传承机制建设、助力新旧动能转换重大工程等十一项主要任务。

山东省还逐步建立、健全了国家、省、市、县四级非遗名录体系，建立了非遗代表性传承人、代表性项目制度。山东省共有联合国教科文组织认定的 8 个“人类非遗代表作名录”项目，还有 173 项国家级名录、751 项省级名录、2990 项市级名录、9369 项县级名录。有 51 名国家级传承人、296 名省级传承人、2063 名市级传承人、5916 名县级传承人。4 处世界文化遗产，其中之一就是大运河山东段。国家级非遗名录项目中包含有临清贡砖烧制技艺、鲁锦织造技艺、德州扒鸡制作技艺等运河区域的非遗名录二三十项。省级非遗名录中运河区域有 70 多项。近年来，山东不断完善非遗保护工作机制，传统工艺类企业和经营业户得到较大发展，达到 110 万个，有从业人员 300 万人，年营业收入 1267 亿元，非遗传承活力不断增强。

（二）举办培训班，非遗传承能力不断加强

2015 年，为了进一步推进传统工艺的传承与振兴，扩大非遗传承人队伍，文化部与教育部联合启动实施了“中国非遗传承人群研修研习培训计划”。到 2017 年底，共有 4. 8 万人通过研培实践对传统工艺有了更深层次的理解和认识，大大提高了传承能力。学员创作、生产的优秀作品和产品，充

分展现了广大传承人群丰富的创造力和想象力。山东省积极响应《国家“十三五”文化发展改革规划纲要》《中国非物质文化遗产传承人群研修研习培训计划》提出的重要任务，为非遗保护工作提供高校的学术和教学资源支持，组织非遗项目持有者、从业者等传承人群到高校学习专业知识、研究技艺和技术、开展交流研讨与实践，提高传承实践能力，促进非遗的可持续发展。一些高校根据自己的学科专长，有针对性地组织开办非遗项目培训班，进行专门培训。

自2015年以来，山东艺术学院已经承办了“中国非物质文化遗产传承人群培训班”共计11期，培训了山东省草柳编、剪纸、泥面塑、核木雕、琉璃、黑陶等非遗项目传承人近500人次，有力地推动了非物质文化遗产的保护传承工作，受到文化和旅游部、省文化厅和社会各界的高度认可。为了进一步把非遗保护工作推向深入，山东艺术学院按照文化和旅游部的工作部署，在山东省文化厅的支持下，在泰安、潍坊、淄博、菏泽建立了四个非遗培训工作站，通过工作站的建设，利用当地资源和良好的文化生态，在不脱离非遗的原生环境、不脱离社区、不脱离生活和人群的情况下，把非遗培训工作更加扎实有效地开展下去。2018年，山东艺术学院先后举办了“中国非物质文化遗产传承人群研修研习培训计划”第十期黑陶制作技艺培训班和第一期面塑非遗传承培训班，聘请非遗专家，从非遗保护和技艺传承等多个方面展开专题讲授，取得良好的培训效果。

为了落实“中国非物质文化遗产传承人群研修研习培训计划”，山东工艺美术学院举办了陶瓷烧制技艺培训班和葫芦雕刻技艺培训班。陶瓷烧制技艺培训历时一个月，分两个阶段进行，前期在山东工艺美术学院继续教育学院进行，学习全面、系统的理论知识和接受创作实践指导，帮助学员提高文化艺术素养、审美和创新能力，提高传统工艺项目的设计、制作及衍生品开发能力。后期在淄博陶瓷学院校区开启以实践为主的教学模式，主要通过相关创意企业的调研考察、陶瓷艺术大师现场示范教学、学员实践创作等，帮助大家开阔眼界，提高设计和制作水平。培训任务完成后，还举行了参培学员学习的成果汇报展览。参加葫芦雕刻技艺培训的50名学员分别来自临沂、滨州、潍坊、淄博、烟台、威海、济南等地，他们在山东工艺美术学院进行为期 1 个月的葫芦雕刻技艺学习。

山东管理学院也为非物质文化遗产的保护与传承做出了重要贡献，先后被山东省艺术研究院授予“国家级非物质文化遗产传承基地”“山东省非遗项目——古琴艺术传承基地”“山东地方戏传承基地”。2016 年和 2017 年，成为“首批山东省省级非物质文化遗产传承人群研修研习培训院校”“山东省非物质文化遗产传承人群研修研习培训基地”，并成功组织古琴、木版年画、陶艺制作非遗项目研习培训班。其中山东省非物质文化遗产——古琴传承人群研习培训，是全国首个非物质文化遗产表演类传承人群培训项目；2017 年，被中共山东省委宣传部、省社科联评为第十批“山东省社会科学普及教育基地”，同年获得由山东省人民政府授予的第三届山东省文化创新奖。“非物质文化遗产研究”获得山东省文化艺术科学“十三五”重点学科。2018 年，山东管理学院艺术学院组织举办了“山东省非物质文化遗产传承人群陶艺制作研习培训班”。

另外，聊城大学承担了山东省葫芦雕刻技艺非遗传承人群的培训任务，来自临沂、潍坊、淄博、烟台、威海、济南、日照和菏泽等地的 44 名学员，在聊城大学进行了为期 1 个月的学习。学校按照“强基础、增学养、拓眼界”的培训目标，围绕山东省民间葫芦雕刻工艺的保护传承与创新发展，以人为本，精心制定和落实培训计划，加强培训过程的组织与管理，圆满完成各项培训任务。山东英才学院举办了“非物质文化遗产传承人群研修研习培训计划”木雕培训班，来自泰安、临沂、莱芜等地的 32 名学员参加了培训。

实施非遗传承人群研修研习培训计划，省文化厅举办 15 期培训班，培训 650 名传承人，加上各地延伸培训，共培训 5000 多名传承人。经过这种对非遗技能的集中学习与培训，非遗传承人对所传承非遗项目的认识更加深刻，所传承的非遗技能也得到极大的提高。

（三）进行各种形式的非物质文化遗产宣传

对非遗进行广泛宣传是非遗保护与传承的基础，只有让更多人认识非遗、了解非遗，才能让更多人参与到非遗保护中来。近年来，山东省，包括运河区域各地市、区县，积极开展一系列内容丰富、形式多样、百姓喜闻乐见的非物质文化遗产宣传活动。

《山东省非物质文化遗产条例》规定，从农历腊月二十三至次年的二月初二是“山东省非物质文化遗产月”，这是山东省以立法形式促进非物质文化遗产融入现代生活、实现与民共享、惠民利民的一大创新。2018 年 2 月 6 日，“2018 年山东省非物质文化遗产月暨运河沿线城市非遗展演”正式启动。启动仪式上，来自运河沿线山东、浙江、安徽、河北、江苏 5 省 12 个城市的近 300 名演员表演了杂技、山东大鼓、山东快书、武术表演、山东琴书、鲁西南鼓吹乐、茂腔、扬州清曲、评剧、黄梅戏等国家级、省级非物质文化遗产代表性项目，全面展示了运河区域丰富多彩的民俗风情，生动呈现了运河区域深厚的文化底蕴。2018 年山东省非物质文化遗产月期间，全省各地举办了 700 多场各类活动，观众超过 1700 万人次。运河沿线城市枣庄市举办了“闹元宵”民俗文化大拜年活动，济宁市举办了第三届“千年运河曲声扬”曲艺会演，其他城市也都分别举办了内容丰富、形式新颖、群众广泛参与的活动。2018 年非物质文化遗产月期间，山东省还举办了各种有关非遗传承的比赛活动，如“弘扬优秀传统文化、讲好非遗故事”大赛、全省微视频大赛“我身边的非遗”、首届山东非遗传统技艺大赛——“齐鲁风韵 · 匠心传承”等。

2018 年 9 月 13 ~ 17 日，文化和旅游部与山东省人民政府联合主办了第五届中国非物质文化遗产博览会。结合党的十九大精神和新时代对非遗工作提出的新要求，该届非遗博览会以习近平新时代中国特色社会主义思想为指导，坚持创新性发展、创造性转化，体现“见人见物见生活”的非物质文化遗产保护理念。本届博览会还通过多种形式进行展示、展演，充分展现了中国非遗的丰富性和多样性，让非遗走近大众，贴近生活，体现非遗与人民群众生活的密切联系。

本届非遗博览会现场活动分为展览、展演、比赛、体验和论坛五个板块。展览板块是通过展板与视频等多种形式，展现近年来“中国非物质文化遗产传承人群研修研习培训计划”、非遗扶贫、传统工艺工作站等重大非遗保护举措取得的成果。展演板块是举办传统表演艺术类非遗项目如传统音乐、传统舞蹈、传统戏剧、曲艺等节目的展演活动。运河区域的高邮民歌与苏州评弹也参加了展演。展览板块是把传统工艺展览项目，分成织绣印染、陶冶烧造、编织扎制等八个主题，每个主题设置一个展区。同类展品放在同一展区展出，这样便于观众按照自己的兴趣、爱好有针对性地选择参观区域。比赛板块是进行传统工艺项目的技艺比赛，包括剪纸、泥面塑、草柳藤编织、刺绣、陶瓷成型、金属锻制（银器、铜器）等传统工艺项目。全国各地有 200 多位传统工艺传承人和从业者参加了此次技艺比赛，给现场观众带来一场高质量、高水平的非遗技艺表演。体验板块是设置互动体验区，组织非遗传承人在现场展示非遗技艺，参观者可在非遗传承人的指导下，亲自动手体验非遗的魅力。该届博览会还举办了“振兴传统工艺与精准扶贫”与“传统表演艺术传承发展”两个大型论坛，使专家学者、传承人代表等跟与会代表进行面对面的交流，共同探讨非遗传承中遇到的难题。除主会场外，本届博览会还深入城市社区、学校、公共文化场所、商场、乡村等地方开展“非遗社区行”“非遗校园行”等系列活动。同时，还围绕不同主题设置多个分会场，从不同角度多方面展示非遗保护成果。

该届中国非遗博览会大量使用互联网与音视频技术等现代传播技术，线上线下同时举办。线下举行各种现场活动，线上设立官方网站，展示非遗产品，直播传统工艺制作流程，记录非遗传承人故事等。为扩展本届非遗博览会的影响，博览会主办方还与阿里巴巴及其他电商平台联系，推动参展单位、传承人与电子商务平台开展合作。

山东省还举办了第二届非物质文化遗产精品展、第七届文化产业博览交易会、文化惠民消费季活动等。在第二届山东文化惠民消费季活动中，济宁市举办了“运河记忆”历史文化展览展示活动，此次活动汇聚剪纸、泥塑、虎头鞋、绣球、儒苑青陶、刺绣、烙画、彩印花布、竹木工艺等 30 多个非遗项目、百余款惠民季商品，更有传承人老师现场进行创作，引得人们纷纷驻足围观。

山东省和各地市、县等还开办了非遗传习大讲堂、非遗名家大讲堂等活动，宣传非遗文化知识。非遗传习大讲堂由山东省非遗保护中心开办，目的在于推动非物质文化遗产的传承、保护与发展，传播和弘扬优秀传统文化。非遗传习大讲堂每周六举办两场体验活动，邀请一些国家级与省级非遗传承人向学员传授非遗知识，进行非遗制作和技艺演示。每次非遗传习大讲堂结束后评选出优秀作品，参加山东非遗传习大讲堂传习成果展演或展示。

山东省还积极组织非遗进校园、进课堂，重视发挥学校在非遗保护与传承中的作用。在组织非遗进校园方面，运河城市聊城采取校内校外相结合的传承教育与创新发展相结合的办法，取得新突破，“聊城市非遗进校园”活动入选山东省非遗工作十大亮点。另一运河城市枣庄也开展了以“弘扬工匠精神、提升人文素质、培养大国工匠”为主题的“非遗进高校”系列活动，共有枣庄市鲁南皮影、伏里土陶、枣庄泥塑、巧姐柳编、鲁班锁等40余项非遗项目参展，非遗项目代表性传承人进行现场展演展示，让师生亲身体验非物质文化的独特魅力，切身感受中华优秀传统文化的博大精深，自觉参与非物质文化遗产保护工作。

（四）组织非遗“走出去”，积极开展对外交流

近年来，山东省文化部门十分重视非遗对外交流工作，多次组织、推荐非遗传承人参加国家、省、市相关部门组织的对外文化交流活动，有力提升了山东省非遗的知名度与美誉度。

2018年4月3日至7日，受美国丹佛社区大学校长的邀请，济南市文化馆、济南市非物质文化遗产保护中心委派济南市非遗代表性传承人赴美讲学，开展对外文化交流活动。济南微雕省级代表性传承人王天明、济南剪纸市级代表性传承人王涛先后到丹佛社区大学孔子学院、丹佛大学、丹佛艺术博物馆、华盛顿大学孔子学院举办艺术讲座，进行展演交流，受到当地媒体的集中报道与当地师生的广泛好评，社会反响良好。

6月23日、24日，“中华瑰宝2018淄博非遗展”在台北市信义区公民会馆D区进行了展出。此次展出以“共享·交流·传承·发展”为活动主

题，致力于弘扬和培育中华民族精神，唤起百姓对中国传统文化的重新认知与思考，展示淄博丰富多彩的非物质文化遗产资源和保护成果，促进两岸文化交流和文化发展。此次非遗展以淄博市具有代表性的国家级、省级项目为主，包括五音戏、京剧、蹴鞠 3 个非遗展演项目和陶瓷烧制技艺、淄博大鱼盘、淄博剪纸、鲁派内画等 9 个非遗展示项目，台湾同胞可以近距离感受淄博非遗文化的独特魅力。

2018 年，“文化山东 · 齐风鲁韵”——山东省非物质文化遗产展演在德国、捷克和匈牙利成功举行。8 月 28 日，“文化山东 · 齐风鲁韵”山东省非物质文化遗产展演在捷克布拉格国际学校举行。山东省非物质文化遗产传承人展示了精妙绝伦的剪纸、风筝、面人、书法、绘画、拓印等传统技艺，艺术家们也表演了歌曲、武术、吕剧、山东快书、杂技、魔术、民乐、山东琴书等节目，受到师生的热烈欢迎。8 月 30 日到访匈牙利，艺术家们的表演不仅展示了山东非物质文化遗产的魅力，更传递出山东文化所蕴含的自强不息的精神和海纳百川的情怀。通过观看这次展演，大家会进一步认识和了解山东及博大精深的齐鲁文化。“文化中国 · 齐风鲁韵”是山东省人民政府侨务办公室和山东省海外交流协会为满足海外侨胞精神需求，增进世界民众对齐鲁文化的了解和认知而精心打造的文化品牌活动，每年以中秋、元旦等中华民族传统节庆和重要节日为契机，组织山东省内高水平艺术团组到海外侨胞聚居国家开展慰侨演出、非物质文化遗产展演等活动。

9 月 20 日，山东省还在外交部举行了全球推介活动。经过一个多月的筛选、修改和预演，杨家埠木版年画、曹州面人、东明粮画等经典传统的山东非遗项目最终亮相，展现了浓郁的齐鲁风韵。下一步，山东将以此次推介活动为契机，大力发展文化旅游，助推文化的传承创新，让旅游成为文化传承创新的主渠道和主阵地。

（五）及时对非遗保护的各项工作效果进行评估、监督、检查和总结

山东省的非遗保护工作非常注重实效，争取把非遗保护工作落到实处，达到最佳效果，因此注重及时对非遗保护的各项工作效果进行评估、监督、

检查和总结，发现工作中存在的问题并及时解决。

2018 年 3 月 16 日，在山东新闻大厦召开了 2016 年度山东省国家级非遗代表性传承人抢救性记录工程自评估会议。自评估专家、抢救性记录工程实施团队及学术专员等 30 余人参会。省文化馆馆长、省非遗保护中心主任王衍良向自评估专家小组介绍了山东省 2016 年度国家级非遗代表性传承人抢救性记录工作的实施情况。会上，自评估专家针对 11 位国家级非遗代表性传承人的抢救性记录工作向项目实施单位反馈了具体的整改意见。自评估会议结束后，三家实施单位根据专家意见分别进行整改，准备迎接文化厅与文化部的验收。通过自评估会议，各项目实施单位的整改思路更加明晰，为山东省 2016 年度国家级非遗代表性传承人抢救性记录工作的最终验收打下了坚实基础，也为今后进一步推动山东省非遗保护工作进程、不断提高非遗保护水平提供了有益的探索和经验。

8 月 16 日，还召开了 2017 年山东省省级非物质文化遗产代表性传承人抢救性记录自评估会议。项目实施单位对抢救性记录工作的完成情况进行了详细说明，对现阶段的工作成果进行了自查汇报。来自山东省工艺美术学院、山东省图书馆等单位的自评估专家对项目执行单位提交的工作成果进行了认真审验，并针对 5 位省级非遗代表性传承人的抢救性记录工作向项目实施单位反馈了具体的整改意见，认真填写了《2017 年省级非遗代表性传承人抢救性记录工作自评估报告》。通过此次自评估会议，各项目实施单位总结了工作中的经验和不足之处，理顺了整改思路，明确了下一步的工作方向。此次自评估会议，为山东省 2017 年度省级非遗代表性传承人抢救性记录工作终验工作的顺利开展打下了坚实基础，也是山东省省级非遗数字化保护工作的有益探索，进一步拓展了山东省非物质文化遗产保护的工作内容。

二　京杭大运河山东段非物质文化遗产传承与保护存在的问题与建议

非物质文化遗产是一个民族的文化基因和身份认同，它是整个民族智慧的结晶，代表了国家的优秀传统文化，体现了中华民族在生产生活中形成与传承的世界观、人生观、价值观。在物质文化高度发达的今天，非物质文化作为我们的民族文化之源，是我们宝贵的精神财富，对复兴中华文化、保护国家文化安全，对于我们树立民族自信心、增强民族自豪感具有重要意义。下面试分析京杭大运河山东段非物质文化遗产传承与保护中所存在的问题，并提出相应的对策建议。

（一）对非遗的宣传还不够广泛，需继续扩大宣传力度

自开展非遗保护工作以来，目前非遗保护的宣传工作已经取得很大进步，通过各种方式、采取多种手段，使非遗走进社区、进入校园。从非遗宣传接受人数的绝对数字看，跟以前相比有了大幅度提高，但由于非遗保护工作涉及的社会层面非常广泛，很多掌握非遗资源的人大都生活在城市的边远地区，他们对非遗的了解还停留在自发阶段。随着城镇化的加速发展，越来越多的人从农村走向城市，因此，要想真正实现“非遗走进现代生活”“见人见物见生活”的保护理念，还需要继续扩大非遗宣传的力度。

继续扩大宣传力度，需要建立起覆盖到城乡各个角落的立体宣传网络。非遗宣传不能仅局限于非遗宣传月、宣传日，应该逐步实现月月都是非遗宣传月、天天都是宣传日，真正做到非遗宣传生活化。非遗保护要建立起村村有线索、乡乡有项目、县县有名录的立体宣传网络，使人们在家门口就能看到非遗展演或非遗作品，而不是只有在非遗宣传月或宣传日才能见到非遗项目。

继续扩大宣传力度，需要进一步推动非遗进校园，一次性或偶尔的非遗进校园不够，应该使非遗进校园常态化、体系化。每个地方都应该精选一些非遗项目进入课堂，开发一些有地域特色的校本课程传播非遗文化。非遗进校园要常态化，每学期或学年固定开设一些地方非遗通识课程。在教育部门的组织指导下，结合实际，面对不同的授课对象，编写不同的教学大纲、教材和教案等。非遗进校园也要体系化。非遗进校园，可以进入小学、中学，也可以进入大学或高等职业院校。对于小学生和中学生，非遗进校园主要是

宣传、普及非遗文化知识。对于非相关专业的大学生，非遗进校园的主要作用也是如此，但是对于相关专业的大学生或职业院校的学生来说，非遗可以成为他们学习的主要课程。经过非遗课程的学习，他们除了解相关专业知识外，还应该具备一定的保护、传承能力与开发、转化能力。

继续扩大宣传力度，还需要进一步建立全媒体立体式非遗传播格局。非遗传播是非遗保护的重要措施之一。加强非遗传播工作，对于增强社会公众的非遗保护意识、建立非遗保护的广泛社会认同具有重要意义。当今社会是个全媒体传播的时代，传统非遗需要全媒体的传播。山东省第五届非遗展启动线下、线上同步进行的大型网络传播活动，具有全媒体、多渠道、多层次的非遗传播效应，获得全社会很高的关注度、参与度和认同感。对于非遗的宣传，还需要更多地利用这种全媒体的传播方式。

（二）对非遗保护的认知程度还有待提升，需进一步探讨非遗保护要保护什么、如何保护等相关问题

目前京杭运河山东段不少地区的非遗保护工作基本还处在静态的项目申报和相关数据的录入阶段，有些项目甚至沉睡在博物馆里，为保护而保护。我们应该继续深刻思考，为什么要保护非物质文化遗产？非物质文化遗产究竟能给我们带来什么？怎样保护非物质文化遗产？只有想清楚了这些基本问题，才能调动全社会共同保护非遗的社会意识。要想调动起来全社会共同的非遗保护意识，使非遗保护从自发走向自觉需要两个方面的努力，一是专家学者结合实际做出深刻的理论研究，二是面对社会各界做好广泛的宣传。

要保护非遗，首先要保护民间文化生态环境。我们保护非遗的目的不是仅仅为了保护某一两种非遗项目，而是要保护绝大多数的非遗项目，这就首先需要保护好良好的民间文化、民间艺术生态。保护非遗，需要在提高中保护。对待非遗，只有保护是不够的，更要注意提高非遗的品质，使非遗融入现代生活。与提高相比，保护是被动的、消极的，保护仅是对现存非物质文化遗产的保存。保护工作对于濒临消失的非物质文化遗产来说固然是重要

的，是第一位的基础性工作，但是保护并不是最终目的，而是应该使非遗得到发展与提高，使非遗走进人们的当代生活、服务于人们的生活。经过发展与提高的非遗，作为“活的文化”融入现代生活之中，丰富人们的物质生活，充实人们的精神生活。

非遗保护不应只保护人，也不应只保护物，而是要保护由人和物共同构成的生活。非遗在生产、生活中出现和发展，也应该在生产、生活中传承和延续。非遗来源于生产生活，也要服务于生产生活。脱离了文化整体的各个部分，其文化意义与文化价值就会大打折扣。例如单独的一张年画，也许最多只是一幅画，只有放在中国几千年来最重要的节日背景中、中国人阖家团圆的日子里，其意义才是完整的。因此，我们保护某种非物质文化遗产，不仅仅保护某种物，更重要的是保护这一遗产背后的传统文化。要努力使非遗回归生活，让非遗在百姓的日常生活中得到传承，使非遗融入百姓当下的生活方式。

（三）对非遗的开发利用力度不够，需积极探索以非遗促创业、就业新渠道，以非遗助力乡村振兴

山东省在通过非遗项目实现扩大就业、以非遗助力乡村振兴方面取得很大成就，如肥城桃木雕刻、龙山黑陶等非遗项目。自 2006 年桃木雕刻被列入省级第一批非物质文化遗产名录以来到如今，肥城市桃木雕刻生产企业已发展到 160 多家，年销售收入突破 10 亿元。桃木雕刻技艺已形成了完整的产业，靠这门手艺吃饭的人就超过了 4 万名。龙山黑陶非遗项目使当地 5000 多人实现了再就业。高青老粗布通过实行实体店与网店同步销售的营销策略，使老粗布产业得到快速发展，生产规模从原来的两三人家庭纺织扩大到今天的四五十人群体纺织，帮助超万名农村剩余劳动力解决了就业问题。潍坊市开展实施的“九千绣花女培训工程”，投资 50 万元，面向群众免费教学，前后培训 2000 多名学员。这些非遗项目实现了扩大就业渠道、扩大创业空间、扩大生产性保护集群、扩大与旅游等融合发展，成为乡村振兴战略的重要抓手。把非遗技艺转化为经济效益，有了经济效益，也会刺激

非遗的传承与发展。但是这些发展较好的非遗项目毕竟屈指可数，绝大多数非遗项目的保护与传承还停留在博物馆里、申报书上、国家或省等各级名录里，并没有走进人们的生活，没有给人们带来物质上的利益和精神上的补充。如果停留在博物馆里、申报书上的，以及列入各级保护名录里的各种非遗都能像上述非遗项目那样良性发展，将会对非遗发展和乡村振兴大有裨益，因此，应根据各非遗项目自身特点，积极探索以非遗促创业、就业新路径，以非遗助力乡村振兴。

（四）发展策略不够明确，应抓住国家实施“中国传统工艺振兴计划”的机遇，推动传统工艺产业化、品牌化发展

为促进中国传统工艺的传承与振兴，文化部、工业和信息化部、财政部于2017年3月联合发布了《中国传统工艺振兴计划》，制定了第一批国家传统工艺振兴目录，共383项。山东共有17个项目入选，其中包括嘉祥县等鲁西南的鲁锦织造技艺、临清市的贡砖烧制技艺、德州黑陶烧制技艺等运河区域的传统工艺。在此基础上，2018年12月13日，山东省评选出第一批山东省传统工艺振兴目录，共89项。以国家级、省级非物质文化遗产代表性项目名录为基础，评选出首批山东省传统工艺振兴目录推荐名单，入选名单的非遗项目为具备一定传承基础和生产规模、发展前景，并且有助于带动就业的传统技艺、传统美术、传统医药及部分民俗类非物质文化遗产项目。运河区域入选的工艺有：枣庄的峄县传统青铜器技艺、阴平毛笔制作技艺，济宁的嘉祥县鲁锦织造技艺项目、嘉祥石雕项目，济宁市玉堂酱菜制作技艺项目、二仙膏古法制作技艺项目；聊城的东昌府区鲁锦织造技艺、东昌葫芦雕刻、东昌府木版年画、东阿阿胶制作技艺、茌平剪纸、临清贡砖烧制技艺、临清的健脑补肾丸制作技艺；德州的黑陶烧制技艺、德州扒鸡制作技艺。对于这些项目与项目所在地区来说，这是难得的发展机遇。应该抓住机遇，使这些非遗得到较好的发展，更好地服务于当今人们的生活需求。

当前的非遗保护已经初步认识到推动非遗品牌化发展的重要性，并开始尝试推动非遗的品牌化发展。2018年7月27日，2018非遗品牌大会在广州

召开。此次大会由广东省文化厅主办，并得到文化和旅游部非物质文化遗产司的支持。为了落实《中国传统工艺振兴计划》相关部署，出席大会的非遗项目保护单位、非遗代表性传承人、非遗品牌单位联合发起《中国非遗品牌计划》。实施《中国非遗品牌计划》（以下简称《计划》）的目的在于落实中华优秀传统文化传承发展，用品牌的力量推动中国非物质文化遗产发展更好地适应时代需求、展现时代风采，使之更好地满足人民群众对品质生活的新期待。《计划》提倡培育传统工艺知名品牌，提高传统工艺类非物质文化遗产再创造能力，提升产品品质和设计水平，推动传统工艺在现代生活中得到广泛应用。产权保护方面，《计划》也提出了要求。《计划》指出应该遵守《中华人民共和国非物质文化遗产法》，尊重遗产持有者的创造力，加强知识产权保护工作，提高知识产权保护意识，保障非遗相关社区、群体或个人，在非遗保护、传承和再创造中的应得权益。《计划》认为，在人才培养方面，应采取丰富多样的手段培养代表性传承人和传承人群，他们要既尊重传统、又勇于创新，尤其重视青年传承人的作用，提高非遗传承实践能力，推动非遗保护传承和再创造。《计划》还鼓励非遗保护传承的机制创新，通过品牌实验室、传统工艺工作站、工坊、相关园区等多种方式，不断探索新机制、新方式，形成政府主导、社会参与、多元投入、协同发展的非遗保护新局面。《计划》还主张开拓多样化的投融资渠道，大力鼓励社会资金投入，增强非遗项目可持续发展的能力，促进良性循环，推动非遗产品升级、品牌升级和行业升级，形成标志性的非遗品牌。《计划》还对非遗传播创新提出了新要求，期望以非遗为本体，利用不同的媒介形式和传播手段，发挥各自优势，尽可能地扩大非遗品牌在国内外的影响力。中国非遗的品牌化发展虽然尚处在起步阶段，但是千里之行始于足下，我们已经迈开了关键的一步。要想使中国非遗的品牌化得到较好的发展，还需要相关人士的共同努力。

从整体看，当前的非物质文化遗产多是处在保护阶段，对非物质文化遗产的开发利用还不够。非物质文化遗产要想更好地服务于当今的社会进步和经济发展，就需要分门别类、有针对性地进行开发利用。在当前市场经济环境下，非物质文化遗产的开发利用就必须遵循市场经济的规律，走产业化、品牌化的路径。只有对非物质文化遗产进行生产性保护，并在保护的前提下合理利用，才能推动非遗更好地融入社会、融入民众、融入生活，实现可持续发展。

B.10

2017～2018年大运河文化研究与社会活动的相关调查

高元杰　王玉朋*

摘　要： 2017年下半年和2018年上半年运河文化研究相关论著十分丰富，成果涉及历史、地理、政治、经济、社会、文化、文学、艺术、考古、旅游、工程、环境等领域，研究内容主要包括运河漕运史、运河文化遗产保护、运河景观设计、运河旅游规划、运河生态保护等。在社会活动中，以贯彻落实习近平总书记关于“大运河文化带建设”的重要讲话为契机，政府部门、学术科研团体、民间商业组织共同参与大运河遗产文化的建设与保护，大运河环境的整治与开发，大运河旅游的投资与开发等诸多方面，大运河相关的会议活动持续保持很高热度。

关键词： 大运河　文化研究　社会活动　生态保护

一　大运河相关著作研究状况

2017年7月至2018年6月，国内共出版与大运河相关的专著30余部，内容涉及大运河与漕运史研究、大运河古籍点校整理、大运河历史文化通俗

* 高元杰，博士，聊城大学运河学研究院讲师，研究方向为生态环境史、运河文化史、明清社会经济史；王玉朋，博士，聊城大学运河学研究院讲师，研究方向为明清史、社会经济史。

读物、大运河地名科普读物、大运河城镇风俗民情、大运河遗产保护与旅游开发、大运河文学艺术、大运河工程管理与环境治理等方面。

（一）有关大运河与漕运史研究的著作

主要有朱偰《大运河的变迁》（江苏人民出版社，2017 年），该书内容分三部分：一是大运河的历史，包括大运河的历史沿革，以及大运河在历代经济、政治和文化上的影响；二是大运河的地理，分五段对大运河的地理特点做了详细描述；三是大运河的改建，包括大运河的综合利用及其在经济建设和交通建设上的重要意义。杨遵义、张霞、万文礼主编《清渊砖瓦研究》（河北人民出版社，2017 年），该书是以河北省临西县著名金石收藏家万文礼收藏的近千品历代名砖瓦和临清贡砖，以及临西县文化馆和民间的收藏为基础，进行综合研究而成。中国水利史典编委会办公室编《河防一览》（中国水利水电出版社，2017 年），《河防一览》为明代治黄治运名臣潘季驯所著，这次点校出版增强其可读性，使之易于为大众理解。陈喜波《漕运时代北运河治理与变迁》（商务印书馆，2018 年），该书对漕运时期北运河的治理和变迁进行了深入的研究，探讨了金元明清四朝为保证漕运而采取的治理手段，梳理了北运河的河道变迁过程，阐明了河道治理和变迁与运河漕运之间的关系。吴欣主编《中国大运河蓝皮书：中国大运河发展报告（2018）》（社会科学文献出版社，2018 年），该书是首部中国大运河年度发展报告，全面分析了中国大运河年度发展现状，深入探讨了未来中国大运河发展趋势，为中国大运河沿线各省市发展建设提供了有价值的理论指导和实践对策。郑孝芬、刘九伟、王娜《话说漕运》（中国矿业大学出版社，2018 年），该书探讨了漕运与大运河的关系，及其对整个国家的政治、经济、军事乃至思想文化等各个方面的影响。李泉主编《运河学研究·第 1 辑》（社会科学文献出版社，2018 年），该书是首部以运河学研究为主题的综合性学术辑刊，共分理论研究、研究综述、新书评介、文献研究专题、河工河政与漕运研究专题、运河城市文化研究专题、大运河文化带研究专题等七个板块。周新国主编《淮扬文化研究·第 1 辑》（社会科学文献出版社，2018

年），该书从历史学、哲学、社会学、文化学等多角度开展淮扬文化和大运河文化研究。

（二）有关普及运河历史文化的著作

主要有魏向清《世界运河名录英汉对照简明版》（南京大学出版社，2017 年），该书是一部中型双语主题专科辞书，以世界范围内有一定知名度的运河为收录条目，旨在介绍运河相关的人文地理、历史沿革、社会文化等基本信息。闫雪怡、宋久成、吴欣《运河岸边的村落（2）》（中国社会出版社，2017 年），该书以大运河的走向为主线，将北京、天津、河北、山东、江苏、浙江沿线村落收集整理出来，重点介绍村名由来、地理位置、与运河的关系。米范威·布莱恩特著、周舒艺译《寻找中国丛书：运河人家》（海天出版社，2018 年），书中通过描写华北平原大运河岸边一个基督教徒家庭生活的方方面面，向读者展示了 20 世纪二三十年代普通中国人的面貌、普通中国家庭的日常生活情形以及当时中国的社会面貌、民间习俗等。王宪贞《运河史话》（线装书局，2018 年），该书包括三个部分，上篇运河史话主要由一些与德州运河相关的历史故事组成，中篇运河传说主要是一些运河沿线民间流传的故事和神话传说，下篇运河词话主要是一些运河沿线具有地方民俗特色的说唱故事、俚曲小调。钟军、朱昌春、蔡亮《隋唐运河故道地名考》（中国社会出版社，2018 年），该书是民政部中国地名研究所对隋唐时期开挖的大运河故道地名的调查研究成果，系统地介绍了广通渠、永济渠和通济渠的历史变迁和历史演变。徐耀新主编《邵伯镇》（江苏人民出版社，2018 年），该书是一本休闲旅游读物，在尊重真实性兼顾可读性的基础上，向读者全面展示了大运河名镇邵伯镇的历史文化及风土人情。

（三）有关运河工程管理与生态保护的著作

主要有漳卫南运河管理局《漳卫南运河年鉴（2017）》（中国水利水电出版社，2017 年），该书由水利部海河水利委员会漳卫南运河管理局主办，是反映漳卫南运河水利事业发展、全面记录漳卫南局年度工作发展轨迹、为领导决策提供查考依据、为各部门工作提供信息咨询的工具书。解莹、王立明、刘晓光、李文君《海河流域典型河流生态水文过程与生态修复研究》（中国水利水电出版社，2018 年），主要内容包括流域概况、漳卫南运河河流生态调查、漳卫南运河河流生态系统健康评价、河流水环境模型与生态流量、基于河流生态调度的生态修复模式研究、流域典型河流生态修复技术集成等。赵庆双《临清运河遗产健康监测及保护》（科学出版社，2018 年），该书以文化底蕴丰厚的大运河临清段为例，通过现场实测或实时监测的分析数据，开展大运河河道本体及沿线文化遗产的实证研究，分析大运河文化遗产现状，建立文物健康档案，制定维修加固或治理方案，探索大运河文化遗产保护和管理的新模式。

（四）有关大运河文学艺术的著作

主要有安野光雅著、陈文娟译《中国的运河：苏州/杭州/绍兴/上海》（北京十月文艺出版社，2017 年 10 月），该书是安野光雅的随笔画集，以 40 幅绝美水彩配优雅文字，为我们记录下被遗忘的中国传统之美。扬州市文物局编《源远流长画说扬州与大运河》（广陵书社，2017 年），该书为图文作品集，对扬州与大运河的千古风流、大运河申遗过程中扬州的勇于担当以及大运河文化带建设中扬州的引领示范等内容进行了认真梳理。柯继承《大明苏州——仇英〈清明上河图〉中的社会风情》（古吴轩出版社，2018 年），该书用文字形式将《清明上河图》辛丑本长卷中有关苏州特殊风物和市井风情做了研究，对其中令人不解之谜和令人惊讶的场面做了详细的、合乎情理的考核与诠释。王亦标《血脉里涌动着大运河的蓝》（安徽文艺出版社，2018 年），该书是一部散文诗作品集，作者王亦标以充满情感的笔触书写故乡风物，书稿文字清新质朴，不事雕琢，体现了昂扬向上的精神面貌。

二　大运河相关论文研究状况

2017 年 7 月至 2018 年 6 月，国内期刊共发表大运河相关学术论文 300

余篇，内容涉及大运河河道与河政、漕运制度与管理、漕运文化与社会、大运河区域社会经济、大运河遗产保护与开发、大运河文化与艺术等方面，现择其主要文章进行介绍。

（一）有关大运河河湖治理与水环境变迁历史研究

主要文章有孟艳霞《明代山东运河区域人地矛盾及引发生态环境问题探析》（《青岛农业大学学报》2017年第4期），路洪海等《山东运河开凿对区域洪涝灾害的影响》（《河北师范大学学报》2017年第4期），郑民德《万历四十三年的漕河与山东旱灾——汶上蜀山寺中一块碑刻的解读》（《井冈山大学学报》2017年第6期），吴士勇《古代治水、开河与通漕的历史逻辑》（《深圳大学学报》2018年第2期），陶小三等《京杭运河高邮城区段东侧大堤洪水期稳定性研究》（《防灾减灾学报》2017年第4期），王先达《1956年淮河流域规划和1957年沂沭泗流域规划及治理成效》（《治淮》2018年第1期），顾晓昀等《北运河水系底栖动物群落结构与水环境质量评价》（《湖泊科学》2017年第6期），王汨等《北运河水系河流轮虫群落结构与水环境因子的关系》（《暨南大学学报》2017年第6期），任海鹏《京杭运河（镇江段）污染现状分析》（《污染防治技术》2017年第5期），王晓鹏《大运河通济渠郑州段生态治理设计》（《河南水利与南水北调》2018年第5期），吴海霞等《京杭运河杭州段水环境改善方案研究》（《浙江水利科技》2018年第3期），路倩倩等《环境物联网在水环境整治中的应用展望——以北运河香河段为例》（《环境工程》2018年第5期），李郁卉等《基于景观和生态理念的里运河水环境综合整治工程》（《中国水运》2018年第5期），陈启华等《天津市蓟运河水系水环境问题及对策》（《低碳世界》2018年第4期），夏会娟等《北京市北运河水系水生植物群落结构与生物完整性》（《应用与环境生物学报》2018年第2期），薛庆云等《三堡口门引配水工程对运河杭州段水环境影响分析》（《浙江水利科技》2018年第2期），李增强、马国宾《漳卫南运河生态流量和生态调度保障措施浅议》（《海河水利》2018年第1期），王汨等《北京北运河水系夏季底栖动物功能摄食类群与环境因子的关系》（《广东海洋大学学报》2018 年第 1 期），顾晓昀等《北京北运河河流生态系统健康评价》（《环境科学》2018 年第 6 期）等。这些文章对运河名实、河湖治理、水系变迁及水环境影响等方面进行了探讨。对运河河道建设、防汛防洪、航运、水资源、水质、水污染状况、水污染防治等问题进行了探讨。

（二）有关运河漕运历史研究

主要文章有刘九伟《漕运与运河沿岸制造业的发展》（《淮阴工学院学报》2017 年第 6 期），黄纯艳《宋代内河船夫群体的构成与生计——以漕运为主的考察》（《首都师范大学学报》2017 年第 5 期），张琰玲《元代海道都漕运万户府达鲁花赤买述丁考》（《西夏研究》2017 年第 4 期），张程娟《从漕运卫所和仓储体系看明前中期漕运改革——以徐州地区为中心的考察》（《史林》2017 年第 5 期），张叶、吴滔《从淮仓到淮库漕粮加耗折银与明代财政》（《史林》2017 年第 4 期），吴士勇《明代万历年间总漕与总河之争述论》（《南昌大学学报》2017 年第 4 期），曹金娜《清代漕运水手群体初探》（《历史档案》2017 年第 3 期），吴琦、曾过生《合族共漕：清代地方基层的一种漕务应对实态》（《北京联合大学学报》2017 年第 3 期），桂月亮《清代基层漕运法制探究》（《牡丹江大学学报》2017 年第 7 期），郑孝芬《略论漕运与运河民间帮派文化》（《淮阴工学院学报》2017 年第 4 期），杨卓翰《清代漕运必要性探析》（《阴山学刊》2017 年第 5 期），周广骞《临清城垣“三修”及与漕运关系略考——基于对清代临清方志文献的研究》（《殷都学刊》2017 年第 4 期），王海云《浅析明清时期漕运的社会功用及其弊端》（《阴山学刊》2017 年第 4 期），王进《京杭大运河漕运经济对杨柳青木版年画兴起之影响》（《苏州工艺美术职业技术学院学报》2018 年第 2 期），曹娟、吴艳《浅谈漕运文化的传承与弘扬》（《中国水运》2018 年第 4 期），张程娟《争夺运河之利：明代瓜洲闸坝兴替与漕运制度改革》（《中国历史地理论丛》2018 年第 2 期），赵珍《清代北运河漕运与张家湾改道》（《史学月刊》2018 年第 3 期），杨家毅《明清北京通州城与漕运仓储的关系》(《江南大学学报》2018 年第 2 期)，吴琦、何晨《清代漕粮的“民折官办”——兼论清代政策变通的特点》(《中国社会经济史研究》2018 年第 1 期)，彭南生、李庆宇《民初“南粮北运”中的政府参与及其局限——以漕运局的设废为分析中心》(《安徽史学》2018 年第 2 期)等。这些文章内容涉及漕运文化、漕运经济、漕运制度、漕运从业者等多个方面。

（三）有关运河与城镇经济、城镇景观建设、城镇旅游开发研究

主要文章有郑民德《明清华北运河城市变迁研究——以馆陶县为例》(《城市史研究》2017 年第 2 期)，房鑫等《明清临清城市兴盛的因素研究》(《德州学院学报》2017 年第 5 期)，郑民德《明清山东运河城市历史变迁研究——以聊城为对象的考察》(《聊城大学学报》2017 年第 5 期)，朱年志《明清山东运河小城镇的历史考察——以七级镇为中心》(《华北水利水电大学学报》2017 年第 6 期)，王敏等《京杭运河山东段的历史变迁及其对临清市发展的影响研究》(《齐鲁师范学院学报》2018 年第 3 期)，徐勤、宣建华《京杭大运河（杭州段）与杭州城市的发展关系》(《建筑与文化》2018 年第 5 期)，孟祥晓《明清时期卫河与沿岸中小城镇的变迁——以道口镇为例》(《中原文化研究》2018 年第 2 期)，张雅卓《以河流为载体的带状郊野公园设计方法研究——以天津市武清区北运河郊野公园为例》[《天津大学学报》(社会科学版) 2017 年第 6 期]，毕晓来《基于景观提升的镇江古运河雨水系统构建研究》[《上海交通大学学报》(农业科学版) 2017 年第 4 期]，王建国、杨俊宴《历史廊道地区总体城市设计的基本原理与方法探索——京杭大运河杭州段案例》(《城市规划》2017 年第 8 期)，许晶晶、姜雷《基于景观生态学的城市滨水空间利用与更新——以京杭大运河扬州段为例》(《建筑与文化》2018 年第 6 期)，杨艳等《有机保护与更新视角下的常州古运河廊道景观格局构建》(《园林》2018 年第 4 期)，封心宇、季翔《扬州高旻寺段运河景观区域文化的融合与传达》(《江苏建筑职业技术学院学报》2018 年第 1 期)，陈莹、阎瑾《天津市三岔河口运河聚落

形态研究与保护》（《华中建筑》2018 年第 3 期），孙奎利等《品质提升需求下的新城设计思路——以廊坊市香河县运河新城城市设计为例》（《规划师》2018 年第 2 期）等，李永乐、郑莎、张恒《京杭运河旅游发展马太效应成因与对策》（《中国名城》2017 年第 7 期），沈旭炜《改革开放后我国大运河旅游发展阶段及特征》（《商丘职业技术学院学报》2017 年第 5 期），许亚兰、李永乐《京杭运河江苏段沿线城市旅游开发竞争力研究》（《淮阴工学院学报》2018 年第 3 期），孙毓含《基于网络文本分析的京杭运河旅游体验研究——以苏州为例》（《江苏科技信息》2018 年第 14 期），王珊珊《关于京杭大运河德州段历史文化旅游资源的调查报告》（《文化学刊》2018 年第 2 期），秦立、张维亚《运河小镇旅游开发营销研究》（《江苏科技信息》2018 年第 1 期）等。这些文章通过诸多个案考察，对历史上运河与城镇社会经济发展演变的关系、运河城镇景观建设、运河旅游开发等进行相关研究，不少内容还对存在的问题予以考察，提出了相应策略。

（四）有关运河文化艺术、文化遗产保护研究

主要文章有胡梦飞《明清时期直隶运河区域水神信仰述略》（《石家庄学院学报》2017 年第 4 期）、《明清时期苏南运河区域的金龙四大王信仰》（《淮阴工学院学报》2017 年第 4 期）、《明清时期山东运河区域庙会习俗考述》（《济宁学院学报》2017 年第 6 期），周嘉《运河城市的饮食文化考论——以山东临清为例》（《美食研究》2017 年第 4 期），滕汉洋《从传说到传奇——〈古岳渎经〉与唐代运河淮泗段的地域文化考论》（《民俗研究》2018 年第 1 期），苗菁《“三言二拍”中的明代故事与京杭大运河》（《明清小说研究》2018 年第 1 期），马琳娜《刘绍棠运河文学中的政治与非政治状态下的写作》（《文山学院学报》2018 年第 2 期），朱晏锋《民族歌剧〈运河谣〉的艺术特征和时代特征探析》（《艺术研究》2018 年第 2 期），沈晓娟、陈梅《淮安市大运河文化的历史与传承》（《江苏水利》2018 年第 2 期），刘勇、陶梦真《运河文化的历史品格及其文学书写》（《北京联合大学学报》2018 年第 1 期），张永虎《后申遗时代京杭运河体

育文化资源现状与发展路径选择》(《北京体育大学学报》2018 年第 1 期)，连冬花《文化自信视阈下中国大运河世界遗产的保护创新》(《江南大学学报》2017 年第 5 期)，高晨旭、李永乐《适应性再利用视域下工业遗产保护与开发——以运河工业遗产为例》(《齐齐哈尔大学学报》2017 年第 9 期)，蒋楠《基于文化线路内涵的大运河扬州段产业经济类遗产认定与评估》(《建筑与文化》2017 年第 10 期)，秦红岭《论运河遗产文化价值的叙事性阐释——以北京通州运河文化遗产为例》[《北京联合大学学报》(人文社会科学版) 2017 年第 4 期]，李建新《大运河遗产和开封文化旅游发展若干思考》(《美与时代》2018 年第 6 期)，尤晓娟《"一带一路" 背景下洛阳运河遗产廊道的开发与利用研究》(《洛阳理工学院学报》2018 年第 3 期)，王薇《申遗成功后的大运河文化遗产可持续保护研究》(《博物馆研究》2018 年第 2 期)，徐苑琳、孟繁芸《后申遗时代运河文化遗产的保护与开发》(《山西档案》2018 年第 2 期)，陶莉《京杭大运河江苏段文化遗产产业化开发研究》(《洛阳理工学院学报》2018 年第 1 期)，刘庆余《京杭大运河遗产活态保护与适应性管理》(《江苏师范大学学报》2018 年第 2 期) 等。这些文章从民间信仰、文学、戏曲、体育等方面探讨了运河文化艺术的影响，并通过大量个案分析，探讨了运河文化遗产保护问题。

(五) 有关大运河文化带建设研究

主要文章有姜师立《论大运河文化带建设的意义、构想与路径》(《中国名城》2017 年第 10 期)，杨家毅《浅析大运河 (北京段) 文化带的内涵》(《北京联合大学学报》2017 年第 4 期)，孙威、宋世胜《北京保护和发展运河文化带的思考》(《宏观经济管理》2017 年第 10 期)，张文升、彭安玉《以绿色发展理念引领大运河文化带生态长廊建设》(《泰州职业技术学院学报》2018 年第 3 期)，王莉莉、顾尔笑《让大运河文化带建设绽放异彩——关于推进大运河文化带 (淮安段) 建设的建议》(《民主》2018 年第 6 期)，郝飞雪《论河南大运河文化带建设问题》(《安阳师范学院学报》2018 年第 3 期)，夏锦文《以系统思维"三位一体" 建设大运河文化带》

（《群众》2018 年第 11 期），黄杰《强化大运河文化带建设系统性整体性协同性》（《群众》2018 年第 10 期），冯玫等《论利用语言产业推进运河文化带建设的策略——以大运河河北段为考察对象》（《西部学刊》2018 年第 4 期），王娜、郑孝芬《“大运河文化带建设”背景下标志性文化研究——以大运河苏北段为例》（《淮阴工学院学报》2018 年第 2 期），张佩佩《大运河文化带广播媒体的发展机遇与应对措施》（《数字传媒研究》2018 年第 4 期），孙威等《北京运河文化带保护发展的国际经验借鉴研究》（《中国名城》2018 年第 4 期），黄杰《以大运河文化带为核心的三大战略协同建设研究——以探索大运河文化带扬州段建设为例》（《扬州大学学报》2018 年第 2 期），葛剑雄《大运河历史与大运河文化带建设刍议》（《江苏社会科学》2018 年第 2 期）等。这些文章对大运河文化带的内涵、意义、建设原则、建设思路等问题进行了探讨。

三　运河相关社会活动开展情况

2017 年 7 月 26 日，天津市北辰区 2017 年“北运河之夏”第十二届和谐文化大舞台文艺展演颁奖晚会在北辰工人俱乐部举行。颁奖晚会在舞蹈《祖国颂》中拉开帷幕，整场演出的 17 个节目均选自镇街展演中参演的节目。晚会现场，还颁发了“北运河之夏”第十二届和谐文化大舞台文艺展演优秀节目奖、最佳组织奖和优秀组织奖。

7 月 28 日，由民进山东省委、山东运河经济文化研究中心共同主办，以“深化供给侧结构性改革与推进京杭大运河人文自然资源的保护与开发”为主题的山东省第三届运河论坛暨运河人文自然资源保护与开发研讨会在微山县举行。论坛期间举办学术报告会、分组研讨会、实地考察等活动。

8 月 4 ~5 日，“2017 京杭大运河城市旅游推广联盟年会”在无锡市梁溪区召开，来自大运河沿线省市的代表、国家及省市相关旅游局领导、运河研究学者等齐聚梁溪，为持续推动中国运河旅游发展出谋划策。本次年会以“游访美丽运河　活化运河文化”为主题，旨在进一步保护运河遗产、传承运河文化、弘扬运河文明，以年会召开为契机，加强京杭大运河沿线城市地区的合作交流，以宣传推广大运河城市旅游整体形象，推动区域旅游经济发展，彰显大运河在全国乃至世界的影响和地位，共同打造京杭大运河这条世界级精品旅游线。

8月26日，“龙城讲坛·人文常州”系列讲座2017年第八讲在常州图书馆开讲。此次讲座的主题是“古吴水道与江南运河”。常州吴文化研究会执行会长薛焕炳讲述了江南运河的历史演变，以及常州文化和运河文化的精神内涵。

9月8～9日2017年世界运河城市论坛于扬州举办。此次论坛由扬州市人民政府、江苏省外办、世界运河历史文化城市合作组织（WCCO）、中国太平洋经济合作全国委员会联合主办。论坛主题为“运河城市在‘一带一路’合作中的新机遇”，来自中国、法国、英国、爱尔兰、荷兰等20多个国家的嘉宾约300余人参加。中外运河城市市长就“世界运河城市绿色发展和中国大运河文化带建设”各抒己见，就绿色发展理念与实践展开讨论，分享运河遗产保护利用案例，探讨大运河文化带建设方法和思路，最后通过了《世界运河古镇合作扬州倡议》。

9月15～21日，国家文物局主办、浙江大学承办2017年大运河文化遗产保护与传承培训班。来自大运河沿线8省市大运河管理机构负责人及大运河保护管理工作的文物或文化部门负责人参加培训。培训内容包括大运河文化遗产保护现状及总体要求，大运河世界文化遗产价值内涵阐释，大运河遗产保护与管理总体规划阐释，国际运河遗产及保护管理案例阐释，文化遗产保护展示利用项目案例阐释，大运河点段保护经验阐释等。

9月22日，以“时代姑苏映，驾趣余韵行”为主题的“2017杭州和诚之宝BMW运河文化之旅”圆满落幕。活动包括深入探访苏州园林的园林文化，体验汉族优秀的民族传统工艺之一苏绣，参观由华人建筑师贝聿铭设计的古代博物馆——苏州博物馆，去千古佛刹寒山寺虔诚祈福，品尝正宗的苏帮菜肴等。

9月27日，枣庄市旅服委等单位主办的2017首届“鲁风运河”美食节于台儿庄古城开幕。本届美食节旨在加快推进枣庄“鲁风运河”旅游目的地品牌建设，促进旅游与餐饮文化融合发展，繁荣联盟城市餐饮市场、拉动餐饮消费，增强核心竞争力，提升涉旅企业品牌影响力。

9月28日，“2017通州运河艺术节”开幕，为期34天。艺术节主题为“筑梦副中心，情系文化带”。此次运河艺术节邀请运河文化带相关省市、国家级专业团体、京津冀兄弟省市的优秀文化艺术演出团队，共同打造专场大型活动。

10月1日，第五届中国大运河庙会在浙江杭州市开启，时间将持续2个月。内容包括外国艺术团交流巡演、中国大运河婚典、家居艺术展、运河文化使者招募、运河美食大评选、大运河庙会音乐节、“运河杯”篮球邀请赛、“双11”狂欢购集市、交响音乐会等文体项目应接不暇。本届主题是“运河梦·艺术周”。除表演区域，还有手工艺体验区，扎根运河两岸的非遗手工艺传人与观众互动，现场体验传统手工艺的魅力。

10月13日，“2017中国大运河美食联盟年会”在南京国际展览中心召开。年会发布了中国大运河饮食文化传承基地和大运河美食全球推广大使。苏州松鹤楼、淮安福地豪都、扬州江南一品等成为第二批中国大运河饮食文化传承基地。

11月13日，“2017安徽淮北濉溪首届柳孜大运河文化艺术节”隆重开幕。本届艺术节包含“百家翰墨·运河风情”大型书画展，“柳江放歌·濉溪盛情”艺术节专场文艺演出，“运河之声·鼓乐濉溪”2017安徽濉溪首届运河流域鼓书曲艺展演，新编大型古装泗州戏《柳江口》演出等各具特色、精彩纷呈，以及濉溪县招商活动推介等多项内容，营造历史与时代相结合全新风尚的“运河文化旅游品牌”。

11月19日，“2017大运河文化带VR设计创意大赛北京赛区启动会”，在北京市通州区张家湾中心小学隆重举行。该届大运河文化带VR设计创意大赛尝试利用虚拟现实技术，还原大运河沿岸重要历史区域的传统风貌，探索虚拟现实技术在教育教学中的应用，促进教育信息化与课堂的有机融合，传承运河文化，打造运河“名片”。

12月9日，运河特色文化旅游产品设计邀请赛在扬州开幕。大赛以“展现设计魅力，共创美好生活”为主题，历时4个月，以大运河文化为创作背景，希望通过设计和创意与自身优势相结合，撬动区域及周边产业升级转型，推动广陵产业文化融合发展，沉淀一批设计人才和作品，从而打造“美好生活在扬州”活动品牌。

12月11日，在浙江境内的嘉兴、湖州、杭州、绍兴和宁波5市27家美术馆、名人馆和纪念馆在杭州成立大运河（浙江段）美术馆联盟，共同传承弘扬运河美术文脉。美术馆联盟将共同开发、推广当地运河沿岸的文化品牌，挖掘整合运河沿线的人文艺术和区域美术特色资源，统筹整合沿线美术馆资源，推动馆际深度合作和资源共享，到2023年基本形成大运河浙江段的美术名人文化传承创新体系。

2018年1月1日“中国（杭州）新年祈福走运大会”在杭州市大运河畔举行。作为杭州迎新年祈福系列活动的重头戏，“走运”大会邀请社会各界代表、国际友人、运河沿岸市民游客，共同在大运河畔以健步“走运”的形式，宣传大运河风光和体验大运河新年风貌。

1月1日，江苏省大运河文化带八城联动“新年一起走大运”常州站活动在运河5号创意街区启动。在运动健身同时，宣传大运河保护理念。活动以运河五号为起点，迪诺水镇为终点，全程10公里。市民游客沿着大运河滨水绿色慢道，通过健步走形式，沿途领略大运河风光、体验大运河的新年面貌，宣传保护大运河的理念。

2月28日，由聊城大学运河学研究院、世界运河历史文化城市合作组织（WCCO）、社会科学文献出版社共同主办的2018年《中国大运河蓝皮书》发布会暨“大运河文化带”研讨会在北京召开。会议发布了《中国大运河蓝皮书：中国大运河发展报告（2018）》。该报告是国内第一部以大运河保护和发展状况为主题的蓝皮书，汇集专题调查及研究28篇，对申遗成功以来中国大运河各项事业的发展状况做出细致的梳理，对中国大运河各项事业未来的发展路径及“大运河文化带”建设等重大议题进行了深入探讨。

4月28日，以“运河一瞬·流传千年”为主题的“2018杭州运河随手拍活动”启动，正式向全球摄影发烧友发出有奖征集令。运河随手拍活动是2018年运河遗产保护宣传周的一个子活动，活动秉承保护运河传承世遗的宗旨，要求参赛者从运河出发，以中国大运河杭州段的人、景、物等为题材，通过手机或相机拍摄的原创图片作品记录大运河美好瞬间。

4月28日，“千岛湖啤酒——2018年第九届杭州拱墅运河美食节”正式拉开帷幕，活动持续至5月4日。开幕式当晚，在胜利河美食街庙会广场，将再次举办千金小龙虾百家宴，杭州市民和中外游客能够有机会免费体验胜利河美食街最美味的运河特色佳肴。

5月13日，2018北京通州半程马拉松于通州运河畔鸣枪开跑。该届比赛吸引了8000名参赛者同场竞技。组委会在沿途安排了大运河非物质文化遗产宣传展板、运河船工号子表演及风车、葫芦烙画、空竹、风筝等四个通州本地物质文化现场展示，极大地丰富了赛事的文化内涵。

5月16日，由世界运河历史文化城市合作组织（WCCO）与江苏省大运河文化带建设工作联席会议办公室、扬州市人民政府、中国联合国协会联合主办的2018年世界遗产运河古镇合作大会在扬州开幕。来自全球运河城市的百名古镇代表、运河文化专家以及致力于大运河发展的企业家，围绕“可持续发展背景下世界遗产运河古镇保护、传承、利用”的主题，深入研讨，洽谈合作，共同发表了《世界遗产运河古镇可持续发展扬州倡议》。

5月19日，“中国旅游日”活动暨2018常州运河文化旅游节在常州拉开帷幕。全市运河沿线镇（街道）负责人发出保护运河倡议。现场还有800多名来自企业、学校、机关的徒步达人沿运河进行4公里徒步，千人运河骑行活动也同步进行。市旅游局党委书记、局长丁一等为新落成的戚墅堰运河公园揭牌。

5月26日至27日，由聊城大学运河学研究院主办的“第五届运河学论坛：文化视野下的大运河研究”暨《运河学研究》集刊首发仪式在聊城大学举行。来自国内高校、科研院所及媒体单位共80余人参加。

6月12日，“赢在徐州”2018徐州市大运河乡土人才文化创客技能与创意大赛启动暨市文化产业专家委员会成立仪式在龟山民博馆举行。大赛主题是“大运彭城　创意生活”，旨在以大赛为纽带，汇聚技能创意资源，搭建交流协作平台，实现技艺技能传承，提高文化创意水平，努力打造大运河文化带建设和乡村振兴的徐州新样板。大赛分大运河乡土人才和文化创客技能与创意两项赛事。

6月9～13日，“2018年大运河文化带非遗大展暨第四届京津冀非遗联展新闻发布会”于北京全国农业展览馆举行。展会首次联合运河沿岸各省市共同参与，打造一场精彩绝伦的非遗大餐。众多国家级非遗传承人亮相展会，带来丰富多彩的视听盛宴。

6月15日，“2018中国（扬州）大运河文化旅游博览会暨第十三届中国玉石雕精品博览会”在扬州国际展览中心开幕。该届博览会参展企业超过300家，涵盖16个运河沿线城市。展区分为生活美学文创展区、中国玉石雕精品展区、漆器精品展区、中国工艺大师精品展区等七大板块。

6月18日，“2018大运河文创产业发展峰会”在常州市钟楼区运河五号隆重举办。此次峰会以“建设新时代运河，推进高质量发展”为主题，探讨在提升传统和深化创新中如何让大运河焕发新的生机。

6月28日，大型原创历史传奇音乐剧《天地运河情》在北京天桥艺术中心首演。该剧以收藏于中国国家博物馆的清代名画《潞河督运图》为灵感来源，运用现代审美观念和超现实的浪漫表现手法，艺术化地再现了大运河源远流长的文化底蕴，有选择地把大运河的历史故事，运用浪漫主义艺术手段进行演绎和诠释，展现了大运河流域绚丽多彩的文化。

通过对2017年下半年和2018年上半年运河文化研究和社会活动的调查看，在文化研究上，相关论著十分丰富，整体学术水平有稳定的提高，呈现鲜明特色。随着“大运河文化带”建设工程的推进，相关理论探讨文章不断出现。已有研究成果涉及历史、地理、政治、经济、社会、文化、文学、艺术、考古、旅游、工程、环境等诸多领域。这段时期，有关运河与漕运史研究、运河文化遗产保护等传统研究仍保持强势，运河景观设计、旅游规划和生态保护与现实社会经济环境密切相关，受到学者的重点关注。此外，以大运河为主题的现代文艺也重新引起人们的关注。在社会活动方面，政府部门、学术科研团体、民间商业组织等积极参与大运河遗产文化的建设与保护、大运河环境的整治与开发、大运河旅游的投资与开发等事务的热度也不断高涨，与大运河相关的会议、活动十分丰富多彩，体现了大运河研究关注历史性与现实性之间的紧密联系。

B.11 全国运河博物馆、展览馆及研究机构统计分析

陈清义*

摘　要： 截至2018年12月，全国运河专题博物馆、展览馆总数已达29家，举办各类运河专题特色展览超过32个，运河学术或研究机构据不完全统计已达到34个。2018年度运河博物馆、展览馆、研究机构的特点包括：运河博物馆国有占主体，民营为补充；运河博物馆规模相对较小，遗址类博物馆呈上升趋势；运河展览特色鲜明，展示手段丰富，文物种类繁多；流动展览活跃，宣传效果明显；运河研究机构增速明显，研究机构开始向服务地方运河保护、利用上转变。

关键词： 运河博物馆　运河展览馆　运河研究机构

2017年2月24日，习近平总书记视察北京大运河森林公园时强调，保护大运河是运河沿线所有地区的共同责任，北京要积极发挥示范作用。6月4日，习近平总书记又专门就大运河文化带建设做出重要批示。随着中央对中国大运河文化遗产的重视，全国运河沿线城市以此为契机，在2018年度再次掀起运河研究、保护和展示的热潮。截至2018年12月，全国运河专题博物馆、展览馆总数已达29家，其中在建2家。举办各类运河专题特色展

* 陈清义，中国运河文化博物馆馆长。

览超过 32 个，其中固定陈列 27 个，临时展览 5 个。运河学术或研究机构据不完全统计已达到 34 个。近 1350 万人次走进运河博物馆、展览馆，近 300 万人次观看了运河文化流动展览。总体来看，2018 年度运河博物馆、展览馆、研究机构具有以下几个特点。

一是运河博物馆国有占主体，民营为补充，健全了博物馆所有属性，完善了专题类博物馆机制。在已经开放的 27 家运河博物馆当中，国有博物馆占了 25 家，民办博物馆占了 2 家。也就是说，虽然国家出资建设的博物馆占据了 92%，但民间资本也开始注入，并具备一定规模，打破了博物馆原有“国有”一统天下的局面，呈现出全民研究中国大运河、关注大运河的现象，为中国大运河研究、保护、可持续利用打下了基础。

二是运河博物馆规模相对较小，遗址类博物馆呈上升趋势。在全国现有的运河博物馆当中，规模在 10000 平方米以上的只有聊城中国运河文化博物馆、杭州京杭大运河博物馆、淮安中国漕运博物馆、淮北中国隋唐大运河博物馆 4 家，郑州运河遗产博物馆还在建设当中，且属于在郑州市古荥汉代冶铁遗址博物馆基础上改扩建。其他运河博物馆规模均为几百至几千平方米不等。东平戴村坝博物馆、塘栖运河谷仓博物馆、大运河（长安闸）遗产展示馆、扬州大运河盐商文化展示馆、洛阳隋唐大运河博物馆等都是在运河遗址上依托运河遗存建立起来的，属于遗址类博物馆。

三是运河展览特色鲜明，展示手段丰富，文物种类繁多。在运河博物馆当中，由于主题突出，内容新颖，新建馆多，现代化展示手段运用丰富，展览大多较具特色，观众云集，社会效益明显。鉴于运河涉及政治、经济、文化、科技、民俗等方方面面，文物种类繁多，但由于博物馆隶属不一、规模不一、性质不一，精品文物所在博物馆数量悬殊。尽管如此，运河类专题博物馆、展示馆成为中国博物馆界最受观众欢迎的博物馆之一。

四是流动展览活跃，宣传效果明显，改变了博物馆以往等客上门的惯例。2018 年度，《通・融——中国大运河文化特展》《流动的文化——大运河文化带非遗大展》反响非同寻常，分别在中国大运河文化遗产带建设当中发挥了积极的作用。《通・融——中国大运河文化特展》还荣获 2018 年度中国博物馆十大精品陈列，《流动的文化——大运河文化带非遗大展》由北京市文化局牵头，大运河沿线八省市文化厅（局）共同在北京全国农业展览馆举办的“第四届京津冀非遗联展”上表现突出，观众如潮，盛况空前。展览从6月9日开始至6月13日，仅5天时间，观众就达13万人次。

五是运河研究机构增速明显，大部分运河学术型研究机构研究方向开始向服务地方运河保护、利用上转变。截至2018年度末，据不完全统计，中国共有运河研究机构34家，大学运河专业研究机构约占1/3，地方社科研究机构约占1/3，社会团体约占1/3。一年来，运河研究成果显著，特别是江苏在运河文化带建设智库方面成绩明显，浙江在国际性学术论坛、会议上动作频繁，影响颇大。

表1　运河博物馆、展览馆、主题馆调查

机构名称	所在市/县	场馆建筑面积（米²）	陈列展览面积（米²）	展览题目	展出或馆藏文物数量（件）	是否独立机构	隶属部门	成立时间	序号
张家湾博物馆	北京通州	2000		《运河古镇——张家湾》	100	否	张家湾镇政府	2018年9月	1
隋唐大运河古陶瓷馆	北京市朝阳区高碑店西店	1000		《漕遗古珍——隋唐大运河古陶瓷馆馆藏精品展》	500	否	丁仰振	2011年5月	2
西青区运河博物馆	天津西青					否	西青区文化局	在建	3
陈官屯运河文化博物馆	天津市静海区陈官屯镇	2900	1460	《运河史话》	1500（展出400）	否	陈官屯镇政府	2015年11月	4
故城运河文化展览馆	河北省故城城东运河西岸	300		《故城运河文化展》		否		2017年10月	5

续表

机构名称	所在市/县	场馆建筑面积（米^2）	陈列展览面积（米^2）	展览题目	展出或馆藏文物数量（件）	是否独立机构	隶属部门	成立时间	序号
码头镇运河记忆博物馆	河北省衡水市阜城县码头镇魏圈村	2400		《运河民俗展览》		否	码头镇魏圈村	2016 年 9 月	6
聊城中国运河文化博物馆	山东省聊城市东昌府区	18400	9400	《运河文化陈列》	12560	是	聊城市文广新局	2009 年 5 月	7
东平戴村坝博物馆	山东省东平县戴村坝景区	2500		《运河之心——戴村坝》	300	是	东平县水利局	2011 年 9 月	8
枣庄运河博物馆	山东省枣庄市台儿庄古城内	200		《运河文化展览》	40	否	台儿庄古城管委会	2010 年 5 月	9
杭州京杭大运河博物馆	浙江省杭州市拱墅区	10700	5000	《大运河文化展览》	1000 余件	是	拱墅区文广新局	2006 年 10 月	10
塘栖运河谷仓博物馆	浙江省杭州市余杭区塘栖镇乾隆御碑公园	16000	6500	《农耕文化和粮食文明陈列》	200	是	余杭区文广新局	2013 年 10 月	11
杭州运河手工艺活态展示馆	浙江省杭州市拱墅区小河路	3000		非物质文化遗产手工艺项目展示		否	杭州运河集团	2011 年 5 月	12
杭州塘栖广济桥运河遗产展示厅	浙江省杭州市余杭区塘栖镇水南街			《塘栖运河文化陈列》			余杭区文广新局	2013 年	13
长安运河文化（陶瓷）展示馆	浙江省海宁市长安镇	300		《运河陶瓷展》		否	许黎毅个人筹建	2017 年 6 月	14

续表

机构名称	所在市/县	场馆建筑面积（米^2）	陈列展览面积（米^2）	展览题目	展出或馆藏文物数量（件）	是否独立机构	隶属部门	成立时间	序号
大运河（长安闸）遗产展示馆	浙江省海宁市长安镇	996	800	《长安道上——大运河遗产长安闸陈列》			海宁市文化广电新闻出版局	2014年6月	15
嘉兴船文化博物馆	浙江省嘉兴市水西门外	1800		《船文化陈列》		是	嘉兴市文广新局	2003年10月	16
嘉兴运河文化展示馆	浙江省嘉兴市文生修道院	5600		《嘉兴运河文化展》		是	嘉兴市文广新局	2017年7月	17
淮安运河博物馆	江苏省淮安市清江浦区	6800		《淮安运河文化》		是	淮安市文广新局	2009年4月	18
中国漕运博物馆	江苏省淮安市淮安区	6300		《漕运文化展》		否	淮安市滁州区博物馆	2011年4月	19
大运河数字博物馆	江苏省无锡市南长街历史文化街区	2000		《天、水、人、奇陈列》		是	天朗控股集团	2014年6月	20
无锡运河文化艺术陈列馆	江苏省无锡市南长街历史文化街区		2250	《运河陈列》	71	是	无锡市文广新局	2017年9月	21
苏州大运河遗产展示馆	江苏省苏州规划展示馆内	800	600	《一条河，一座城》		是	苏州市文化广电和旅游局	2013年6月	22
中国大运河文化展示馆	江苏省扬州市广陵新城京杭国际会议中心二楼	855		《源远流长——中国大运河文化展》		否	扬州市文物局	2011年9月	23
扬州大运河盐商文化展示馆	江苏省扬州老城南河下汪鲁门故居	1500		《扬州盐商文化》		否	扬州市文物局	2018年12月	24

续表

机构名称	所在市/县	场馆建筑面积（米²）	陈列展览面积（米²）	展览题目	展出或馆藏文物数量（件）	是否独立机构	隶属部门	成立时间	序号
淮北中国隋唐大运河博物馆（淮北市博物馆）	安徽省淮北市相山区	10670	5000	《运河遗韵》	10000	是	淮北市文广新局	2004年9月	25
泗县大运河文化博物馆	安徽省泗县城内	3340		《隋唐大运河与泗县》		否	泗县城市建设投资有限公司	2018年12月	26
宿州汴河博物馆	安徽省宿州市新汴河景区	3570		《汴河春秋》		否	宿州新汴河景区管委会	2018年6月	27
洛阳隋唐大运河博物馆（山陕会馆）	河南省洛阳市老城区南关马市街	5000		《洛阳与大运河的关系》		是	洛阳市文物局	2014年4月	28
郑州运河遗产博物馆	惠济区古荥镇	10000				否	郑州市文物局	在建	29

表2 运河专题流动展览调查

临展名称	主办单位	展出文物数量	展览内容	展出地点	举办时间	序号
《通·融——中国大运河文化特展》	扬州市文物局	91套（170件）	从历史、城市、遗产三个方面，讲述了大运河的发展过程，展示了大运河与沿线城市的密切关系，呈现了大运河孕育出的灿烂文化	扬州、淮安、宿迁、海安、姜堰	2018年5～12月	1
《通州运河源远流长》	通州区文化委员会	图片200余件	发掘通州境内大运河文化、留住通州记忆	通州	2018年2月	2
《大运河北：河北省大运河文化展》	沧州博物馆		展览以京杭大运河的历史沿革与发展为主线，从中国大运河、河北大运河、沧州大运河三个截面，展现了中国京杭大运河的伟大历史成就	沧州	2018年10月	3

续表

临展名称	主办单位	展出文物数量	展览内容	展出地点	举办时间	序号
《流动的文化——大运河文化带非遗大展》	北京市文化局、天津市文化广播影视局、河北省文化厅	展示了大运河沿线包括河北省在内的8省市与大运河相关的具有地域文化特色的非遗代表性项目58项，近400件(组)作品	展览以"流动的文化"为主题，以"大运河上的文化传统"为主线，将非物质文化遗产优秀的"人(传承人)、艺(核心技艺)、品(经典作品)"作为重点展陈内容。同时与大运河文化带沿线各省市人文风物、自然环境相映衬，营造出大运河文化带非遗经典文化走廊景观	北京	2018年6月	4
《大运河文化主题展》	北京国际图书节组委会		展览以"穿越时空的大运河"数字影像展为核心，运用现代科技，将运河故事通过三维动画和二维场景地融合进行了完美呈现	北京	2018年8月	5

表3　运河研究机构调查

名称	所在省市	成立时间	序号
聊城大学运河学研究院	山东聊城	2012年6月	1
山东省运河经济文化研究中心	山东济南	2013年12月	2
济宁运河文化研究会	山东济宁	2014年11月	3
台儿庄区运河文化研究会	山东枣庄	2010年12月	4
德州市运河经济文化研究中心	山东德州		5
漳卫南运河水利经济研究会	山东德州	1984年8月	6
大运河文化带建设研究院	江苏南京	2018年4月	7
大运河文化带建设研究院徐州分院	江苏徐州	2018年8月	8
大运河文化带建设研究院苏州分院暨苏州大运河文化带建设研究院	江苏苏州	2018年11月	9
大运河文化带建设研究院淮安分院	江苏淮安	2018年8月	10
大运河文化带建设研究院扬州分院	江苏扬州	2018年11月	11

续表

名称	所在省市	成立时间	序号
常州市运河文化研究会	江苏常州	2018 年 12 月	12
拱墅区大运河文化研究院	浙江杭州	2018 年 2 月	13
宁波市大运河遗产保护研究专家工作室——谭徐明专家工作室	浙江宁波	2018 年 12 月	14
世界运河历史文化城市合作组织	江苏扬州	2009 年 9 月	15
中国大运河研究院	江苏扬州	2017 年 9 月	16
无锡市古运河研究会	江苏无锡		17
邳州市大运河文化研究会	江苏邳州		18
徐州大运河文化研究会	江苏徐州	2016 年 6 月	19
宿迁市古运河研究会	江苏宿迁	2001 年 3 月	20
淮阴师范学院运河与漕运文化研究中心	江苏淮安	2006 年 5 月	21
洛阳师范学院大运河研究院	河南洛阳		22
河南财经政法大学大运河研究院	河南郑州	2018 年 5 月	23
洛阳丝绸之路与大运河研究会	河南洛阳	2013 年 1 月	24
隋唐大运河古陶瓷文化研究会	河南商丘	2007 年 7 月	25
中国文物学会大运河专业委员会	北京	2013 年 6 月	26
中国大运河智库联盟	北京通州	2018 年 6 月	27
北京物资学院运河文化研究所	北京通州	2017 年 5 月	28
北京大运河文化带建设组	北京	2017 年 9 月	29
通州大运河文化研究会	北京通州	2018 年 6 月	30
中国地理信息产业协会大运河工作委员会	北京	2018 年 6 月	31
香河大运河文化研究会	河北香河		32
沧州大运河文化研究会	河北沧州	2018 年 2 月	33
景县运河文化研究会	河北景县	2017 年 11 月	34

水利、航运、环境篇

Water Conservancy, Shipping and Environment

B.12

京杭大运河沿线生态环境问题现状与对策

陈永金　邓焕广　王 岩　刘加珍*

摘　要： 当前，在气候等自然因素与人类活动的影响下，京杭大运河山东段遇到的水问题，除了水资源不足，还包括水污染及生态入侵等生态问题。京杭大运河（南水北调东线工程段）水质较差，2017 年鲁南运河段为Ⅳ类水，沿程湖泊较多为Ⅳ类、Ⅴ类轻度营养化状态；河湖沉积物中重金属污染也不容小觑。另外，在全球气候变暖的大背景下，南水北调东线工程的开通，钉螺存在随水流向北迁移扩散的可能性，且难以排除。钉螺如果在扩散地生存繁衍，就会导致血吸虫病疫区

* 陈永金，博士，聊城大学环境与规划学院副教授，研究方向为生态水文。邓焕广，博士，聊城大学环境与规划学院副教授，研究方向为环境地球化学。王岩，硕士，聊城大学环境与规划学院讲师，研究方向为水环境与健康。刘加珍，博士，聊城大学环境与规划学院教授，研究方向为陆面生态过程。

北移，这关系到输水区和受水区的生态系统安全。这些问题对人类健康、生活与社会发展乃至生态文明建设将产生重要影响。因此，针对水质外源污染组成提出优化产业格局、完善管网配套、水产养殖的控制、船舶污水的控制等对策；针对污染内源种类提出水生生物的收集与清除、污染物的固定与沉积物的清淤；针对钉螺生活策略提出改变“冬陆夏水”或“干湿交替”的生态条件，加强对黄河以南的破损河道、未固化河道及湖泊沼泽地带的螺情监测。

关键词： 京杭大运河　生态环境　水环境　生物入侵

社会经济的快速发展，加之全球气候变暖，华北平原尤其是山东西部京杭大运河沿线水资源匮乏、水生态问题凸显。在水量方面，人均水资源量达到历史最低水平，在水质方面，河、湖、库、塘水质污染需要继续改善，河湖沉积物重金属污染与生态入侵问题将进一步加剧社会经济发展与人类健康生活的瓶颈效应。因此，京杭大运河沿线生态环境问题与对策的研究不容忽视。

一　京杭大运河及其沿程水化学环境质量状况

京杭大运河纵贯中国南北，是中国重要的一条南北水上干线，连通了众多的河流和湖泊水体。由于各区域排污状况和环境背景的差异，运河及其沿程主要水体的水环境质量有较大的时空差异。近年来，随着环境管理工作的加强，运河及其沿程水体的水环境质量有了较大的改观和提升，但仍存在不同程度的水体富营养化加重、沉积物污染严重等问题。因此，基于历年国家环境质量公报和相关文献研究的报道，对京杭大运河干流水体及沿程主要水体的水质和沉积物质量状况进行了总结分析，梳理出主要的污染源，并据此提出相应的防治对策和措施。

（一）大运河干流水质状况

南水北调东线工程主要利用京杭大运河来输水，连通了高邮湖、洪泽湖、骆马湖、南四湖、东平湖，并将其作为调蓄水库，因此京杭运河干流水体的水环境质量可以通过南水北调东线工程的水环境质量状况来表示。

在21世纪初，中国京杭运河（南水北调东线工程段）水质较差，污染严重，Ⅴ类水和劣Ⅴ类水占到60%以上，随后呈现持续好转的变化趋势，劣Ⅴ类水从2002年占50%，到2007~2011年仅占10%，至2011年后彻底消除了Ⅴ类水和劣Ⅴ类水，水质有了明显的改观；在水质改善过程中Ⅰ~Ⅲ类水所占比重持续升高，Ⅳ~Ⅴ类水所占比重持续降低；在此期间水体主要污染物是生化需氧量、氨氮、高锰酸盐指数；2012年除梁济运河段水质为Ⅳ类水外，里运河段、宝应运河段、宿迁运河段、鲁南运河段、韩庄运河段水质均为Ⅲ类水，水环境质量状况良好；2013~2016年，京杭运河以上各河段水质均为Ⅲ类水，水环境质量状况良好；但在2017年鲁南运河段水环境质量又出现了下降，转变成Ⅳ类水。

表1　历年中国京杭运河（南水北调东线工程段）水质状况

<table>
<tr><th rowspan="2">年份</th><th colspan="5">断面水质状况</th><th rowspan="2">主要污染物</th></tr>
<tr><th>总数</th><th>Ⅲ类水及以上(比例)</th><th>Ⅳ类水(比例)</th><th>Ⅴ类水(比例)</th><th>劣Ⅴ类水(比例)</th></tr>
<tr><td>2001</td><td>13</td><td>3(23.1%)</td><td>2(15.4%)</td><td>5(38.4%)</td><td>3(23.1%)</td><td rowspan="2">生化需氧量、氨氮、高锰酸盐指数</td></tr>
<tr><td>2002</td><td>12</td><td>4(33.3%)</td><td>3(25%)</td><td>2(16.7%)</td><td>6(50%)</td></tr>
<tr><td>2003</td><td>49</td><td colspan="4">15个达标</td><td>—</td></tr>
<tr><td>2004</td><td>—</td><td colspan="4">江苏57%、山东38%达标</td><td>高锰酸盐指数、总磷</td></tr>
<tr><td>2006</td><td>10</td><td colspan="4">Ⅱ~Ⅲ类水占30%、Ⅳ~Ⅴ类水占40%、劣Ⅴ类水占30%</td><td rowspan="6">生化需氧量、氨氮、高锰酸盐指数</td></tr>
<tr><td>2007</td><td>10</td><td colspan="4">Ⅱ~Ⅲ类水占50%、Ⅳ~Ⅴ类水占40%、劣Ⅴ类水占10%</td></tr>
<tr><td>2008</td><td>10</td><td colspan="4">Ⅰ~Ⅲ类水占40%、Ⅳ~Ⅴ类水占50%、劣Ⅴ类水占10%</td></tr>
<tr><td>2009</td><td>10</td><td colspan="4">Ⅰ~Ⅲ类水占40%、Ⅳ~Ⅴ类水占50%、劣Ⅴ类水占10%</td></tr>
<tr><td>2010</td><td>10</td><td colspan="4">Ⅰ~Ⅲ类水占60%、Ⅳ~Ⅴ类水占30%、劣Ⅴ类水占10%</td></tr>
<tr><td>2011</td><td>10</td><td colspan="4">Ⅰ~Ⅲ类水占60%、Ⅳ~Ⅴ类水占30%、劣Ⅴ类水占10%</td></tr>
</table>

续表

年份	断面水质状况					主要污染物
	总数	Ⅲ类水及以上（比例）	Ⅳ类水（比例）	Ⅴ类水（比例）	劣Ⅴ类水（比例）	
2012	—	京杭运河里运河段、宝应运河段、宿迁运河段、鲁南运河段和韩庄运河段均为Ⅲ类水质；梁济运河段为Ⅳ类水质				—
2013～2016	—	京杭运河里运河段、宝应运河段、宿迁运河段、鲁南运河段、韩庄运河段和梁济运河段水质均为Ⅲ类水				—
2017	—	京杭运河里运河段、宝应运河段、宿迁运河段、韩庄运河段和梁济运河段水质均为Ⅲ类水；鲁南运河段为Ⅳ类水质				—

注："—"指数据或项目缺失。

（二）运河干流沿程湖泊的水质状况

京杭运河连通了太湖、南四湖、高邮湖、洪泽湖、骆马湖和东平湖等多个重要的湖泊水体。其中污染较为严重的是太湖、南四湖和洪泽湖，同时这三个湖泊也是富营养化较严重的水体。

太湖在2001～2010年，水质均为劣Ⅴ类，处于轻度—中度富营养化水平，其中2003～2007年均为中度富营养化，主要污染物为总磷和总氮；2011年，太湖水体水质转变成Ⅳ类水质后保持至今，富营养化水平均为轻度富营养化，主要污染物则为化学需氧量和总磷。

南四湖在2001～2009年，水质均为劣Ⅴ类，富营养化水平除2008～2009年为中度富营养化外，其余均为轻度富营养化，主要污染物为总氮和总磷；2010～2012年为Ⅳ类水，处于轻度富营养化水平；2013～2016年水质达到Ⅲ类水质中度富营养化水平；但在2017年又出现反复，水质再次下降为Ⅴ类水，但仍处于轻度富营养化水平。

洪泽湖在2013～2017年为Ⅳ～Ⅴ类水，其中2013年和2017年为Ⅴ类水，营养化水平均为轻度富营养化。高邮湖2014～2016年水质持续好转，分别为Ⅴ、Ⅳ和Ⅲ类水，但2017年水质发生恶化为Ⅳ类水，但富营养化水平均为轻度富营养化。东平湖和骆马湖2012～2016年均为Ⅲ类水质，且均为中度富营养化水平，而2017年东平湖水质转变为Ⅳ类水、轻度富营养化水平，骆马湖水质未发生明显改变。

表 2　历年京杭运河沿程重要湖泊水质状况

年份	湖泊	水质类别	富营养化水平	主要污染物
2001	太湖	Ⅲ类水、Ⅳ类、Ⅴ类和劣Ⅴ类分别为5%、35%、5%和55%	轻度	总磷、总氮
2001	南四湖	劣Ⅴ类	—	—
2002	太湖	无Ⅰ～Ⅲ类水,Ⅳ类、Ⅴ类和劣Ⅴ类分别为14.3%、14.3%和71.4%	轻度	生化需氧量、氨氮、总磷
2002	南四湖	劣Ⅴ类	轻度	总氮、总磷
2003	太湖	劣Ⅴ类	中度	总氮
2003	南四湖	劣Ⅴ类	轻度	总氮、总磷
2004	太湖	劣Ⅴ类	中度	总氮
2004	南四湖	Ⅴ类	轻度	高锰酸盐指数、总磷、总氮
2005	太湖	劣Ⅴ类	中度	总氮
2005	南四湖	劣Ⅴ类	轻度	总氮
2006	太湖	劣Ⅴ类	中度	总氮
2006	南四湖	劣Ⅴ类	轻度	总氮、总磷、石油类
2007	太湖	劣Ⅴ类	中度	总氮、总磷
2007	南四湖	劣Ⅴ类	轻度	总氮、总磷、石油类
2008	太湖	劣Ⅴ类	轻度	总氮、总磷
2008	南四湖	劣Ⅴ类	中度	总氮、总磷、石油类
2009	太湖	劣Ⅴ类	轻度	总氮、总磷
2009	南四湖	劣Ⅴ类	中度	总氮、总磷、石油类
2010	太湖	劣Ⅴ类	轻度	总氮、总磷
2010	南四湖	Ⅴ类	轻度	总磷
2011	太湖	Ⅳ类	轻度	化学需氧量、总磷
2011	南四湖	Ⅴ类	轻度	总磷、氨氮、化学需氧量
2012	太湖	Ⅳ类	轻度	化学需氧量、总磷
2012	南四湖	Ⅳ类	轻度	总磷、化学需氧量
2012	高邮湖	Ⅳ类	轻度	—
2012	骆马湖、东平湖	Ⅲ类	中营养	—
2013	太湖	Ⅳ类	轻度	总磷、化学需氧量
2013	洪泽湖	Ⅴ类	轻度	总磷
2013	骆马湖、南四湖、东平湖	Ⅲ类	中营养	—

续表

年份	湖泊	水质类别	富营养化水平	主要污染物
2014	太湖	Ⅳ类	轻度	化学需氧量、总磷
	洪泽湖	Ⅳ类	轻度	—
	高邮湖	Ⅳ类	轻度	—
	南四湖、东平湖、骆马湖	Ⅲ类	中营养	—
2015	太湖	Ⅳ类	轻度	化学需氧量、总磷
	洪泽湖	Ⅳ类	轻度	—
	高邮湖	Ⅲ类	轻度	—
	南四湖、东平湖、骆马湖	Ⅲ类	中营养	—
2016	太湖	Ⅳ类	轻度	总磷
	洪泽湖	Ⅳ类	轻度	—
	高邮湖	Ⅲ类	轻度	—
	南四湖、东平湖、骆马湖	Ⅲ类	中营养	—
2017	太湖	Ⅳ类	轻度	总磷
	洪泽湖	Ⅴ类	轻度	—
	高邮湖、南四湖、东平湖	Ⅳ类	轻度	—
	骆马湖	Ⅲ类	中营养	—

注："—"指数据或项目缺失。

（三）大运河干流及湖泊的沉积物状况

沉积物作为水体的重要组成部分，其环境质量状况可以通过多种途径影响上覆水体的质量，因此阐明水体沉积物环境质量状况具有重要意义，同时由于沉积物性质相对比较稳定，其中污染物含量也能够体现上覆水污染的状况和过程；但由于区域性环境条件和污染源的不同，沉积物中累积的污染物水平和生态风险存在差异。

在京杭大运河苏州段，沉积物中重金属为低生态风险等级，Hg 和 Cd 为主要的生态风险因子，城区老运河段重金属生态风险指数最高。在镇江段，古运河河岸沉积物中 Cr、Cu、Zn、As、Pb 和 Cd 元素的平均含量分别为

45.07 毫克/千克、41.70 毫克/千克、254.06 毫克/千克、19.67 毫克/千克、45.88 毫克/千克、0.75 毫克/千克，其中 Cu、Zn、Pb、As 超过国家土壤环境质量标准一级标准，而 Cd 超过二级标准，Cr、Cu、Zn、Pb 均为轻微生态危害程度，As 和 Cd 处于中等生态危害程度。古运河镇江电力路桥段沉积物重金属污染物主要为 Pb 和 Cd，平均值分别为 263 毫克/千克和 20 毫克/千克；南水桥段沉积物重金属污染物则主要为 Cd 和 As，平均值分别为 17 毫克/千克和 132 毫克/千克；电力路桥段底泥中 Pb、Cd、As 和南水桥段底泥中 Cu、Pb、As 的污染主要来自人为排放，且来自同一污染源。在台儿庄段，沉积物中 Be 含量为 0.73～1.58 毫克/千克，平均含量为 1.00 毫克/千克，高值出现在枣庄市台儿庄区以及微山湖的入湖口附近，可能受到当地冶金、化石燃料的燃烧、交通运输等人类活动的影响；在各形态 Be 中，由人类活动导致的可交换态与碳酸盐结合态，占 Be 总量的 4.1%～44.7%，平均为 20.2%，其迁移性及生物可利用性较大，风险较大。

在南运河段，沉积物中重金属含量总体上处于较低水平，但上游沉积物中 As 和 Cd 浓度较高，是南运河需要优先控制的重金属污染物。在北运河段，沉积物中 Cd 含量为 0.03～0.80 毫克/千克，平均为 0.35 毫克/千克；Zn 含量为 23.68～224.12 毫克/千克，平均为 103.09 毫克/千克，城镇型河段比农村型河段沉积物中含量高，Cu、Pb 和 Zn 呈现由沉积物底层向表层逐渐增加的趋势，这表明这几类重金属含量逐年增加，并在沉积物中累积；而 Cd、Cr 和 Ni 在不同类型河段沉积物中含量变化不大，说明其输入来源较为稳定。

太湖表层沉积物中重金属元素平均含量大小排序为：Zn > Cr > Pb > Ni > Cu > Cd，均超过当地区域环境背景值，且 Cd、Cu、Pb 和 Zn 受电镀、冶炼工业生产及农业活动中化肥使用的影响较大。

在南四湖表层沉积物中，Be 和 Sb 的平均含量比环境背景值略高，而 Tl 含量则比环境背景值低。残渣态 Be、Sb、Tl 的占比分别超过 65%、70% 和 84%，同时酸可溶态的百分含量很低，迁移性与生物可利用性不强；南四湖表层沉积物中 Be、Sb、Tl 的富集程度较低，生态危害性比较小；Be、Sb、Tl 都以自然来源为主、人类活动来源为辅，并且 Sb 的人类活动来源与 Be

和 Tl 明显不同，可能主要是大气沉降。南四湖还受到一定程度的汞污染，表层沉积物中总 Hg 含量为 0.046 毫克/千克，明显高于环境背景值，独山湖区和昭阳湖区非残渣态汞含量较低，而南阳湖区和微山湖区相对较高。除 Cd 外，南四湖河口区沉积物 Cu、Pb、Cr、Hg 含量较湖心区高，泗河为南阳湖区重金属污染物的来源之一；河口区与湖心区沉积物受 Hg 及 Cd 污染较重，而 Pb、Cu、Cr 污染较轻。

东平湖沉积物中 Cd、Cr、Cu、Ni、Pb、Zn、Hg 和 As 的平均含量分别为 0.299 毫克/千克、78.7 毫克/千克、43.8 毫克/千克、37.3 毫克/千克、22.4 毫克/千克、100.0 毫克/千克、0.030 毫克/千克和 17.3 毫克/千克，Cd、Cu 和 Zn 表现为中度污染，而其他重金属元素为轻微污染；Cd、Cr、Cu、Ni、Pb 和 Zn 的来源受到自然源和大汶河污染输入的双重影响，而 Hg 和 As 可能还来源于湖区的渔业养殖、化肥农药、垃圾和生活污水等面源污染。

二　南水北调东线工程对血吸虫病传播的影响

在中国，血吸虫病目前流行于长江流域及以南的 12 个省（自治区、直辖市），它严重影响了经济发展和人民身体健康。对于修建大型水利工程导致的血吸虫病流行区扩大，以及流行程度加重，国内外均有报道。目前南水北调东线工程已开通运行，这势必为物种的传播提供新的途径。南水北调东线工程南端取水口在江都市，输水干渠途经的高邮、宝应等县，都有钉螺滋生。因此，在南水北调东线工程的实施过程中，钉螺就有可能随水流向北迁移扩散。更重要的是，钉螺如果在扩散地生存繁衍，就会导致血吸虫病疫区北移，这关系到输水区和受水区生态系统安全和亿万群众的身体健康。

（一）适宜环境条件下的血吸虫有效积温

表 3 为适宜地理环境条件下的血吸虫有效积温（*GDD1*）的计算结果。这部分传播指数表示的是环境温度大于 18℃时，血吸虫在钉螺体内生长发育的温度和天数的乘积。

表 3　山东省 17 地市 *GDD*1 计算结果

地市	滨州	聊城	德州	泰安	青岛	济南	威海	烟台	东营
*GDD*1 值	610. 7	620. 0	632. 4	718. 1	854. 9	858. 9	866. 9	878. 6	896. 9
地市	日照	潍坊	莱芜	淄博	菏泽	济宁	临沂	枣庄	
*GDD*1 值	940. 7	964. 3	1008. 2	1046. 2	1055. 4	1092. 7	1103. 2	1170. 5	

（二）一定湿度条件下虫体逸出螺体向外扩散传播

表 4 为 *GDD*2 的计算结果。这部分传播指数表明当降雨量超过了蒸发量和地表 25 毫米土层吸水能力土壤表面出现积水时，虫体可以逸出螺体向外扩散传播。因此，这部分是 *GDD*1 的补充，表示血吸虫不仅可以完成在钉螺体内的发育成熟变成尾蚴，而且可以逸出螺体向外扩散，对牲畜和人进行感染，为血吸虫繁衍后代提供虫卵，从而使血吸虫得以一直循环生存下来。

表 4　山东省 17 个地市 *GDD*2 计算结果

地市	聊城	德州	青岛	东营	潍坊	烟台	菏泽	威海	淄博
*GDD*2 值	178. 3	453. 4	504. 0	512. 8	527. 5	545. 8	570. 8	613. 4	663. 6
地市	滨州	济宁	莱芜	泰安	日照	济南	枣庄	临沂	
*GDD*2 值	685. 2	758. 6	807. 0	935. 5	993. 8	1069. 5	1188. 3	1482. 4	

（三）极端气温下钉螺存活率结果

预测显示，2035 年山东省内平均各月最高气温均没有达到 36℃（即钉螺越夏致死的最低气温）。因此可以忽略平均各月最高气温对钉螺的致死影响，只考虑极端最低气温的影响。表 5 为月平均最低气温下钉螺存活率的计算结果。

表 5　山东省 17 个地市钉螺存活率预测结果

地市	滨州	潍坊	德州	泰安	莱芜	淄博	聊城	东营	济宁
存活率(%)	1. 11	2. 24	3. 14	3. 14	3. 14	3. 14	9. 42	11. 80	19. 68
地市	菏泽	临沂	烟台	济南	威海	日照	枣庄	青岛	
存活率(%)	36. 76	36. 77	61. 40	71. 24	73. 72	76. 57	81. 17	82. 54	

RAMI 计算结果与传播强度的等级划分：采用了公式计算再改良 Malone 血吸虫传播指数，再对传播指数进行空间分级，每个传播强度等级对应不同的血吸虫传播指数范围。表 6 为传播指数强度等级，表 7 为 *RAMI* 计算结果及传播强度分级。

表 6　血吸虫传播指数强度分级

传播强度等级	非常高	高	中等	低	很低	没有血吸虫
传播指数范围	>4500	2000 ~ 4500	900 ~ 2000	500 ~ 900	10 ~ 500	<10

表 7　*RAMI* 计算结果及传播强度分级

地市	滨州	潍坊	德州	泰安	淄博	莱芜	聊城	东营	济宁
RAMI 值	14. 38	33. 42	34. 09	51. 92	53. 69	57. 00	75. 20	166. 35	364. 34
传播强度	很低	很低	很低	很低	很低	很低	很低	很低	很低
地市	菏泽	烟台	临沂	威海	青岛	济南	日照	枣庄	
RAMI 值	597. 79	874. 59	950. 74	1091. 32	1121. 73	1373. 81	1481. 28	1914. 59	
传播强度	低	低	中等	中等	中等	中等	中等	中等	

（四）血吸虫传播指数模型的预测

通过“再改良 Malone 血吸虫传播指数模型”的预测，山东省 17 个地市到 2035 年可分成 3 个等级。山东省南部的枣庄和临沂，中部的济南，东部的威海、青岛和日照，传播强度为中等。此外，烟台的传播强度虽然为低，但传播指数达到 874. 59，传播强度趋近中等。这些城市冬季气温普遍偏高，导致钉螺越冬存活率很高。位于内陆的枣庄、临沂和济南，全年平均气温比其他地市高，更适合血吸虫在钉螺体内的生长发育，因此 *GDD*1 值较高；在血吸虫病流行季节（温度较高季节）降雨量充沛，导致虫体逸出螺体向外扩散传播的条件好，因此 *GDD*2 值较高。虽然沿海城市在夏季月均温度较低，但钉螺越冬的存活率很高。

山东省中部的济宁、菏泽、泰安、莱芜、淄博、东营、滨州和潍坊，传播强度低或很低。这些城市 *GDD*1 和 *GDD*2 的总和虽然与沿海城市相当，但受冬季低温影响，钉螺的越冬存活率却很低，因此最终传播指数较小。

山东省西部的聊城和德州，传播强度很低。它们的全年平均气温比其他城市低，导致 *GDD*1 值较低；而且，在血吸虫病流行季节的部分月份降雨量低于蒸发量，因此虫体逸出螺体向外扩散传播条件差，导致 *GDD*2 值较低，尤其是聊城；这两市的冬季温度偏低，钉螺的越冬存活率几乎为 0，传播指数很小。

可以看出，*GDD*1 部分可以直接控制大范围内血吸虫空间传播的地理空间分异，基本可以对流行程度进行区分。*GDD*2 部分则把研究区域的传播指数整体上增大了；加上极端最低气温对钉螺存活率的影响，最后将血吸虫传播强度的空间差异拉大了。

应用此模型的计算结果表明，有很多传播指数高值区的血吸虫病疫情并不严重，说明模型本身存在一些缺陷：（1）还有很多与血吸虫流行传播有关的因子没有被考虑进来，比如水陆交替区域的面积大小、独特的地貌条件、特殊的植物种群、卫生设施条件、预防意识和控制措施等。（2）目前研究区域的月平均最高气温还构不成对钉螺生存的威胁，如果用日气温数据，就一定会对钉螺的数量构成影响。山东地区在夏季气温达到 36℃以上的时间并不少见，并会持续一段时间，加上白天极端最高地温一般要比极端最高气温稍高一些，所以考虑极端高温对钉螺生存的影响，无疑将使预测模型更为完善准确。（3）模型 *GDD*2 部分表示当降雨量超过了蒸发量及 25 毫米土表吸水能力，土壤表面出现积水时，血吸虫虫体可以逸出钉螺向外扩散传播。这是一个过于简化的设定，现实中不同土壤类型其 25 毫米的土表吸水能力相差很大，因此修改模型并辅以土壤类型和土壤质地数据，预测准确性可以得到进一步提高。（4）模型只考虑了降雨量和蒸发量对螺体内血吸虫发育和传播的影响，而未考虑血吸虫生长发育有效温度期之前地面已有积水的影响。事实上，血吸虫中间宿主钉螺栖息地是一个水陆交替的过渡带，血吸虫跟着钉螺可以随水位的涨落在土壤剖面进行上下或水平迁移，并集中在地表环境相对潮湿的地方，即使有一定蒸发量大于降雨量的时间段，血吸虫也会随钉螺一起适应环境，正常地发育与传播。如果要提高模型模拟的精确性，需要考虑更多的细节信息，更多的参数进入模型，问题在于人们对细节信息与参数控制的能力有限，因此模型预测的结果有可能出现偏差。

三　京杭大运河沿线水环境及居民健康的防治对策

（一）外源组成与外源控制防治对策

污染物进入京杭大运河干流水体及沿程湖泊的外来途径主要有：（1）外来河流输送；（2）工业废水排放；（3）农业面源污染；（4）生活污水及地表径流；（5）水产养殖中饵料投放；（6）船舶污水排放。在当前工业点源得到有效治理的情况下，面源污染已经成为主要污染源；外来河流输送主要是指河流流域内污水汇集，通过支流汇入京杭大运河干流水体；农业面源主要为干流水体沿程水土流失和养分的流失；生活污水及地表径流主要是指没有集中进行污水收集和降雨形成径流部分，直接进入京杭大运河；水产养殖污染主要是指在京杭大运河沿程水体中部分区域进行人工养殖的过程中，人为投放的不能被生物充分利用的饵料对水体造成的污染。

基于运河污染物的主要外部来源，提出了相应的控制对策。

1. 实施清水工程

对来水的各支流河流的污染进行治理，严格监控水质，避免污染河水进入运河及其沿程水体。对运河水质影响较大的河流采取综合整治，可考虑采取河道曝气增氧技术、生态浮床技术、原位生态复合填料技术等工程措施，并可在各河流入运河口处建设人工湿地，增加水体的自净能力；另外，对污染较为严重的河道，通过建设闸坝调控的方式，使其相对独立起来，进而对内部的水体进行治理。

对于已经受到污染的运河段水体，还可采用引配水工程引入优质水源对运河水质的改善，可起到立竿见影的效果，同时还可以有效增加运河及周边河网的水体流动，增加水体自净能力。

2. 优化产业格局、完善管网配套

针对大运河干流沿线及沿线重要水体的工业污染实施重点整治，以贯彻落实新环保法为抓手，布局网格化监管，推进行业整治、沿河城市和工业园区的清理提升、化工印染电镀等重污染企业关闭搬迁等措施，同时对涉重金属企业污染防治，实施钢铁、水泥、火电行业限期治理，优化运河沿线的产业格局，保护运河水环境。将京杭运河沿程城市和工业区污水接管作为实施城区管网建设的重点任务，同时进行雨污分流和管网改造，降低工业污水、生活污水以及地表径流污水的汇入。

3. 农业面源污染控制

加强宣传教育，提高农业区群众的思想水平，从源头上控制农药和化肥的使用，实施河流缓冲带面源削减工程，建设各种生态绿地，从雨水径流量、雨水污染程度两方面削减排入运河的面源污染量；在典型农业区域建设人工湿地等自然处理设施，降低污染物的入河量。

4. 水产养殖的控制

在水产养殖区，实行生态放养，控制饵料的投放，降低污染物随饵料的输入。

5. 船舶污水的控制

京杭运河大部分河段还在作为通航河道使用，这会导致大量船舶污水的排放。船舶污水主要分生活污水和船舶运行产生的含油废水，其中生活污水组成较简单，主要来源于卫生间、厨房、洗衣房等。生活污水不仅含有有机物和矿物质，而且含有大量的细菌、寄生虫，有时还含有危害人体及水生物的病毒，一般含水量较少。虽然，目前航行于运河沿线的机动船舶已基本按要求配备了油水分离设备，对船舶产生的含油废水进行处理后排放，但由于船舶油水分离器性能欠佳，设备使用情况较差，同时部分港口仍未配备含油污水的接收处理设施，夜间或港外偷排现象仍然时有发生。因此，需要严格要求过往船只配备并使用油水分离器，同时在生活污水处理站要增加陆地油水分离设施，分离后污水进入生活污水处理系统进行处理。

对运河岸线码头资源进行撤并整合、搬迁改造，拆除规模较小、污染重的码头，对港口码头的生产生活污水进行收集处理，杜绝污水直接排入运河；在港口码头前沿设置护轮坎（挡水混凝土坎），避免码头冲洗水或降雨时污水直接排入河流，造成河道污染。

（二）内源种类与内源控制防治对策

京杭大运河污染物的内源主要有两个途径：（1）水体内生物的衰亡腐烂；（2）水体沉积物污染物的释放。

水体中生物衰亡后会释放出大量的营养物质和重金属物质，导致上覆水体理化性质的变化和水质恶化，同时还会促进沉积物中污染物向上覆水的释放。

当上覆水体条件发生改变时，沉积物内积累的污染物可通过沉积物－水界面进入上覆水，导致“二次污染”。潘晨等发现，京杭大运河常州段沉积物全年向上覆水释放 NH_4^+-N，平均释放通量为平水期［182.3 毫克/（米^2·天)］>丰水期［94.0 毫克/（米^2·天)］>枯水期［29.5 毫克/（米^2·天)］，底泥污染严重的区域释放通量较高。王改等也发现，扬州段沉积物向上覆水中释放 NH_4^+-N、PO_4^{3-}、铁和锰，平均释放强度变化范围分别为 123.14～445.68 毫克/（米^2·天)、13.50～32.45 毫克/（米^2·天)、25.20～198.47 毫克/（米^2·天)、19.97～25.02 毫克/（米^2·天)；上覆水 DO 浓度越低，污染物释放强度越大；上覆水污染物浓度越小，污染物（除铁外）释放强度越大；在 DO<5 毫克/升条件下，释放 NH_4^+-N；而在 DO<1毫克/升条件下，释放 PO_4^{3-}、铁和锰。

根据京杭大运河内源的情况，应该采用以下措施进行。

（1）水生生物的收集与清除。按照生物生长周期，在一定季节对其进行收集，将其带离水体，降低其在衰亡过程中对环境的影响；此外，部分生物还具有一定的经济价值，能够带来一定的经济效益。

（2）污染物的固定与沉积物的清淤。向水体中投放化学试剂，使沉积物中污染物转化成为不易释放的形态。而清淤则是最为彻底的内源控制对策。在清淤过程中，将沉积的污泥清除，使污染物彻底从水体中脱离。运河沉积物中蕴含的污染物释放潜力不高，不属于重污染底泥类型。因此，可以考虑暂时不开展单独的底泥环保疏浚工程，而将底泥污染控制与正在进行的航道疏浚工作结合起来，相对经济地实现底泥污染控制目标。

（三）钉螺入侵预警机制与防范对策

要控制血吸虫病将来在山东省的传播，控制源头的钉螺输入是防止疫情扩散的关键。因此，南水北调过程中要尽量提高水位，让大部分有螺河滩以及钉螺密度高、处理难度大的复杂环境处于水面以下，改变“冬陆夏水”或“干湿交替”的生态条件，使之不利于钉螺的生长繁殖；还要加强对黄河以南的破损河道、未固化河道及湖泊沼泽地带的螺情监测，以及在潜在流行区域及时开展人群血吸虫病预防知识的宣传教育及流行病学调查。同时建议分析自然环境的改变对钉螺滋生的影响，开展钉螺的生态学研究，以阐明钉螺滋生潜在的流行性。钉螺经过漫长历史年代的自然选择，是否能够逐渐进化为适宜北方自然环境的耐寒种株，可以做进一步研究。

参考文献

国家生态环境部：《中国环境质量公报》（2001—2017）。

王亚超、薛媛媛、徐恒省：《近十年京杭运河苏州段底泥重金属生态风险分析》，《环境监测管理与技术》2013 年第 5 期。

储金宇、张金萍、周晓红等：《镇江市古运河河岸沉积物重金属分布特征及潜在生态风险评价》，《环境化学》2015 年第 3 期。

陈志刚、卫安平、周晓红等：《古运河镇江城区段沉积物重金属分布特征及危险评价》，《工业安全与环保》2013 年第 4 期。

袁雅妮、袁艳丽、庄文等：《台儿庄运河表层沉积物中铍的赋存形态特征与生态风险》，《枣庄学院学报》2017 年第 2 期。

郭晓、李国良、陈求稳等：《南运河重金属污染状况及生态风险评价》，《生态毒理学报》2015 年第 6 期。

单保庆、菅宇翔、张洪：《北运河下游沉积物中重金属污染特征及评价》，《安全与环境学报》2011 年第 6 期。

王茜、刘永侠、庄文等：《南四湖表层沉积物中铍、锑、铊的地球化学特征与环境风险》，《环境科学学报》2018 年第 5 期。

曹霏霏、杨丽原、庞绪贵等：《山东南四湖沉积物中汞的污染现状及迁移研究》，《环境科学》2015 年第 5 期。

张智慧、李宝、梁仁君：《南四湖南阳湖区河口与湖心沉积物重金属形态对比研究》，《环境科学学报》2015 年第 5 期。

张菊、何振芳、董杰等：《东平湖表层沉积物重金属的空间分布及污染评价》，《生态环境学报》2016 年第 10 期。

周晓农、杨国静、孙乐平等：《全球气候变暖对血吸虫病传播的潜在影响》，《中华流行病学杂志》2002 年第 2 期。

李伟、高金彬、郑波等：《南水北调东线工程里运河宝应段和高邮段钉螺监测》，《中国血吸虫病防治杂志》2011 年第 4 期。

汪伟、梁幼生、戴建荣等：《南水北调工程对日本血吸虫中间宿主湖北钉螺（Oncomelania hupensis）分布的影响》，《生态学报》2008 年第 9 期。

缪峰、温培娥、赵中平等：《南水北调山东受水区钉螺生存能力的研究》，《中国热带医学》2003 年第 3 期。

万一、黄永生、王晖：《南水北调东线工程调蓄湖泊湿地环境影响评价及保护措施》，《环境科学研究》2003 年第 4 期。

戴成华、吴海霞、张洪荣：《京杭运河（杭州城区段）水环境现状及整治措施》，《中国给水排水》2014 年第 9 期。

薛庆云、杨艳艳、丁新峰：《三堡口门引配水工程对运河杭州段水环境影响分析》，《浙江水利科技》2018 年第 2 期。

林雪原、荆延德：《山东省南四湖流域农业面源污染评价及分类控制》，《生态学杂志》2014 年第 12 期。

杨国华、张瑾明：《关于京杭运河山东段水污染防治对策研究》，《中国水运》（下半月）2012 年第 6 期。

陆森森、张翔、徐圃青：《京杭运河常州段水环境保护成效评价及实施建议》，《环境保护与循环经济》2017 年第 12 期。

皇甫全欢、王道虎、谢亚军：《南水北调东线淮安段里运河输水水质风险控制机制研究与应用》，《水资源开发与管理》2017 年第 11 期。

张菊、邓焕广、吴爱琴等：《东平湖菹草腐烂分解及其对水环境的影响》，《环境科学学报》2013 年第 9 期。

潘晨、陶玉炎、耿金菊等：《京杭运河常州段泥水界面无机氮交换过程模拟研究》，《环境监控与预警》2013 年第 3 期。

王改、黄延林、周真明等：《扬州古运河沉积物污染物释放强度与特征研究》，《环境污染与防治》2012 年第 11 期。

B.13

北方运河通航的可行性分析

买又红　王振波*

摘　要： 京杭大运河自古以来都是以“运”为主，由“运”而衍生出政治、军事、经济、文化、航运、水利等需求。现运河南段的江浙段运河“黄金水道”发挥出了“黄金效益”，促进了沿河流域地区经济社会的快速发展和生态平衡。然而，具有“黄金价值”的运河北段还在华北大地上沉睡，致使这条经济命脉难以充分发挥其贯通南北的作用。实地调研和综合评价表明，京杭大运河黄河以北段复航，在生态、经济、社会、文化、政治等各方面均具有必要性；在对水源以及穿黄工程等关键问题研究的基础上发现，京杭大运河黄河以北段复航具有可行性。

关键词： 京杭大运河　黄河以北段　复航

京杭大运河历经漫长的2500年之后，形成了以黄河为界的南北运河。京杭大运河黄河以北段（即北方运河）从20世纪70年代起就全部断航，黄河以南段河段却依旧显示出巨大的通航能力，从20世纪起不断地完善航道等级标准。两段运河体现的航运、社会价值截然不同。运河黄河以北段河床依旧，航道严重缺水，荒废在华北大地上，致使这条经济命脉难以充分发

* 买又红，原交通运输部水运科学研究院研究员。王振波，地理学博士，中国科学院地理科学与资源研究所副研究员。

挥其贯通南北的作用；运河黄河以南段的船舶川流不息，运输能力不断地加大，航道等级不断地提高，社会、经济效益凸显，促进沿河流域地区经济社会的快速发展和生态平衡。京杭大运河黄河以北段复航研究涉及发改、水利、交通、国土、文化等多部委，关系北京、天津、河北、山东4省市，是一个涉及自然环境、人文环境、政治环境、军事环境、经济环境的社会系统工程。其复航工作在生态建设、经济发展、区域协调、社会稳定、文化保护、国家安全保障等各方面具有重大意义，对于国家可持续发展至关重要。

一　京杭大运河概况

京杭大运河是中国唯一南北走向的长河，因“运”而生，因“运”而兴，也因“运”功能的减退而衰。正是“运”的功能，稳定各朝代的统治，造就了京杭大运河发达的航运系统、璀璨的水利技术成果以及众多的城市及经济带，形成了运河文化长廊，盘活了海河、黄河、淮河、长江、钱塘江5大自然水系，覆盖了中国最富饶的东南沿海和华北大平原等区域。作为人类改造自然的一项壮举，京杭大运河是中华民族智慧的结晶，是中国历史文明的记录和象征。目前，京杭大运河以黄河为界，黄河以北段断航，黄河以南段通航。

（一）京杭大运河的发展历程

公元前486年吴国开挖了170公里的邗沟，沟通长江和淮河，成为大运河前身，史称早期运河。

隋、唐、宋朝在原有基础上，不断地大规模整修扩建，逐步形成了沟通南北的大运河。

元、明、清三代，在解决运河水源、保护河堤、开凿河道、利用各种闸、堰以控制调节运河水量等关键技术上都有重大创新突破。

自清朝后期到民国时期，由于黄河泛滥和外侵内战，京杭大运河积年失修。黄河改道后，山东境内河段水源不足，河道淤浅，南北断航，淤成平地。京杭大运河由此荒废。

中华人民共和国成立后，对京杭大运河进行了大规模整修，使其重新发挥航运、灌溉、防洪和排涝的多种作用。1988 年底建成的京杭大运河和钱塘江沟通工程已将江、河、海衔接起来，构成了以杭州为中心的、以京杭大运河与长江、黄河、淮河、钱塘江水系相连通的水运网。目前，古老的京杭大运河已成为南水北调的输水通道。

如今，京杭大运河以黄河为界，呈现出“南盛北断”的总体格局，南北两段命运截然不同。京杭大运河黄河以南段仍承担着航运的历史使命。而在 20 世纪 70 年代，由于华北地区严重缺水等原因，导致京杭大运河黄河以北段彻底断航。

（二）京杭大运河黄河以南段通航现状

京杭大运河黄河以南段，流经山东省济宁、台儿庄，江苏省徐州、邳州、宿迁、淮安、高邮、江都、扬州、镇江、丹阳、常州、无锡、苏州、吴江，浙江省嘉兴、桐乡、杭州等城市共约 1045 公里。目前，京杭大运河浙江段的航道约为 100 公里，“四改三”建设工程的基本完成；在江苏省境内 669.2 公里的苏北运河航道“三改二”工程和苏南运河航道“四改三”工程建设已完成，可通航 1000 吨级以上的船舶。

（三）京杭大运河黄河以北段未通航区段的现状

京杭大运河黄河以北段，流经北京，天津，河北的香河、沧州、泊头，山东的德州、临清、聊城等城市，共约 705 公里。其中包括山东境内鲁运河北段，从山东临清沿鲁冀边界至河北沧州的南运和天津金钢桥南运河段，从天津金钢桥至北京通州北运河段，从通州至北京城区通惠河段。

京杭大运河黄河以北段由于自然变迁、长期的战乱和人为的破坏，现已成被遗弃的河流。京杭大运河黄河以北段的整体断航使运河周边生态环境日益恶化。但大部分河床和河堤仍然保存较好，有些河岸边坡仍保留着石砌加固，大部分船闸和水利设施犹存，有些河段水深都在 1 米以上，如沧州城区、天津城区和北京通州城区等河段。总之，值得庆幸的是，河道还比较完整地留存下来。但随时间的推移，如不进行修缮，运河河床将很快消失。

二　京杭大运河黄河以北段复航的必要性

（一）保护生态环境、建设美丽中国

现京杭大运河黄河以南段沿岸分布着杭州、苏州、扬州等经济中心和历史文化名城，运河的存在有利于防洪抗涝以及农田灌溉，有利于生态平衡，有助于沿岸生态环境与企业的和谐发展，是沿岸天蓝、地绿、水清、景秀的重要基础，是“江南美”的灵气所在。

京杭大运河黄河以北段全部断航至今达40多年，严重影响着生态系统，污染破坏了水质，威胁到运河沿岸区域生态网络的健康性与完整性。受水资源严重缺乏的影响，城镇斑块不断扩张，农田、林地、湿地等自然斑块不断缩减。因此，运河的断航是沿岸环境污染严重恶化、生态系统严重退化的重要原因之一。党的十八大报告提出面对资源约束趋紧，环境污染严重，生态系统退化的“三个严峻形势”，必须树立尊重自然、顺应自然、保护自然的生态文明理念。为此，京杭大运河黄河以北段复航，维护和恢复河道和湖泊的自然形态，保护和恢复湿地系统，调节生态环境，持续地提供多种生态服务，包括输水、物种栖息、遗产保护、休闲和防洪等；要加强水资源保护、开发、建设、利用和管理，维护补水、蓄水格局的连续性，保护和建立多样化的水资源生境系统，为建设美丽中国创造条件。

（二）带动经济发展、促进区域协调

京杭大运河的开凿与贯通，极大地促进了整个运河区域社会经济的发展。古代的运河沿岸，工商繁荣、客商云集、货物堆积、交易繁盛，以巨大的需求和交换带动了运河全线经济的兴旺，形成了北京、天津、沧州、德州、临清、聊城、济宁、徐州、淮安、扬州、镇江、常州、无锡、苏州、嘉

兴、杭州、绍兴等一系列重要商品集散地。目前，通航的京杭大运河黄河以南段流经的鲁、苏、浙三省，沿线各地工业先后兴起，城镇密集，是中国经济精华荟萃之地。古老的运河仍是沿岸人民创业的沃土、投资的热土、聚集人才和财富的高地。近年来，运河沿岸6省（市）的18个城市、36个县纷纷利用京杭大运河的地理优势，积极打造运河经济。运河江浙段的社会经济快速发展，正是京杭大运河黄河以南段辉煌的真实写照。

然而，京杭大运河黄河以北段由于断航，致使京津冀鲁四省市与黄河以南段的江浙一带相比经济总量规模较小。沿途贯串着两省、两个直辖市、6个地级市、7个区、20个县，沟通国家级黄渤海经济区、黄河下游生态经济区、长三角经济区等3大经济区域，又是中国北方沿海产业带后方的重要依托。京杭大运河黄河以北段复航，将促进区域经济发展，以原有河道建设为基础，节约土地资源，形成水、公、铁三种跨区域综合运输通道；依托港航产业，实现沿河城镇化建设、提升城市品质，促进水运、工业、农业和旅游的发展；重点是要打造沟通南北的经济带，构建经济联系相对紧密、城市群辐射带动的规模较大的经济区，充分发挥东部地区在中国继续实施区域发展总体战略中重要的辐射、引领、带动和支撑作用。京杭大运河黄河以北段复航将对整个华北地区的经济发展将带来不可估量的综合效益。因此，京杭大运河黄河以北段复航，对于区域经济均衡发展具有重要的战略意义。

（三）完善通道衔接，促进综合运输体系建设

京杭大运河、黑龙江—松花江水系、长江水系和珠江水系是中国内河航运规划的“三横一纵”，加上未来开发的黄河水系，将构成中国庞大的“四横一纵”的航运网，但由于京杭大运河黄河以北段不通航，将形成不了完整的“一纵”。在中国东部区域综合交通运输体系上，规划形成的“五纵五横”主骨架综合交通运输网络结构，其中北京至上海和黑河至三亚两条南北向综合运输通道，虽然有与之平行的京杭运河水路通道，但黄河以北段航道已不能通航，既不能发挥京杭运河全程运输功能和效应，也不能有效地与北京至上海、黑河至三亚这两条南北向综合运输通道衔接。由此可见，京杭

大运河黄河以北段复航、实现运河全线贯通，将恢复并完善中国内河航运网，优化中国东部地区交通运输结构，缓解陆上交通运输的瓶颈，对提升中国东部区域综合交通运输体系的地位和作用至关重要。

（四）保护运河文化

传承古代运河文化。京杭大运河沟通五大水系，沿途繁衍哺育了千万个乡村、集镇和城市，沉淀了无数的物质、非物质遗产。运河文化不仅加强了中国传统思想文化发源地齐鲁地区与中原地区、江南地区的文化交融，更把汉唐的长安、洛阳，两宋的开封、杭州和金、元、明、清的北京为首的文化中心联为一体，不断减少区域文化的差异而呈现共同的文化特征，从而使各个区域文化融合为中华民族的多元一体的大一统文化；也使运河区域成为人才荟萃之地、文风昌盛之区。因此，必须保护长存世上几千年的运河文化，传承并发扬光大。

加强现代南北文化交流。运河就像一条大动脉，使南、北、东、西文化得以交流，不同的自然条件、不同的经济发展水平以及不同的生活习俗塑造的不同的区域文化，各种地域文化和外来的文化相互融合，形成了独具特色的南北运河文化。如今，京杭大运河黄河以北段700多公里断航，失去了其近一半的水运功能。运河文化也失去了一半的光泽。因此，京杭大运河黄河以北段复航、实现全线贯通，是关系到运河历史文化传承、保护和“申遗”全局性和战略性的重大问题。

（五）保障国家安全

古运河漕运功能直接造就了沿河的经济发达和文化昌盛，形成了北方政治中心和南方经济中心的格局，也为中国东部地区社会经济发展做出了卓越贡献，直接推动了王朝的兴衰。

运河是维系各朝代政治生存的纽带。京杭大运河是中国东部地区唯一的南北水路运输通道，在地理位置上和区域经济上具有重要的战略价值。运河是历代统治者的重要生存基础，是国家统一的重要条件。运河加强了北方对南方的控制能力，有利于国家的稳定。通过这条南北运河通道，能够加强南北方的军事部署和后勤保障能力。由此可见，贯通南北的大运河对历代封建王朝的政治局势具有极其重要的作用，因而成为历代封建王朝着力控制的最重要的区域，总揽大局，驾驭全国。

运河将作为军事战略储备的重要通道。综观国内外战争史或突发事件，交通线路决定了战争或突发事件的成败。在各种运输方式中，公路、铁路运输线一旦被破坏，很难立即恢复交通，飞机由于受到降落陆地条件的约束，也没有水路便捷。尤其是在科学技术高度发达的今天，GPS 定位系统准确性极高的情况下，破坏陆上运输线路易如反掌。内河航道较其他运输方式安全度要高，具有炸不断、打不烂的特点，抵御破坏能力比陆地和空中都要强。因此，在对战争的适应性上内河运输占有绝对的优势。如今，京杭大运河黄河以北段的公路、铁路和航空网络发达，但是水运相形见绌，而水运的战略地位尤为独特。当今周边国家与中国领土、领海问题争执不停、摩擦不断，更要居安思危。恢复这条古老的军事运输通道，在太平盛世，将成为经济运输大动脉。一旦战事来临，作为军事和应急通道必将发挥其不可替代的关键作用。因此，京杭大运河黄河以北段复航是中国长远发展的军事战略方略。

三　京杭大运河黄河以北段复航的可行性

（一）国内外内河航运可借鉴的经验

分析国内外内河水运网人工运河开发建设的历史，可以为京杭大运河黄河以北段复航、实现运河全线贯通提供可借鉴的宝贵经验和启示。

国外人工运河连接的内河航道网。北美是世界上十分重视人工运河连接工程的区域之一，人工运河将北美的天然航道连成一体，形成规模庞大的通江达海的内河航道网体系。其中最具有代表性的伊利运河、伊利诺伊—密歇根运河和田纳西—汤比格比运河等人工运河将美国中、东、南部地区和加拿大西南部地区内河航道连成一体，形成了北美地区四通八达、通江达海的现代化内河航道网络体系。欧洲也是世界上非常注重人工运河连接工程的区域之一，最具有代表性的是美因—多瑙运河和中德运河，将西欧地区与东欧地区连成一体，构筑成4万多公里高等级航道网络体系，在促进欧洲各国物资交流和经济社会发展方面起着重要作用。

国内外水资源的借鉴。西欧内河的一个重要特点是，在枯水季节流量小，除莱茵河外，其他河流多半只有10多个流量，水源补给主要来自融雪。因此，欧美对人工运河航运需水量主要采用天然河流渠化、梯级枢纽拦河蓄水调节水流和泵站供水等工程措施，以保证人工运河航运用水量。中国历史上的元、明、清等朝代，在京杭大运河开挖和整治过程中，都十分重视运河的蓄水、补水、供水和调水等水利航运工程建设。如明朝初期，南旺建设了分水口控制枢纽，以调节南北段运河水量；戴村坝是明清时代拦截汶河水补给京杭大运河水源的重要水利枢纽。

生态平衡的借鉴。欧美国家十分重视内河生态环境建设，内河的河水清澈，两岸绿色茵茵。莱茵河国际委员会制定了《莱茵河2020年行动计划》，计划的主要内容是进一步完善航运、防洪系统，改善地表水质和保护地下水等，加强莱茵河治理和生态系统建设，使莱茵河永葆绿色发展。中国历朝历代都十分重视开挖人工运河生态建设。我们的祖先在水工建筑上以石伐木，用开挖运河航道的土方来修建沿河两岸道路，并在沿河两岸植树绿化环境。如今，京杭大运河黄河以南段，在近3年的航道改扩建过程中，充分考虑生态环保、人文景观、旅游开发、防洪灌溉和生活用水等综合功能与效应。如今，一条集水上运输、生态、环保、人文、景观、防洪、灌溉、吸水用水于一体的现代化高等级航道横贯浙北大地，既是中国内河水运开发建设的样板，也为京杭大运河黄河以北段复航建设提供了可借鉴的宝贵经验。

（二）海河流域水资源利用的可行性

京杭大运河具有自然水源不足的弱点。过去的京杭大运河主要是靠雨水补给，以及季节性积雪融水、湖泊水、地下水人工补给。在京杭大运河黄河以北段复航、水利同步建设上，必须坚持党的十八大报告中提出的“自然恢复为主的方针”，实施包括复航和水利建设等在内的重大生态修复工程。输水通道主要包括南水北调东线、黄河引水通道、引滦入津水渠和海河流域与京杭大运河黄河以北段相接的主要河流输水通道；补水、蓄水和调水方式主要通过海河水系流域的支流补充并完善。

1. 海河流域输水通道

黄河、长江水源将是京杭大运河黄河以北段的重要输水来源，现有三大水利工程。

引黄济津工程。黄河水源通过引黄济津工程注入京杭大运河黄河以北段内，流经河北的南运河，在九宣闸进入天津市境内南运河。40 多年中天津九宣闸收水共约 40 亿立方米，有效地缓解了天津市的供水紧张局面，保证了天津市经济社会的持续发展。

“南水北调”东线工程。南水北调东线一期工程“南四湖—东平湖段输水与航运结合工程”位于山东省南部，是京杭大运河建设工程的重要组成部分，打通南四湖—东平湖航道，建成济宁港—东平湖三级航道。长江水源和山东省南四湖水源通过南水北调东线向北输水，注入京杭大运河段，以及滦河水通过引滦入津工程注入天津北运河内。

引滦入津工程。滦河水量较丰富，流域年降水量为 540 毫米，年径流总量为 47.9 亿立方米，相当于海河流域年径流量的 1/5。引滦入津工程从潘家口水库、大黑汀水库经河北省迁西县、遵化县、天津市蓟县、宝坻区、武清区、北辰区入天津市海河，全长 273 公里，年输水量达 10 亿立方米，最大输水能力为 60 ~ 100 立方米/秒。27 年来，引滦入津工程累计向天津市安全供水 198.4 亿立方米。

2. 海河流域补水、蓄水和调水

补水主要来源于海河流域水系，海河流域总面积 31.82 万平方公里，占全国总面积的 3.3%。海河流域包括海河、滦河和徒骇—马颊河 3 大水系、7 大河系、10 条骨干河流。其中，海河水系是主要水系，由北部的蓟运河、潮白河、北运河、永定河和南部的大清河、子牙河、漳卫河组成；滦河水系包括滦河及冀东沿海诸河；徒骇—马颊河水系位于流域最南部，为单独入海的平原河道。京杭大运河黄河以北段沿河地带主要属于海河流域，而海河各主要支流如潮白河、永定河、子牙河、大清河和卫河等都是从西向东汇集于海河，通过大清河、子牙河以及独流减河注入京杭大运河。因此，要在其干支流加强水库扩容、蓄积夏季降水和冬季雪水能力建设，将流域地区所有降水和雪水作为水资源全部加以利用。

蓄水主要包括水库、天然湖泊和拦河闸坝湖区等。如在山东省境内，主要湖泊有东平湖、南阳湖、独山湖、昭阳湖和微山湖。山东省水资源总量约为 500 多亿立方米，是京杭大运河途经的北京、天津、河北、山东 4 省市中水资源较丰富的省份。南四湖总库容为 63.7 亿立方米，每年汛期山东省向江苏省排水约 30 亿立方米，江苏省每年汛期也要往长江里排水，为此 30 亿立方米的水成为两省的鸡肋，若将 30 亿立方米的水引入京杭大运河黄河以北段，将是利国利民的大好事。

（三）京杭大运河穿黄的可行性

京杭大运河黄河以北段复航，需要穿过黄河与运河黄河以南段连接。“穿黄工程”是京杭大运河黄河以北段复航的关键所在。现经有关单位研究，航路方案有两个：京杭大运河东平湖运河穿黄工程方案和京杭大运河梁济运河穿黄工程方案。两个方案的运河水源都来自山东省的南四湖，但在梁山处分成两路，一路仍向北，借助梁济运河穿黄，到聊城；一路往东，借助南水北调东线，通过东平湖穿黄，到聊城。

1. 梁济运河穿黄工程

穿黄工程西线，借助梁济运河原有的河道穿黄。梁济运河是在黄河以南，北起梁山县国那里向东南，沿东平湖滞洪区西堤至邓楼，经梁山穿金线岭高地和南旺湖洼地，于济宁市李集西南入南阳湖，全长 90 公里，境内长 48 公里，是一条具有防洪、除涝、引水、灌溉、航运等综合效益的大型河道，也是南水北调东线工程两湖段输水干线和北煤南运的黄金水道。梁济运河穿黄工程就是利用南四湖的水量保证输水流量，兼顾通航要求。在梁济运河古运河河道上，采取挖沙降河方案，使河底保持一定坡度，实现南四湖水体由南向北自流，北至济宁市梁山县国那里村，在国那里村附近修建穿黄隧洞，过黄河后与聊城运河相接。

2. 南水北调输水可兼顾航运穿黄工程

穿黄工程东线是借助南水北调东线工程穿黄。南水北调东线是引南四湖水源，通过三级提水的船闸，到东平湖，穿过黄河，将水输送到山东聊城。“南水北调”东线工程的主要目的是解决长江以北城市用水短缺的问题，水资源具备商品的性质。南水北调东线一期工程南四湖—东平湖段输水是京杭运河建设工程的重要组成部分，可打通南四湖—东平湖航道，建成济宁港—东平湖三级航道。“南水北调”东线工程从韩庄运河引水入南四湖，在济宁境内调水线路共长198.9公里，并设4个梯级，即为韩庄、微山、长沟、邓楼。设计年调入南四湖下级湖水量29.7亿立方米，进入东平湖设计流量100立方米/秒。

3. 穿黄工程方案比较

南四湖为京杭大运河穿黄工程必经之地。目前，航道底部大部分宽20米，水深2米以上，弯曲半径为200米，有些航道则达到400米。兴建中的南水北调东线工程，以它为主要调节水库之一，规定上、下级湖死水位各为33米与31.5米，蓄水位各为34.2米与32.5米，调节库容共11.3亿立方米。东平湖水库是穿黄工程东线必经之路，位于山东省东平、梁山、汶上三县交界处，是接纳汶河洪水和处理黄河下游大洪水和特大洪水的滞洪调蓄水库。东平湖库区总面积为655平方公里，全湖蓄水46米时蓄水总量为40亿立方米，是山东省第二大淡水湖。梁济运河是济宁以北地区排涝和黄河东平湖滞洪区退水入南四湖的骨干河道，现已列入调水工程东线主干道。

穿黄工程西线。南四湖水位36.2米以下，是运河现在的山东水脊。从南四湖北上，自流经聊城、临清、德州、沧州至天津，其优势是利用梁济运河原来的航道进一步完善，没有过多的船闸建设，地势上可保持水源由南向北自流，投资和运营成本较低。采用立交隧道航运技术，穿黄隧道具有引水、通航、通车、防洪、灌溉五大功能。

穿黄工程东线。从南四湖北上，南四湖至东平湖不到80公里的距离内，通过长沟、邓楼、八里湾“三级提水”“三级船闸”，提高水位不到8米，进入东平湖，穿黄隧洞。其优势是借助南水北调工程，但是南四湖三级提水及船闸投资和运营成本都较高，尤其是穿黄工程没有充分考虑到航运功能，可采用立交升船机方案。

关于穿黄工程方案论证亟须相关部门设置专题进行研究。

（四）沿岸社会经济需求的可能性

1. 沿岸货运量社会需求分析

（1）沿岸的社会经济货运量需求。2000年以来，京杭大运河山东段和浙江段航道条件改善，苏北运河二级航道和部分三线船闸陆续建成，货运量增速明显加快。2005年京杭大运河货运量为2.71亿吨，到2009年京杭大运河实现货运量约为3.95亿吨，2010年京杭大运河货运量达到4.2亿吨，“十一五”期间的年均增速为9.2%，比“十五”期间提高1.5个百分点。

（2）京杭大运河黄河以北段水路服务区域范围。京杭大运河黄河以北段沿线北京、天津、河北和山东4省市位于环渤海、黄河三角洲、长江三角洲经济圈范围内，该区域有5条横向铁路主通道、6条横向国道主干线，可向中西部地区延伸。京杭大运河北段航运腹地范围应是三大区域的大部分地区，同时考虑到内蒙古中西部、山西、陕西和河南生产的煤炭和稀土等矿产品以及粮食和农牧等资源性产品，要通过铁路或公路从京杭大运河北段港口中转下水运往沿岸地区和长三角地区。按现代物流理念，京杭大运河黄河以北段服务区域范围：一是京津冀城市群；二是山东半岛城市群；三是中原城市群；四是长三角城市群；五是内蒙古中西部、山西、陕西、河南西部地域服务区。

（3）京杭大运河黄河以北段货类的确定。依据中国“十三五”时期京杭运河江浙段水运发展的主要特点，确定京杭大运河黄河以北段水运主要货类的发展趋势。未来腹地煤炭、矿建材料的运输需求增长将趋于稳定，两大货类运量比重仍占60%以上。由于煤炭等资源需求持续增长，腹地内后备储量难以接济，未来铁水中转煤炭运量预计将会越来越大。京杭大运河地区集装箱运输经历了从无到有的过程，随着腹地经济的进一步发展，件杂货运输需求的不断增长，集装箱运输将会迎来新的发展机遇。因此，京杭大运河黄河以北段以煤炭、矿建材料、件杂货、集装箱等货类为主。

（4）京杭大运河黄河以北段货运量需求。京杭大运河北段航路途经的河北省和山东鲁西南地区物产资源丰富，其中河北地区煤、铁、石油、石棉、磷和耐火土资源丰富，又是中国重要的粮食产区。鲁西南地区是中国重要的煤炭生产基地和国家规划中的煤化工基地，也是晋煤东进南下的中转地区，在该区域内能源、建材和农产品资源富集，大宗货物运输需求旺盛。依据天津、河北和山东产业分布及特点，参考目前山东内河货运预测量、河北省内河水路货运量以及中转货运量，以及近年京杭大运河南段货运量发展水平，综合分析京杭大运河黄河以北段水运需求量为：到 2030 年将达到 3.0 亿~3.2 亿吨（见表 1）。

表 1　京杭大运河黄河以北段货运需求量

单位：万吨

4 省市	2016 年	2020 年	2030 年
合计	11000	18500	30000
北京	500	800	1000
天津	8600	12000	15000
河北	1400	4000	8000
山东(部分)	560	1900	6000

2. 沿岸的社会经济客运量需求

（1）京杭大运河黄河以北段水上旅游客运发展现状。目前，北京通州是京杭大运河黄河以北段唯一开辟京杭大运河水上观光游览项目的地区。航道北起通州区北运河北关新闸，南至张家湾镇甘棠橡胶坝，航线长 11.2 公里，主航道 200 米，深度 2.5 米至 3 米，桥梁净空均高于 4.2 米。2010 年运河游水上游全年安全出航 1522 船次，接待游客 27690 人次，接待参观 4490 人次。

（2）京杭大运河黄河以北段旅游规划。依据山东省旅游规划设计院《京杭大运河旅游规划》，确定京杭大运河黄河以北段旅游功能：北京段是运河源头文化地标区、首都城市休闲新中心、国际化休闲产业综合体；天津段是运河国际旅游综合体、京津中央休闲区、世界级旅游产品；河北段是运河文化观光休闲产品集群；山东段是富有齐鲁文化特色的山东运河文化旅游遗产廊道。

（3）京杭大运河黄河以北段水上旅游客运需求预测。在2016年、2020年和2030年，随着京杭大运河旅游知名度的不断提升，运河水上客流规模占沿岸四省份水上旅游客运总量的比重分别达到1/5、1/4和1/3。据此预测结果：京杭大运河黄河以北段水上旅游客运需求2016年、2020年和2030年分别达到580万~600万人次、880万~920万人次、1840万~1900万人次（见表2）。

表2　京杭大运河黄河以北段客运需求量

单位：万人次

4省市	2016年	2020年	2030年
合计	590	900	1860
北京	85	130	280
天津	60	80	160
河北	200	320	660
山东(部分)	240	370	760

B.14
南水北调东线工程与中国大运河发展报告

高元杰*

摘　要： 南水北调工程是中华人民共和国的战略性工程，分东、中、西三条路线，其中东线工程利用京杭大运河及与其平行的河道逐级提水北送。这些工程大体可分为提水泵站工程、输水河道工程、蓄水影响处理工程和截污导流工程。这些工程的建设，对京杭大运河江苏段（长江以北）和山东段的水量、流速、河道、水质、航运乃至遗址发掘、文物保护都产生了重要的影响。

关键词： 南水北调东线工程　泵站工程　截污导流工程　文物保护

一　南水北调东线工程概况

（一）工程简介

南水北调东线工程是在江苏省江水北调工程的基础上，扩大调水规模并向山东延伸的国家战略工程。该工程从扬州江都抽引长江水，利用大运河及与其平行的河道逐级提水北送，并连接起洪泽湖、骆马湖、南四湖、东平湖

* 高元杰，博士，聊城大学运河学研究院讲师，研究方向为生态环境史、运河文化史、明清社会经济史。

等调蓄湖泊。出东平湖后分为两路：一路向北，在聊城位山附近经隧洞穿过黄河，沿大运河和平行河道向鲁北、河北和天津输水；另一路向东，经济南输水到烟台、威海。全线最高处东平湖水位与长江水位差约40米，抽水总扬程为65米，共建设13级泵站；在山东省位山附近通过黄河河底倒虹隧道穿过黄河；在黄河以北新建、扩建千顷洼、大屯、大浪淀、浪洼、北大港五处平原水库以调蓄来水。

东线工程供水范围分为黄河以南、山东半岛和黄河以北三片。主要目标是提供沿线城镇居民生活和工业用水；提高现有灌区的供水保证率，改善农业供水条件；恢复和提高京杭大运河的通航能力；提高沿线易涝地区的排涝能力，并在北方需水时提供农业和生态环境用水。东线工程还兼有防洪、除涝、航运等综合效益，也能够起到保护中国重要历史遗产京杭大运河的作用。

（二）工程总体布置

东线一期工程主要包括调水和治污两大部分。其中，调水工程建设内容包括水源工程、河道工程、调蓄工程和泵站工程等，治污工程包括城市污水处理及再生利用设施、截污导流、流域综合治理、工业综合治理、工业结构调整等。

1. 水源工程

位于扬州东南的三江营是东线工程的主要抽水口门，也是淮河入江水道出口。现新通扬运河的引水能力为815米^3/秒，规划将其扩大到950米^3/秒，其中经江都泵站抽水400米^3/秒入里运河北送，由三阳河、潼河经宝应（大汕子）泵站送水200米^3/秒，其余送入里下河腹部河网。

2. 输水线路布置

东线工程输水线路的地形是以黄河为脊背，向南北倾斜。三江营附近的地面高程为3～4米，穿黄隧道处约40米，天津附近为2～5米。黄河以南需建13级泵站提水，总扬程约为65米。输水线路通过的4个调蓄湖泊洪泽湖、骆马湖、南四湖、东平湖，相邻湖泊之间都有10米左右的水位差，各建设3级提水泵站。南四湖下级湖和上级湖之间建设1级提水泵站。

东线工程输水线路共分为8段。黄河以南为5段，13个梯级，另3段是穿黄工程段、黄河以北输水线路段和胶东地区输水线路段，如图1所示。

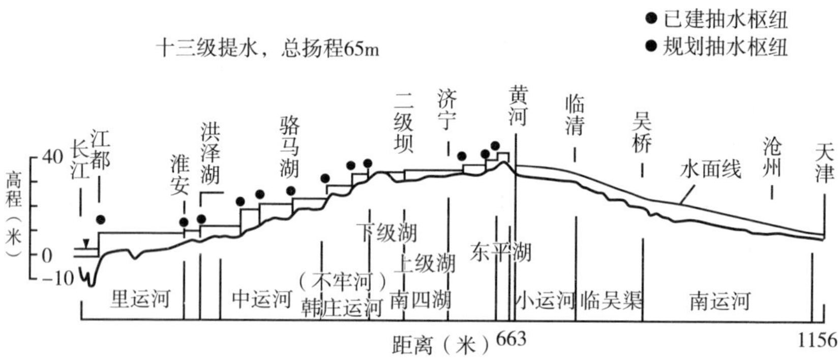

图1　南水北调东线工程输水干线纵断面示意图

第一段为长江—洪泽湖段，设计输水流量800米^3/秒，进洪泽湖700米^3/秒。该段利用现有的里运河和将开挖的三阳河、潼河，以及淮河入江水道三路输水，里运河与三阳河两路输水线上各设3级泵站，入江水道线路上设4级泵站。里运河上现有的三级泵站需扩建，其余两条线均需新建。

第二段为洪泽湖—骆马湖段，设计输水流量为625～525米^3/秒，利用现有的小运河及徐洪河双线输水，各设3级泵站。中运河已有三级泵站需部分扩大，徐洪河上需新建两级泵站。

第三段为骆马湖—南四湖段，设计输水流量为525～425米^3/秒，利用中运河接韩庄运河、不牢河和房亭河三路输水，各设3级泵站。韩庄运河上现有三级航运枢纽，需新建3级泵站；需扩建不牢河上已有的两级泵站，以及新建进下级湖泵站枢纽；房亭河上已有3级泵站均需扩建。

第四段为南四湖段，设计输水流量425～350米^3/秒，需在湖内开挖深槽输水，在二级坝处新建一级泵站，提水入上级湖，流量为375米^3/秒。

第五段为南四湖—东平湖段，设计输水流量350～325米^3/秒，需扩挖梁济运河、柳长河输水，新建长沟、邓楼、八里湾3个梯级泵站，由八里湾站提水进入东平湖老湖区。

第六段为穿黄河工程段，由南岸输水渠、穿黄枢纽工程和北岸穿越引黄渠道的埋涵三部分组成。穿黄枢纽工程采用在黄河南岸的解山与北岸的位山之间，从黄河河床下开凿隧道的立交方案，输水流量为 200 米^3/秒。

第七段为黄河以北自流输水线路段。位山—南运河入口段设计输水流量 200～150 米^3/秒，需扩挖小运河，新开临（清）—吴（桥）输水干渠，在吴桥县城北入南运河，利用南运河输水至天津九宣闸，经马厂减河入北大港水库，输水流量为 150～100 米^3/秒。

第八段为胶东地区输水线路段。从东平湖至威海的米山水库，长 701 千米，其中 240 千米济平干渠为东线主体工程，其他路段由地方单独立项建设。

3. 调蓄工程

南水北调之前黄河以南的东平湖、南四湖、骆马湖、洪泽湖等调蓄湖泊总库容为 33.9 亿米^3。调水之后，洪泽湖蓄水位将由现在的 13.0 米抬升至 13.5 米，骆马湖由 23.0 米抬升至 23.5 米，南四湖下级湖由 32.5 米抬升至 33.0 米，三湖总调节库容可增加到46.9 亿米^3；此外，东平湖老湖区蓄水调节库容为 2 亿米^3。南四湖的上级湖和东平湖蓄水位是否抬高，需在可行性研究阶段进一步论证、确定。黄河以北规划扩建河北省千顷洼、大浪淀，加固天津的北大港水库等，总调节库容约 10 亿米^3。

4. 泵站工程

东线工程现有 16 座泵站，总装机容量为 14.9 万千瓦。规划在输水干线上新建 51 座泵站，新增装机容量 519 万千瓦。

5. 治污工程

为保证东线工程输水水质达到国家地表水环境质量Ⅲ类标准的要求，在东线规划区内，实施清水廊道工程、用水保障工程和水质改善工程，形成“治理、截污、导流、回用、整治”一体化的治污工程体系。治污项目共分 5 大类，包括 135 项城市污水处理工程、33 项截污导流工程、38 项工业结构调整工程、150 项工业综合治理工程、13 项流域综合整治工程。

二　南水北调东线工程与京杭大运河河道建设、航运关系

（一）南水北调东线工程与京杭大运河河道建设

京杭大运河东线工程大量利用京杭大运河河道逐级提水北送，因此在京杭大运河河道上有众多的工程建设，这些工程主要以新建、改建抽水泵站，扩建、维护输水航道为主，对京杭大运河的河道建设和航运发展具有重要意义。现将南水北调东线工程分为长江—洪泽湖段工程、洪泽湖—骆马湖段工程、骆马湖—南四湖段工程、南四湖—东平湖段工程和鲁北段工程5段，分别对在京杭大运河上的新建工程加以介绍。

1. 长江—洪泽湖段工程

主要建设任务是扩建完善长江至洪泽湖的里运河输水线路，与京杭大运河河道建设关系密切的工程主要有：江都站改造工程、宝应站工程、淮安二站改造工程、淮安四站工程、沿运闸洞漏水处理工程和血吸虫北移防护工程等。

（1）江都站改造工程。位于扬州市江都区大运河、新通扬运河和淮河入江尾闾芒稻河的交汇处。江都水利枢纽的4座泵站是东线工程的起点泵站，设计流量为400米^3/秒，年运行时间最高达8000小时以上。工程概算总投资为2.53亿元，于2005年12月22日开工，2010年12月全部完工。

（2）宝应站工程（三阳河、潼河工程）。位于扬州市宝应县氾水镇以南5公里处的里运河东侧，东接潼河和三阳河。宝应泵站抽水100米^3/秒入里运河，与江都站（抽水400米^3/秒）共同实现第一期工程抽水500米^3/秒规模的输水目标。三阳河、潼河是宝应站的引水河道。工程总投资为8.3亿元，2002年12月27日正式开工建设，2005年10月9日顺利通过试运行验收，2013年1月通过设计单元工程完工验收。

（3）淮安二站改造工程。位于淮安市楚州区大运河、南郊三堡和苏北灌溉总渠的交汇处。该站与淮安一站、三站和四站共同抽引长江水入苏北灌

溉总渠，输送至淮阴站下，满足东线一期工程第二、第三梯级抽水 300 米^3/秒的规划目标。淮安二站改造工程投资为 5323 万元，2010 年 10 月 15 日开始建设，至 2012 年 9 月 30 日完工。

（4）淮安四站工程。位于淮安市楚州区三堡乡境内里运河与苏北灌溉总渠交汇处，是淮河下游洪水东泄入海四大枢纽之一。淮安站总设计流量 300 米^3/秒，加上备机在内为 340 米^3/秒。工程总投资为 1.56 亿元，2005 年 12 月开工兴建，2008 年 8 月各项主要工程完工，2012 年 7 月 29 日通过国务院南水北调办完工验收。

（5）沿运闸洞漏水处理工程。沿运闸洞漏水处理的范围与南水北调东线输水有关的河道、湖泊包括里运河、中运河、不牢河等运河河段，以及骆马湖、南四湖等运河湖泊，涉及江苏省扬州、淮安、宿迁、徐州、盐城五市。涵闸按处理方式分为三大类：第一类为闸门维修、启闭机更换或维修；第二类为门槽埋件更换，闸门、启闭机更换；第三类为拆除重建。沿运闸洞漏水处理工程共实施 144 座涵闸，其中一类闸 37 座、二类闸 90 座、三类闸 17 座。工程静态总投资为 1.2 亿元。

（6）血吸虫北移防护工程。主要任务是结合南水北调东线输水和泵站等工程的建设，实施水利血防工程措施，阻断钉螺迁移路径，控制或消除南水北调东线工程建成后钉螺在取水口、部分输水干线和涵闸直接扩散或二次扩散的潜在危险。与京杭大运河相关的重点血防工程项目为高邮段里运河血防工程。

2. 洪泽湖—骆马湖段工程

洪泽湖—骆马湖段采用中运河和徐洪河双线输水，其中中运河输水流量为 230～175 米^3/秒，徐洪河输水流量为 120～100 米^3/秒。与京杭大运河关系密切的有泗阳站工程、刘老涧二站工程、皂河一站改造工程、皂河二站工程、邳州站工程和骆马湖以南中运河影响处理工程等。

（1）泗阳站工程。位于江苏省泗阳县城东南约 3 千米处的中运河输水线上，主要任务是新建泗阳站和原泗阳二站共同运用，调水出洪泽湖 230 米^3/秒，通过中运河输水线，与刘老涧站、皂河站联合运用，实现一期工程输水 175 米^3/秒入骆马湖的规划目标；同时，为泗阳站与刘老涧站之间的乡镇生活、工农业生产和航运补充水源。该工程批复概算为 3 亿元，2009 年 12 月开工，2012 年 5 月投入抽水运行。

（2）刘老涧二站工程。位于江苏省宿迁市东南约 18 千米的大运河上，与刘老涧一站一起将泗阳站来水抽送至皂河站下游，为皂河站送水提供水源，并为刘老涧站至皂河站间中运河沿线城镇生活、工农业生产及航运补充水源。刘老涧二站工程总投资为 2 亿元，2009 年 10 月开工，2011 年 9 月建成，2012 年 12 月 26 日通过了江苏省南水北调办组织的通水验收。

（3）皂河一站改造工程。位于江苏省宿迁市皂河镇北 5 千米处，控制中运河、骆马湖、邳洪河和黄墩湖，主要担负向骆马湖补水和黄墩湖地区排涝任务。皂河一站改造工程批准概算投资为 1.22 亿元，2010 年 9 月开工建设，2012 年 12 月建设完成。

（4）皂河二站工程。位于江苏省宿迁市皂河镇北 5 千米处。皂河抽水站可从中运河向骆马湖抽水 175 米^3/秒，与运西徐洪河输水线路共同满足向骆马湖调水 275 米^3/秒的目标，并可结合邳洪河和黄墩湖地区排涝。2012 年 12 月 26 日，通过江苏省南水北调办组织的设计单元工程通水验收。

（5）邳州站工程。位于江苏省邳州市八路镇刘集村徐洪河与房亭河交汇处东南角，其作用是通过徐洪河抽引睢宁站来水，沿房亭河送入骆马湖或沿中运河北送，同时通过刘集地涵调度，利用邳州站抽排房北地区涝水。邳州站工程批复概算总投资为 3.2 亿元，工程于 2011 年 3 月 20 日开工建设，2013 年 2 月投入试运行。

（6）骆马湖以南中运河影响处理工程。位于江苏省淮安市淮阴区和宿迁市泗阳县、宿城区、宿豫区境内，南起杨庄闸，北至皂河闸，全长 111.2km。河道既是京杭大运河的一部分，也是南水北调的主要输水干线，还是黄墩湖和邳洪河地区以及两岸农田的排涝干河。骆南中运河工程建成后，京杭大运河段建筑物及堤防将满足骆南中运河向北输水 175 米^3/秒，与运西徐洪河一期承担南水北调东线第一期工程入骆马湖 350 米^3/秒任务的条件。工程总投资为 1.12 亿元，2011 年 12 月全面建设完成。

3. 骆马湖—南四湖段工程

骆马湖—南四湖段采用不牢河和韩庄运河双线输水，通过不牢河和顺梯河输水，实现从骆马湖（中运河）抽引125 米^3/秒供不牢河沿线用水，并调水入南四湖下级湖75 米^3/秒的规划目标。与京杭大运河关系密切的有台儿庄泵站工程、刘山站工程、万年闸泵站工程、解台泵站工程、韩庄泵站工程、韩庄运河水资源控制工程、蔺家坝泵站工程、骆马湖水资源控制工程等。

（1）台儿庄泵站工程。位于台儿庄市区南部韩庄运河的废旧船闸处，第一期台儿庄泵站工程设计流量为125 米^3/秒，设计水位为站上25.09 米、站下20.56 米，设计扬程为4.53 米，平均扬程为3.73 米。工程总投资约为2.38 亿元。2005 年12 月12 日开工建设，2009 年11 月24 日通过机组试运行验收，2013 年11 月15 日正式进入运行期。

（2）刘山站工程。位于江苏省邳州市宿羊山镇境内京杭大运河不牢河段上，工程与解台站、蔺家坝站联合运行，主要任务是扩大江苏境内骆马湖—南四湖的输水规模，共同实现出骆马湖125 米^3/秒、向南四湖供水75 米^3/秒的调水目标。工程总投资为2.41 亿元，2005 年3 月开工建设，2008 年10 月基本建成，2012 年12 月19 日，通过江苏省南水北调办完工验收。

（3）万年闸泵站工程。位于韩庄运河运北三支沟入口以下万年闸村北、杨闸官村南，站下进水渠从万年闸下游的韩庄运河引水，站上出水渠输水至万年闸上游的韩庄运河，实现南水北调的调水目标。该工程建成后，能够适当结合地方排涝并改善韩庄运河航运条件。设计流量为125 米^3/秒，设计净扬程为5.49 米。万年闸泵站2004 年11 月18 日开工建设，主体工程于2009 年9 月全部完工。

（4）解台泵站工程。位于徐州市贾汪区境内京杭大运河不牢河段上，设计流量125 米^3/秒。工程总投资为1.88 亿元，2004 年10 月24 日开工建设，2008 年8 月建成，2012 年12 月19 日通过江苏省南水北调办完工验收。

（5）韩庄泵站工程。位于山东省微山县与枣庄市交界处的峄城区古邵镇八里沟村西，韩庄运河和老运河交汇口西侧的老运河东岸。站下进水渠接韩庄运河，站上出水渠接老运河入南四湖的下级湖。工程概算投资为2.26

亿元，2007 年 4 月 3 日开工建设，2011 年 8 月泵站工程基本完工。

（6）蔺家坝泵站工程。位于徐州市铜山县境内不牢河上，设计流量为 75 米^3/秒，设计净扬程为 2.4 米。工程总投资为 1.81 亿元，2004 年 8 月开工建设，2012 年 12 月 3 日通过由国务院南水北调办完工验收技术性初步验收。

（7）韩庄运河水资源控制工程。韩庄运河段水资源控制工程包括魏家沟、三支沟、峄城大沙河三个水资源控制工程，是韩庄运河段工程的重要组成部分，主体工程均为橡胶坝。该工程于 2008 年 3 月开工，2010 年 7 月完工。

（8）骆马湖水资源控制工程。位于江苏省与山东省交界处的中运河上。主要任务为：正常情况下参与东调南下工程泄洪、南水北调工程调水和航道通航；在南水北调东线工程非调水期，当骆马湖水位低于 21.332 米且河水向北流动时，对骆马湖水资源实施有效控制与管理。骆马湖水资源控制工程的主要建筑物有新建控制闸、新开挖支河河道、现状中运河临时性水资源控制设施加固改造。工程于 2006 年 12 月 27 日开工建设，总工期 12 个月，总投资 2899 万元。

4. 南四湖—东平湖段工程

南四湖—东平湖段输水与航运结合工程是沟通黄、淮、海和连接胶东输水干线、鲁北输水工程的咽喉，设计输水流量为 100 米^3/秒，输水线路全长约为 108 千米。工程位于山东省南部，沿线分布在山东省济宁市（微山县、鱼台县、金乡县、任城区、太白湖新区、嘉祥县、汶上县、梁山县）、泰安市（东平县）2 个地市的 9 个县区。基本任务是将南四湖下级湖的江水经辖区 4 个泵站，逐级提水北输至东平湖，经东平湖调蓄后，北向德州、聊城等鲁北地区供水，并进而可以向冀东、天津供水；向东通过济平干渠向济南供水，并进而通过胶东输水线调水至胶东地区，有效解决这些地方水资源的紧缺问题。所辖工程主要包括二级坝泵站工程、南四湖湖内疏浚工程、南四湖下级湖抬高蓄水位影响处理工程、南四湖水资源控制与水质监测工程、梁济运河段输水航道工程、长沟泵站工程、邓楼泵站工程等。

（1）二级坝泵站工程。位于南四湖中部，山东省微山县欢城镇境内，主要任务是将水从南四湖下级湖提至上级湖，实现南水北调东线工程的梯级调水目标。二级坝泵站工程设计输水流量为125 米^3/秒，设计净扬程为3.21米。工程概算为2.52 亿元，2007 年3 月开工，2013 年建设管理工作全部完成并转入运行管理。

（2）南四湖湖内疏浚工程。工程分为上级湖、下级湖。上级湖自梁济运河入湖口至二级坝泵站，输水线路全长69.605 千米。下级湖自二级坝泵站站下引水渠末端，沿东股引河至东股引河末端，进入下级湖湖东航道，向东南经微山岛东、山头村直插老运河入湖口，输水线路长45.812 千米。工程总投资为2.33 亿元，2011 年7 月31 日正式开工建设，2013 年底工程全部完工。

（3）南四湖下级湖抬高蓄水位影响处理工程。工程主要任务是对湖区受影响的房屋、畜禽养殖场及生产生活配套设施进行补助，消除和改善因抬高蓄水位对湖区群众生产和生活的影响。工程投资为补助性质，根据淹没影响范围，采取不同标准的补助处理措施。工程涉及山东省济宁市微山县的夏镇街道办事处、昭阳街道办事处、韩庄镇、欢城镇、傅村镇、微山岛、高楼乡、张楼乡、西平乡、赵庙乡10 个乡镇（办事处）、109 个行政村，影响人口6731 人。工程总投资为4 亿元（山东部分）。

（4）南四湖水资源控制与水质监测工程。工程包括二级坝泵站工程、姚楼河闸工程、杨官屯河闸工程、大沙河闸工程、潘庄引河闸工程、南四湖水质监测工程等7 个设计单元工程。工程实施后，可加强对南四湖水资源的监测、控制与管理，满足南水北调东线一期工程向南四湖上级湖以北地区调水的要求，并对南四湖水质进行监测。

（5）梁济运河段输水航道工程。梁济运河输水线路从南四湖湖口至邓楼泵站站下，全长58.252 千米，工程概算批复静态总投资为17 亿元，2010 年12 月30 日开工，2013 年12 月完成全线试通水和正式通水验收。

（6）长沟泵站工程。位于山东省济宁市长沟镇新陈庄村北、梁济运河东岸。一期设计输水流量为100 米^3/秒，设计净扬程为3.36 米，多年平均调水量为14.27 亿米^3。工程静态总投资为3 亿元，2009 年12 月5 日开工，2013 年底全部完工。

（7）邓楼泵站工程。位于梁山县韩岗镇司垓村以西梁济运河边。一期设计输水流量为 100 米^3/秒，多年平均提水量为 13.60 亿米^3。工程批复投资为 2.57 亿元，2010 年 1 月 2 日正式动工，2013 年 12 月完成全线试通水和正式通水验收。

5. 鲁北段工程

工程主要任务是以 50 米^3/秒引调江水供聊城市用水并北送至临清，过邱屯闸以 25.5 米^3/秒输水至大屯水库，满足德州市用水，同时可向河北、天津应急调水。工程主要建设内容为小运河段工程，七一·六五河输水工程，大屯水库蓄水工程和灌区影响处理工程。其中与京杭大运河关系密切的为小运河段工程，该工程主要任务是将由穿黄河工程送至黄河北的江水继续输送至临清邱屯闸，满足沿线聊城市用水，并通过七一·六五河继续向德州市供水，也为向天津市、河北省应急供水创造条件，兼顾排涝和行洪。小运河段工程输水规模为 50 米^3/秒，多年平均过黄河进入小运河的水量为 4.4164 亿米^3，北送水量为 26022 万米^3。工程批复概算总投资 23.9 亿元，2010 年 12 月 28 日开工。2013 年 6 月 10 日全线试通水。

（二）南水北调东线工程对京杭大运河航运的影响及思考

南水北调东线工程对京杭大运河航运的影响主要体现在水量的增加和流向的变化上，另外有些扩建和重挖的河段，如南四湖—东平湖段、鲁北小运河段，都对运河河道的建设和日后的通航具有重要意义。

1. 南水北调东线工程对京杭大运河航运水文情势的影响

（1）长江—洪泽湖段。里运河江都站—南运西闸—北运西闸—淮安闸设计输水水位 8.5 ~ 7.6 ~ 6.43 ~ 6.0 米，设计输水流量 400 ~ 350 ~ 250 米^3/秒，江都站—南运西闸—北运西闸设计水面线较现状抬高 0.23 ~ 0.21 ~ 0 米；江都站—南运西闸设计流量增加 0 ~ 70 米^3/秒，南运西闸—北运西闸增加 20 ~ 100 米^3/秒；运西闸—淮安闸水位流量无变化。里运河淮安闸—淮阴二站设计输水水位为 9.13 ~ 9.0 米，设计输水流量为 80 米^3/秒；现状设计输水水位为 9.13 ~ 9.0 米，输水流量为 80 米^3/秒。与现状相比，设计输水水位、输水流量均无变化。

（2）洪泽湖—骆马湖段。骆马湖以南中运河淮阴闸—泗阳站设计输水水位由现状的11.05~10.5米抬高至11.5~10.5米，水位抬高0.45~0米；输水流量由现状160米^3/秒加大至230米^3/秒，流量增大70米^3/秒。泗阳站—刘老涧站设计输水水位由现状16.17~16.0米抬高至16.5~16.0米，水位抬高0.33~0米，输水流量由现状150米^3/秒加大至230米^3/秒，流量增大80米^3/秒。刘老涧站—皂河站设计输水水位由现状的18.72~18.5米抬高至19.28~18.5米，水位抬高0.56~0米；输水流量由现状的150~100米^3/秒增大至230~175米^3/秒，流量增大80~75米^3/秒。

（3）骆马湖—南四湖段。骆马湖以北中运河皂河站—大王庙设计输水水位为22.1~21.41米，输水流量为250米^3/秒；现状设计输水水位为22.1~22.0米，输水流量为50米^3/秒。与现状相比，设计水面线降低0~0.59米，输水流量增加200米^3/秒。不牢河与现状输水相比，不牢河大王庙—刘山站设计输水水位降低0.59~0.71米，输水流量增加75米^3/秒；刘山站—解台站设计输水水位抬高0.89~0米，输水流量增加75米^3/秒；解台站—蔺家坝船闸设计输水水位抬高0.29~0米，输水流量增加75米^3/秒。

（4）南四湖—东平湖段。梁济运河设计输水流量为100米^3/秒，梁济运河口—长沟站设计输水水位为32.8~31.8米，长沟站—邓楼站设计输水水位为35.3~33.8米。梁济运河后营水文站距运河口8.5千米，设计输水位为32.1米。现状梁济运河不向北输水，后营水文站现状相应输水期多年平均水位为34.00米，多年平均流量为4.13米^3/秒，由北向南入南四湖上级湖。显然输水期流量有显著增加，且流向与现状相反。

（5）鲁北段。小运河设计输水流量为50米^3/秒，设计输水水位穿黄枢纽出口—邱屯闸为35.61~31.39米。现状小运河不连通，工程实施后，输水期流量增加显著。

2. 南水北调东线工程与京杭大运河航运问题的思考

（1）南水北调东线工程对京杭大运河航运的影响

南水北调东线第一期工程长江至南四湖段除韩庄运河段外，规划输水方向与现江水北调水流方向一致。南四湖至东平湖段分别利用南四湖、扩挖梁济运河输水，输水方向与现状水流方向相反。鲁北段通过扩挖小运河输水，输水方向与现状水流方向一致。因此，南水北调对中运河山东段、南四湖以北输水河道水文情势的影响较为显著，其他输水河段基本为现有江水北调输水通道，影响相对较小。

中运河山东段即京杭大运河枣庄段，该河段西起微山湖口，东到台儿庄，是重要的通航河道，但是干旱一直是困扰航道通航的大难题。遇到降水偏少的年份，运河水位偏低会导致航道限航，使得货物滞留在途。南水北调通水后，引长江水补给运河，将工业、农业、交通密切结合，通盘考虑防洪、灌溉和航运的需要。从水利用方面看，南水北调东线一期工程输水线路和规划的京杭大运河航道线路相同，这就为通航河道提供了水源保证。因此在国家解决北方水资源短缺问题的同时，也使国家水运主通道向北延伸，使京杭大运河黄河以南到杭州段全线贯通。目前京杭大运河徐（州）扬（州）航道已达到Ⅱ级航道标准，京杭大运河枣庄段尚为Ⅲ级航道标准，限制了运河航运的发展。为了进一步发挥京杭大运河黄金水道的作用，加快实现国家高等级航道网建设，完善综合运输体系，全面提升京杭大运河通航条件和服务能力，在南水北调东线工程水源补给的有利条件下，目前已经开始了京杭大运河枣庄段二级航道整治工程和京杭大运河万年闸复线船闸工程、韩庄复线船闸工程的建设。预计建成后的枣庄段运河航道的货运量将大幅增加，预测 2020 年、2030 年、2040 年货运量分别达到 8210 万吨、10200 万吨、11500 万吨。

京杭大运河梁济运河段是南水北调东线工程南四湖—东平湖段输水与航运结合的工程。基本任务是将调入南四湖上级湖的江水逐级提水北送至东平湖，同时实现南四湖—东平湖按照三级航道通航的目标。航道按Ⅲ级最大通过设计船型 2×1000 吨级船队。航道设计最高通航水位为二十年一遇水位，跨河构筑物净空不小于 7 米；河道底宽不小于 50 米；水深不小于 3.2 米；转弯半径不小于 480 米。南水北调东线工程南四湖—东平湖段输水与航运结合工程的建设打通了济宁港至东平湖段的水上通道，新增通航里程 62 千米。

（2）南水北调东线工程与京杭大运河航运问题的思考

南水北调东线工程使用京杭大运河河道，对重新整治京杭大运河有着十分重要的作用。但是调水与航运作用并不相同，在工程设计、技术指标上都有区别。调水工程的建设规制尚不能满足京杭大运河复航的要求。如果以大运河复航为最终目标，那么对于后期的调水工程应有如下要求。一是应满足的航运流速。根据大运河复航要求，各级抽扬引水站输水纵向流速应不超过0.8米/秒。为避免横向水流对船舶航行安全的影响，应保证横向流速不超过0.3米/秒，各抽水站引河进、出口中泓线与航道中线的交角不能大于30度。二是应满足的航运水位。为保证航运正常进行，大运河水量应满足各节制船闸通航最低水位，为此必须保证大运河沿线各调节湖泊的水位不低于死水位。三是对梯级枢纽、大运河船闸和桥梁等建筑物的要求。为满足通航的需要，江都至东平湖间的抽水站应与节制船闸相配合，统一规划设计。大运河上各跨河桥梁也应根据水文特征和通航标准进行改扩建。

三　南水北调东线工程与京杭大运河流域环保治污

（一）江苏省截污导流工程

截污导流工程的主要内容是将污水处理厂和少数工业企业经处理达标排放的尾水拦截，通过埋设管道，疏浚老河道增加过流能力、开挖部分河道打通通道等方式导走，不再进入南水北调东线输水干线，保证输水干线三阳河段、大运河及里运河淮安城区段、中运河宿迁城区段、大运河徐州段形成清水廊道，实现南水北调东线江苏段干线输水水质稳定达到Ⅲ类水目标。江苏省截污导流工程主要由江都、淮安、宿迁和徐州市截污导流工程组成，总投资为12.5亿元。江都、宿迁市截污导流工程2009年底全面建成。淮安、徐州市截污导流工程于2011年建成。

1. 江都市截污导流工程

工程主要是在江都市城区污水收集处理的基础上，新建尾水提升泵站和尾水输送管道，将进入三阳河、新通扬运河的江都市清源污水处理厂尾水输送至长江双港段主江堤外窦桥港。工程概算投资为8125万元，2007年12月10日开工建设，2009年底已全面建成。

2. 淮安市截污导流工程

工程主要是将清浦、清河、开发区直接排入大运河、里运河的污水截流，送至污水处理厂集中处理后，尾水通过清安河排入淮河入海，有效改善南水北调输水干线大运河及里运河淮安城区段水质及水环境。工程设计尾水排放规模为9.7万吨/天，概算投资为3.32亿元，工期为27个月，2007年11月开工建设，2011年底工程建成。

3. 宿迁市截污导流工程

工程主要包括运西截污工程和尾水输送工程两部分。运西截污工程主要是封堵现有老城区12家工业企业向中运河的排污口，并沿运河铺设截污干管，将处理过的工业尾水收集至提升泵站；尾水输送工程主要是将尾水提升后通过管道输送至新沂河，经湿地处理后东排入海，有效改善南水北调输水干线中运河宿迁城区段水质及水环境。工程设计尾水排放规模7万吨/天，概算投资为1.11亿元，2007年12月开工建设，2010年底建成，2012年12月完成竣工验收，正式投入运行。

4. 徐州市截污导流工程

工程主要是利用现有的河渠和新开渠道等，建立运河沿线区域尾水“蓄存、导流、回用”体系，将大运河不牢河段、邳州段、房亭河等区域尾水统筹考虑，对尾水进行收集、回用、导流，剩余尾水从大马庄涵洞处排入新沂河北偏泓入海。工程设计尾水入新沂河排放规模为41.09万吨/天，概算投资为7.25亿元，2008年10月25日开工建设，2011年3月工程建成通水。

（二）山东段截污导流工程

工程共涉及韩庄运河、峄城大沙河、薛城小沙河、城郭河、老运河济宁段、泗河、老运河微山段、西支河、老万福河、洙水河、老运河梁山段、东鱼河、洸府河、小运河、卫运河、小运河—七一·六五河等10余个控制单元。具体包括枣庄市小季河、峄城大沙河、薛城小沙河、新薛河、薛城大沙河、城郭河、北沙河截污导流工程，济宁市济宁城区、微山县、鱼台县、嘉祥县、梁山县截污导流工程，聊城市金堤河、临清汇通河（会通河）截污导流工程，德州市武城县、夏津县截污导流工程，其中，薛城小沙河、新薛河、薛城大沙河3个截污导流工程合并为一个。

1. 枣庄市截污导流工程

小沙河控制单元截污导流工程涉及薛城小沙河、薛城大沙河和新薛河3条河道，流域内的行政区域含滕州市的南部、薛城区的北部和山亭区大部，控制面积为1244平方千米，总拦蓄量为352.5万米^3。工程于2008年11月3日开工建设，2012年10月25日完成竣工验收。

大沙河截污导流工程位于峄城大沙河上，涉及枣庄市市中区、峄城区和台儿庄区。工程控制面积为625.5平方千米，总拦蓄量为938.1万立方米。工程静态总投资为4465.88万元。2009年2月16日开工建设，2012年10月25日完成竣工验收。

小季河截污导流工程位于台儿庄区境内，主要任务是为保证小季河Ⅲ类水质目标，在干线调水期间拦截水量360.15万米^3、其中拦截中水206.4万米^3、天然径流154.11万米^3；拦截调蓄总库容为105.43万米^3，改善灌溉面积2万亩。工程设计概算总投资为4092.83万元，2008年12月26日开工建设，2011年11月6日完成竣工验收。

城漷河截污导流工程位于滕州市境内，通过新建6座橡胶坝，设计总库容为447.12万米^3，在干线输水期间拦截滕州市下泄中水1201.2万吨，通过中水灌溉回用。工程总投资为1.13亿元，2008年5月开工建设，2011年11月7日完成竣工验收。

北沙河截污导流工程位于滕州市境内，通过新建4座橡胶坝，设计总库容为223.28万米^3，在干线输水期间拦截滕州市下泄中水1146万米^3。工程总投资为5430万元，2008年6月30日开工建设，2011年11月7日完成竣工验收。

2. 济宁市截污导流工程

济宁市截污导流工程位于任城区、北湖新区和济宁南阳湖农场，从济宁市污水处理厂附近建设加压泵站通过输水管道经过北湖中路、南外环路穿过老运河、洸府河到蓼沟河；高新区污水处理厂达标中水通过现有河道自流到蓼沟河，再通过蓼沟河节制闸抬高蓄水位，经小新河及新开挖渠道连通幸福河自流到蓄水区进行调蓄和农田灌溉，工程与老运河湿地、洸府河湿地联合调度，可接纳济宁城区和高新区两污水处理厂达标排放的19万立方米/天中水。工程建成后，每年调水期间可通过2万亩农田回用和蓄水区拦蓄中水1144万立方米，实现调水期间污水零排放。2008年12月31日开工建设，2012年11月27日完成竣工验收。

嘉祥县截污导流工程位于县中部，涉及嘉祥镇、卧龙山镇、万张乡、马村镇、马集乡5个乡镇。任务是利用前进河、洪山河拦蓄达标排放的中水及地表径流，并用于灌溉回用，满足治污规划和治污控制单元规定的控制指标要求。拦蓄总库容为202.4万立方米，灌溉面积为2.5万亩。工程批准概算投资为2629.53万元，2008年6月30日开工建设，2012年10月27日完成竣工验收。

鱼台县截污导流工程位于县内谷亭镇唐马乡境内，在东鱼河唐马桥下游新建唐马拦河闸，调水期可拦蓄中水811万立方米，拦截上流弃水2563.7万立方米，改善灌溉面积7.6万亩，拦蓄总库容为1094.5万立方米。工程总投资为4214万元，2008年12月29日开工建设，2011年11月10日完成竣工验收。

微山县截污导流工程位于县内昭阳、夏镇、付村、欢城境内的老运河。主要任务是将污水处理厂处理后达标排放的中水进行截、蓄、导、用，防止工业、城镇生活污废水（中水）直接排放，确保调水水质达到地表水Ⅲ类标准。工程总投资为6505万元，2009年2月26日开工建设，2012年11月26日完成竣工验收。

梁山县截污导流工程位于县中部，总库容为330.6万立方米，灌溉面积为45万亩。主要任务是在输水期间拦蓄梁山县污水处理厂达标排放的中水

730 万吨，减少 COD、NH_3-N 入河量分别为 438 吨、113.5 吨，满足治污规划和治污控制单元规定的控制指标要求。批准概算总投资为 5336 万元。2012 年 1 月 12 日完成竣工验收。

3. 聊城市截污导流工程

金堤河截污导流工程位于聊城市南部，途经阳谷、东阿、东昌府三县（区）。工程主要任务：一是避免由河南省下排入金堤河、小运河的污废水污染南水北调输水干线——小运河，将上游下泄的污废水进行改排；二为金堤河汛末不能正常排入黄河的涝积水提供出路，根据治污方案，金堤河排水规模为 15 $米^3/秒$。工程总投资为 4839.6 万元。工程于 2008 年 12 月 31 日开工建设，2012 年 11 月 13 日完成竣工验收。

临清市汇通河（会通河）截污导流工程位于市城区，主要任务是将污水处理厂处理后的中水改排，不再排入临清六分干，以保证南水北调输水干线水质，中水排放规模 6 万吨/天。工程总投资为 3155.99 万元，2008 年 12 月 23 日开工建设，2009 年 12 月 23 日完工，2011 年 12 月 30 日完成验收。

4. 德州市截污导流工程

武城县截污导流工程位于武城县与平原县境内，主要任务是通过新建拦蓄和导流工程，干线输水期间拦截武城县境内中水，导送平原县境内的下泄中水 835.6 万立方米，通过中水灌溉回用，实现污染物零入河的目标。工程总投资为 2905.96 万元，2008 年 12 月 25 日开工建设，2012 年 1 月 17 日完成竣工验收。

夏津县截污导流工程位于县境内，主要任务是将县污水处理厂处理后的中水通过清淤后的三支沟进入青年河和城北改碱沟，利用河道上的节制闸对中水进行层层拦蓄，在农田灌溉季节实现中水灌溉回用，从而保证干线水质。工程总投资为 2505.86 万元，2008 年 12 月 23 日开工建设，2011 年 12 月 29 日完成竣工验收。

（三）南水北调东线工程截污导流工程对京杭大运河水质的影响与思考

南水北调东线治污以控制工业和城市污染源为主，规划实施了城市污水处理厂、截污导流、点源治理等一系列治污工程及流域综合整治工程，形成了“治理、截污、导流、回用、整治”一体化的治污工程体系。经过多年努力，江苏、山东两省控制单元治污实施方案确定的426项治污项目已经全部完工，沿线入河排污总量呈明显下降趋势，输水干线水质得到持续改善。

2017年11月30日至2018年2月9日，2018年3月2日至5月3日，江苏省南水北调工程分两轮向山东省调水，实现向山东供水10.88亿立方米的年度目标。调水期间严格按照《山东省南水北调东线工程调水水质监测方案》，开展水质加密监测，监测数据显示输水干线的9个测点全部稳定达标。经过不懈的努力，南水北调东线工程截污导流工程极大地改善了京杭大运河各河段和湖泊的水质。此后，随着二期、三期工程的开展，增大调水水量，以清释污，能够有效地改善京杭大运河及相关水体水质，缓解突发水质污染。

今后为控制区域性的污染源，应对直接或间接地排入京杭大运河的各支流建立完善的水质预警系统，一旦发现情况，可及时根据预警信息采取相应的闸门控制、水体调度、污染源控制等方案。同时，为保证南水北调水体质量，掌握调水的动态，应建立起与预警系统配套的量质结合的自动监测系统以及突发事故应急监测系统。做到常规监测、自动监测、移动监测三种监测方式相结合，从而满足引水、排水、供水以及预防突发性污染事故的要求，实现江水北调过程中的防治结合、调测结合、量质结合。

四　南水北调东线工程与京杭大运河文物保护

南水北调东线工程沿线共有地下文物177处，其中江苏省96处、山东省81处。其中与京杭大运河密切相关的重要文物主要有高邮镇国寺塔、扬州平津堰、扬州耿庙石柱、淮安板闸古粮仓遗址、淮安若飞桥和清江大闸、宿迁御码头遗址、宿迁关坝台遗址、徐州窑湾古建筑群、徐州荆山古桥遗址、聊城七级北闸遗址、聊城七级码头遗址、聊城西梭堤遗址、聊城土闸遗址、聊城河隈张庄砖窑遗址等。

（一）南水北调东线工程建设中发掘的京杭大运河重要遗址

1. 聊城市西梭堤遗址

位于距离聊城市区北约 15 千米的梁水镇西梭堤村西约 300 米、东距小运河约 600 米处。2010 年山东大学东方考古研究中心对西梭堤遗址进行了发掘，发掘面积约为 3000 平方米。出土房址 5 座、灶址 12 座、灰坑 41 个、墓葬 5 座、活动面 2 处、道路 1 条、沟 6 条，以及具有金代晚期特征的瓷器、陶器、石器、铁器、骨器等文物 300 余件。根据遗迹和遗物所反映的特征，确定这是一处以金代晚期遗存为主体的乡村聚落遗址。

2. 聊城市土桥闸遗址

位于聊城市东昌府区梁水镇土闸村，为京杭大运河的重要节制闸。土桥闸遗址的发现入选了“2001 年全国文物考古十大新发现”。船闸由大石块垒砌的燕翅，迎水、闸口、分水、燕尾、裹头、东西闸墩及南北侧底部的保护石墙和木桩组成。发掘人员全面清理了船闸，部分发掘了东侧闸墩上的大王庙，确定了月河的位置与深度，确定了下游减水闸的位置，调查了一座清代穿运涵洞。出土文物近万件，有瓷器、陶器、铜器、铁器、玉石器、两通石碑等。该考古发掘是大运河山东段船闸的首次发掘，也是大运河上完整揭露的第一座船闸。

3. 阳谷七级码头

位于阳谷县七级镇，2011 年山东省文物考古研究所对七级码头遗址进行了抢救性发掘，整理出保存良好的清代京杭大运河码头一座、连接码头的部分古街及码头南侧运河东岸晚期排水设施一套。确认码头由 17 级石砌台阶状慢道、顶部平台及台阶下夯土平台组成。在码头南侧运河东岸的晚期排水设施中清理出清代、民国时期石碑六方，碑座、碑首若干。本次发掘的码头为七级镇，名称由来提供了考古实证，确定了码头的结构、尺寸、构筑方法，发现了水线和大量反复插拔的木桩痕迹，对运河河水与河道的变化状况以及船只停靠岸边的方式有了深入了解。

4. 阳谷七级下闸遗址

位于阳谷县七级镇，下闸又称北闸，始建于元代，历经明、清两代复建和重修，清末裁撤闸官后废弃。2012 年 12 月至 2013 年 1 月，山东省文物考古研究所等单位进行了发掘工作，实际发掘面积为 3600 平方米，基本弄清了闸体的结构和建筑方式。因七级下闸被改建为桥，组成上可分为古代建筑和后期改建两部分，但船闸基础未被破坏，整体样式依然清晰可辨。其结构由闸口、燕翅、裹头、墩台、闸底板、木桩、荒石等组成。出土遗物较多的为瓷器，以青花瓷为主，也有少量白瓷、青瓷、蓝釉瓷、黄釉瓷、彩瓷等，可辨器形有碗、盘、碟、杯、笔洗等。

5. 临清市河隈张庄遗址

位于临清市戴湾镇河隈张庄村，2010 年山东省文物考古研究所对遗址勘探后，发现明清时期的窑址，共 9 座窑址、2 条道路、1 座取土坑、3 座灰坑及一段左侧河堤。2011 年，山东省文物考古研究所继续展开大规模发掘，清理烧砖窑址 18 座及相关的取土坑、道路、灰坑、活动面等遗迹，另发现了运河北侧的一段大堤。遗物主要为大量戳印款铭的育灰砖，内容有纪年、窑户及作头姓名，还发现少量青花瓷碗、盘及黄绿釉红陶盆等生活用器残片。窑址的发掘对于国家级非物质文化遗产——明清贡砖烧造技艺的研究具有重大的推动作用。

6. 临清戴湾闸遗址

位于临清市戴湾镇戴闸村，2012 年山东省文物考古研究所等单位对戴闸村京杭大运河上的船闸进行全面的发掘，露出一座保存较好的船闸，并发现保存较好的闸板，出土了少量的陶瓷片和铁器。戴湾闸由迎水燕翅、闸口、分水燕尾组成，闸槽内现保存有木头闸板，由上下 10 块残存木板组成，上面的 8 块木板用榫卯将两块相连分为四组，闸板坚固结实。通过发掘，明确了闸门的布局与尺寸，摸清了古代闸门的建造工序，为闸门的维修保护提供了科学依据。

（二）南水北调东线工程与京杭大运河文物保护工作的思考

南水北调东线工程催生了京杭大运河沿线文物的抢救性发掘，既带来了机遇，也带来了挑战。南水北调东线一期工程江苏段共发现 142 处地面地下文物点，包括古遗址、古墓群、化石地点、桥梁、码头、船坞、税关、古建筑群、船闸、涵洞、堤坝、石刻、纪念性建筑等，突出反映了大运河文化的繁盛。南水北调工程的考古调查勘探相当于一次运河沿线的文物普查，这对于研究南方文化与北方文化融合交流、大运河的历史变迁以及运河漕运史等有重要意义。

山东省鲁北输水段文物分布密集，从目前已掌握的资料看，涉及 25 处文物点，其中地上文物点 4 处、地下 21 处。这些文物点大多与运河有关，为运河文化研究提供了良好的契机，对于研究运河与沿岸政治、经济、文化发展的关系具有重要价值。目前在鲁北运河发现的 5 处运河遗址，出土了大量的遗迹、遗物，其保护和研究将是运河文化研究的重要组成部分。为做好南水北调东线工程山东段文物保护工作，山东省文化厅南水北调文物保护工作办公室对山东各渠段分别制定了保护规划。如《南水北调东线工程山东段鲁北输水段古代建筑保护方案》《南水北调东线工程山东段文物保护工作方案》《南水北调东线工程山东段韩庄运河段文物保护工作方案》《南水北调东线工程山东段南四湖至东平湖段文物保护工作方案》等，为做好南水北调工程东线工程有关山东运河的文物保护整体规划打下了坚实的基础。

经济发展篇

Economic Development

B.15 中国大运河城市经济形势分析与展望

程宗宇　陈丹阳　魏志阳*

摘　要：“十三五”规划开局第二年，国民经济迎来了“新局面”，即稳中向好，好于预期。在此基础上，本文对2017～2018年中国大运河城市经济发展进行概述，并分析大运河文化带建设背景下的大运河城市旅游发展状况，同时对未来大运河城市经济发展态势进行分析与预测。

关键词：京杭大运河　文化带建设　城市经济　大运河旅游

* 程宗宇，聊城大学历史文化与旅游学院硕士研究生，研究方向为社会史；陈丹阳，博士，聊城大学运河学研究院讲师，研究方向为科学技术史、历史地理学、文化地理学；魏志阳，聊城大学历史文化与旅游学院硕士研究生，研究方向为社会史。

中国大运河从行政区域上地跨北京、天津、河北、山东、河南、安徽、江苏、浙江等省份，其城市主要包括通州区、武清区、廊坊市、沧州市、衡水市、邢台市、德州市、临清市、聊城市、济宁市、滕州市、微山县、洛阳市、郑州市、焦作市、新乡市、商丘市、开封市、徐州市、宿迁市、淮安市、扬州市、镇江市、常州市、无锡市、苏州市、嘉兴市、湖州市、杭州市、宁波市等。2017～2018 年度这些大运河城市坚持稳中求进的工作总基调，坚定不移地贯彻新发展理念，以供给侧结构性改革为主线，全力推进稳增长、促改革、调结构、惠民生、防风险等各项工作，使得城市经济平稳增长。本文首先整体概括 2017 年度大运河城市的经济运行情况，其次分析大运河文化带建设背景下的运河旅游发展状况，最后对未来大运河城市经济发展态势进行分析与预测。

一 2017～2018年度大运河城市经济发展状况

2017～2018 年度，中国大运河城市坚持深化供给侧结构性改革，进一步落实市场在资源配置中的真正决定性作用，实施强有力的宏观调控，使得运河城市经济呈现出稳中向好的良好势头。

（一）整体经济保持良好，增长速度稳中求健

初步核算并经各市统计局审定，2017 年度北京市实现生产总值 28000.4 亿元，比上年增长 6.7%，相比 2016 年生产总值增长 3101.1 亿元，同比增长率持平；2017 年度天津市实现生产总值 18595.38 亿元，比上年增长 3.6%，相比 2016 年生产总值增长 709.99 亿元，但同比增长率降低 4.55%；2017 年度廊坊市实现生产总值 2880.6 亿元，同比增长 6.8%，相比 2016 年生产总值增长 174.3 亿元，但同比增长率降低 1.2%；2017 年度沧州市实现生产总值 3816.9 亿元，比上年增长 7.0%，相比 2016 年生产总值增长 283.5 亿元，但同比增长率降低 0.9%；2017 年度衡水市实现生产总值 1550.1 亿元，比上年增长 7.2%，相比 2016 年生产总值增长 136.7 亿元，

但同比增长率降低0.6%；2017年度德州市实现地区生产总值3140.18亿元，比上年增长7.3%，相比2016年生产总值增长207.19亿元，但同比增长率降低0.1%；2017年度聊城市实现生产总值3064.06亿元，比上年增长7.5%，相比2016年生产总值增长204.86亿元，但同比增长率降低0.2%；2017年度济宁市实现生产总值4650.57亿元，比上年增长7.1%，相比2016年生产总值增长348.75亿元，但同比增长率降低0.9%；2017年度徐州市实现生产总值6605.95亿元，比上年增长7.7%，相比2016年生产总值增长797.43亿元，但同比增长率降低0.5%；2017年度宿迁市实现生产总值2610.94亿元，比上年增长7.5%，比全省增速快0.3个百分点，相比2016年生产总值增长304.94亿元，但同比增长率降低1.8%；2017年度淮安市实现生产总值3387.43亿元，比上年增长7.4%，相比2016年生产总值增长339.43亿元，但同比增长率降低1.6%；2017年度扬州市实现生产总值5064.92亿元，比上年增长8.0%，相比2016年生产总值增长615.54亿元，但同比增长率降低1.5%；2017年度郑州全年完成生产总值9130.2亿元，比上年增长8.2%，相比2016年生产总值增长1210.2亿元，但同比增长率降低0.3%；2017年度商丘市生产总值2217.89亿元，比上年增长8.7%，相比2016年生产总值增长243.87亿元，同比增长率增长0.1%，等等。由于大运河沿线城市众多，本文就不逐个列举。其他城市的生产总值及同比增长率（见表1）

表1　2016～2017年中国大运河沿线城市经济发展情况统计

城市	2016年生产总值(亿元)	同比增长(%)	2017年生产总值(亿元)	同比增长(%)
北京	24899.3	6.7	28000.4	6.7
天津	17885.39	8.15	18595.38	3.6
廊坊	2706.3	8.0	2880.6	6.8
沧州	3533.4	7.9	3816.9	7.0
衡水	1413.4	7.8	1550.1	7.2
邢台	1954.8	7.1	2236.36	7.0
邯郸	3337.1	6.8	3666.3	7.1
德州	2932.99	7.2	3140.18	7.3

续表

城市	2016 年生产总值(亿元)	同比增长(%)	2017 年生产总值(亿元)	同比增长(%)
聊城	2859.2	7.3	3064.06	7.5
泰安	3316.8	7.2	3585.3	6.8
济宁	4301.82	8.0	4650.57	7.1
枣庄	2142.63	7.2	2315.91	6.7
徐州	5808.52	8.2	6605.95	7.7
宿迁	2306	9.3	2610.94	7.5
淮安	3048	9.0	3387.43	7.4
扬州	4449.38	9.4	5064.92	8.0
镇江	3500	9.3	4105.36	7.2
常州	5773.9	8.5	6622.3	8.1
无锡	9210.02	7.5	10511.8	7.4
苏州	15400	7.5	17300	7.1
杭州	11050.49	9.5	12556	8.0
湖州	2243.1	7.5	2476.1	8.5
绍兴	4710	5.5	5108	7.1
宁波	8541.1	7.1	9846.9	7.8
安阳	1672	7.2	2268	7.2
郑州	7920	8.5	9130.2	8.2
鹤壁	769.4	11.1	832.59	8.3
商丘	1974.02	8.6	2217.89	8.7
淮北	780	5.0	929	7.6
宿州	1351.82	9.1	1503.91	9.1

资料来源：各市政府统计局或资料政府报告。

2017 年中国大运河沿线城市的生产总值比前年有所提高，经济保持良好的状态，但是相比 2016 年的同比增长率整体呈下降趋势。尤其是天津市，2017 年的生产总值虽然相比 2016 年增长了 709.99 亿元，但是同比增长率降低了 4.55%。这种现象与 2017 年天津市政府采取新常态政策有密切的关联。2017 年 4 月 25 日，天津市政府结合近期国家有关政策与本市实际情况，出台了《天津市降低实体经济企业成本 2017 年第一批政策措施》。这一政策措施共含 26 项，其中降低税费负担这项措施中的“实施技术先进型服务企业所得税优惠政策”规定，符合条件的技术先进型服务企业按 15%

的税率征收企业所得税；符合条件的技术先进型服务企业实际发生的职工教育经费支出，不超过工资薪金总额8%的部分，准予在计算应纳税所得额时扣除，超过部分准予在以后纳税年度结转扣除。可见天津市政府认真贯彻党中央战略决策和部署，积极适应把握引领经济发展新常态，重质量，控速度，形成良好的经济发展状态。同样，其他大运河沿线城市也在积极响应“十三五”的新趋势，重质量，控速度，稳中发展，实现了经济平稳发展。（见图1）例如，2017年北京市实行的动能转换政策。动能转换虽然对经济的增长率只贡献了0.2个百分点，但是全年实现新经济增加值高达9085.6亿元，占全市地区生产总值的比重为32.4%。这充分显示：2017年运河沿线城市经济的增长率虽然低速上升，但是整体经济保持着良好的状态。

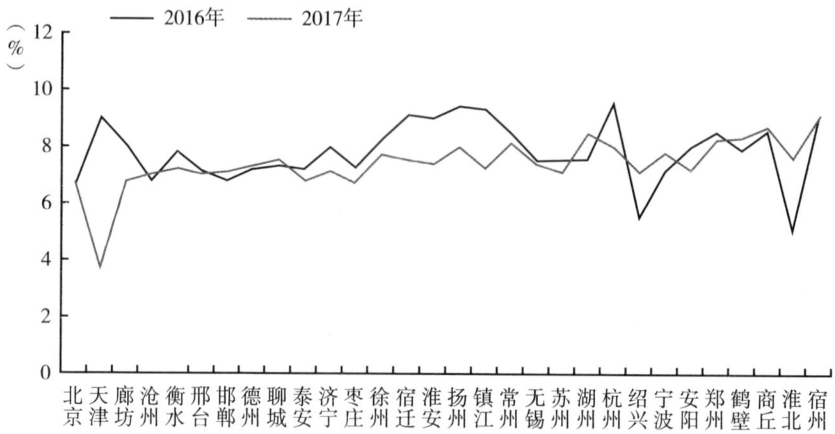

图1　2016~2017年大运河沿线城市生产总值增长率比较

（二）经济结构优化，质效稳步提升

2017年，大运河沿线城市深入贯彻以习近平同志为核心的党中央决策部署，以“新发展理念”为引领，深入进行“调结构”工作，实现经济结构的优化，保持经济持续健康地运行。据2017年中国大运河沿线城市各产业情况统计表（见表2）可知，除廊坊第一产业的同比增长率下降1.9%外，大运河沿线城市的第一、第二、第三产业整体呈上升趋势。第一产业整体平均生产增加值达到252. 54 亿元，平均同比增长率约 2. 86%，平均所占三次产业比重为7. 42%；第二产业整体平均生产增加值达到2303. 15 亿元，平均同比增长率约6. 4%，平均所占三次产业比重为46. 3%；第三产业整体平均生产增加值达到3074. 64 亿元，平均同比增长率约9. 18%，平均所占三次产业比重为46. 28%。

表2　2017 年中国大运河沿线城市各产业情况统计

城市	第一产业增加值（亿元）	同比增长率（%）	第二产业增加值（亿元）	同比增长率（%）	第三产业增加值（亿元）	同比增长率（%）	各产业比重
北京	120. 5	6. 2	5310. 6	4. 6	22569. 3	7. 3	0. 4 ∶ 19. 0 ∶ 80. 6
天津	218. 28	2. 0	7590. 36	1. 0	10786. 74	6. 0	1. 2 ∶ 40. 8 ∶ 58. 0
廊坊	186. 5	1. 9（降低）	1262. 4	3. 1	1431. 8	11. 5	6. 5 ∶ 43. 8 ∶ 49. 7
沧州	307. 7	1. 7	1904. 5	4. 4	1604. 7	11. 0	8. 1 ∶ 49. 9 ∶ 42. 0
衡水	183. 9	3. 3	716. 8	4. 5	649. 5	11. 4	11. 9 ∶ 46. 2 ∶ 41. 9
邢台	273. 21	4. 0	1070. 14	5. 2	893. 01	10. 1	12. 2 ∶ 47. 9 ∶ 39. 9
邯郸	405. 4	3. 3	1783. 7	4. 4	1477. 2	11. 1	11. 1 ∶ 48. 6 ∶ 40. 3
德州	311. 18	3. 6	1498. 62	6. 9	1330. 38	8. 6	9. 9 ∶ 47. 7 ∶ 42. 4
聊城	353	4. 2	1514. 08	6. 8	1196. 98	9. 3	11. 5 ∶ 49. 4 ∶ 39. 1
泰安	280. 4	3. 4	1627. 9	6. 8	1676. 9	7. 3	7. 8 ∶ 45. 4 ∶ 46. 8
济宁	497. 97	4. 4	2122. 16	6. 6	2030. 44	8. 3	10. 7 ∶ 45. 6 ∶ 43. 7
枣庄	162. 23	3. 7	1194. 99	6. 3	958. 69	7. 9	7. 0 ∶ 51. 6 ∶ 41. 4
徐州	600. 54	2. 5	2884. 00	7. 7	3121. 41	8. 6	9. 1 ∶ 43. 6 ∶ 47. 3
宿迁	292. 14	2. 7	1253. 48	7. 8	1065. 32	8. 5	11. 2 ∶ 48. 0 ∶ 40. 8
淮安	339. 44	3. 1	1412. 39	6. 4	1635. 60	9. 2	10. 0 ∶ 41. 7 ∶ 48. 3
扬州	262. 06	1. 9	2475. 86	6. 7	2327. 00	10. 1	5. 2 ∶ 48. 9 ∶ 45. 9
镇江	142. 42	1. 4	2031. 10	6. 0	1931. 84	8. 8	3. 5 ∶ 49. 4 ∶ 47. 1
常州	157. 1	1	3081. 2	6. 7	3384	9. 8	2. 4 ∶ 46. 5 ∶ 51. 1
无锡	135. 18	0. 8	4964. 44	7. 3	5412. 18	7. 7	1. 3 ∶ 47. 2 ∶ 51. 5
杭州	312	1. 9	4387	5. 3	7857	10. 0	2. 5 ∶ 34. 9 ∶ 62. 6
湖州	127. 3	2. 2	1173. 7	7. 8	1175. 1	10. 0	5. 1 ∶ 47. 4 ∶ 47. 5
绍兴	207	2. 0	2491	6. 7	2410	8. 0	4. 0 ∶ 48. 8 ∶ 47. 2
宁波	314. 1	2. 4	5105. 5	7. 9	4427. 3	8. 1	3. 2 ∶ 51. 8 ∶ 45. 0
安阳	202. 45	4. 3	1101. 29	5. 8	964. 35	9. 7	8. 9 ∶ 48. 6 ∶ 42. 5
郑州	158. 6	2. 6	4247. 5	7. 6	4724. 1	9. 0	1. 7 ∶ 46. 5 ∶ 51. 8

续表

城市	第一产业增加值（亿元）	同比增长率（%）	第二产业增加值（亿元）	同比增长率（%）	第三产业增加值（亿元）	同比增长率（%）	各产业比重
鹤壁	61.10	4.4	537.15	8.5	234.34	9.3	7.3 ∶ 64.5 ∶ 28.2
商丘	389.59	4.5	926.48	8.6	901.82	11.1	17.5 ∶ 41.8 ∶ 40.7
淮北	64	3.8	547.3	8.6	317.7	6.9	6.9 ∶ 58.9 ∶ 34.2
宿州	258.45	3.6	575.73	9.6	669.73	11.5	17.2 ∶ 38.3 ∶ 44.5

资料来源：各市政府统计局或政府报告。

据运河沿线城市的三种经济产业比重图（见图2）可知，各城市中第二、第三产业所占的比重均大于第一产业所占的比重，且第一产业所占的比重最低。但是，沿线各城市之间的第一、第二、第三产业所占比重不平衡。例如，北京市三种经济产业的比重为0.4 ∶ 19.0 ∶ 80.6；聊城市三种经济产业的比重为11.5 ∶ 49.4 ∶ 39.1；宿迁市三种经济产业的比重为11.2 ∶ 48.0 ∶ 40.8。这说明运河城市中的经济产业结构需进一步优化。

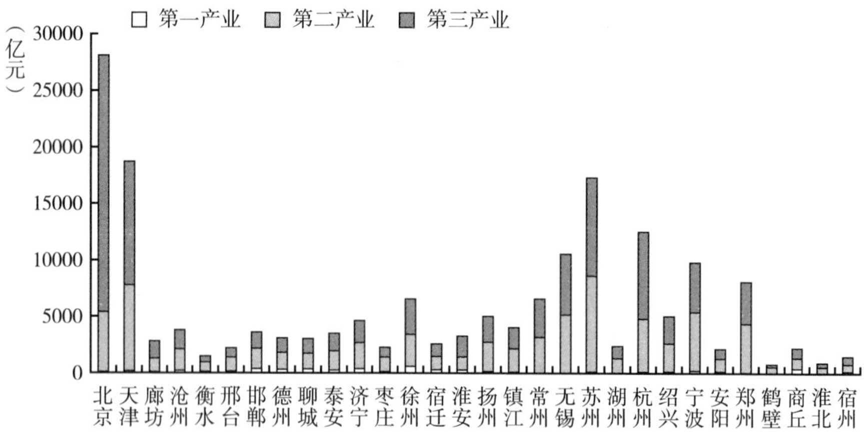

图2　2017年运河沿线城市的三种经济产业比重

资料来源：各市政府统计局资料或政府报告。

当然，运河沿线城市中的经济产业内部结构已得到相应的调整。例如，2017年郑州市产业集聚区实行第一产业转型升级，降低工业能耗。据郑州市统计局初步统计，2017 年全市产业集聚区规模以上工业综合能源消费量为 402.4 万吨标准煤，同比同期下降 1.4%，发展质量进一步提升。可见第一产业结构虽然得到优化，但是产业内部质效需提升。2017 年天津市产业结构得到调整，实现了实体经济转型发展，制造引领工业发展，装备制造业增加值占规模以上工业比重为 35.6%，增长了 3.6%，对工业增长贡献率为 59.5%，但是还需引进科技来更好地提高工业的内部质效。

同时，第二、第三产业的内部结构也得到优化。2017 年天津市的农业结构调整取得显著的成效，实行“一减三增”战略，即减粮、增菜、增林果、增水产品，粮食总产量 212.02 万吨，同比增长了 8.0%。同时，2017 年天津市进一步巩固服务业主导的地位，服务业增加值占全市生产总值的比重为 58.0%，比上年提高 1.6 个百分点；2017 年北京全市农业观光园 1216 个，比上年减少 42 个，观光园总收入 29.9 亿元，比上年增长 6.9%，全年实现农林牧渔业总产值 308.3 亿元，比上年下降 8.8%。这些都体现出 2017 年运河沿线城市经济结构的优化。

此外，2017 年运河沿线城市在创新驱动方面有很大的突破。如 2013 ~ 2017 年大运河城市北京市研究与试验发展经费支出及增长速度（见图 3）所示：2017 年北京市研究与试验发展（R&D）经费支出 1595.3 亿元，比上年增长 7.5%，相当于地区生产总值的比例为 5.7%；北京市研究与试验发展（R&D）活动人员 38.8 万人，比上年增长 3.9%；每万人发明专利拥有量为 94.6 件，比上年增加 17.8 件；全年中关村国家自主创新示范区规模（限额）以上高新技术企业实现总收入 51157.9 亿元，比上年增长 11.1%；其中实现技术收入 8327.7 亿元。整体上来看，2017 年大运河沿线城市持续深化供给侧结构，不断优化经济结构，以创新驱动引领发展，经济质效稳步提升。

（三）民生民计持续改善，消费价格涨幅平稳

2017 年运河沿线城市居民收入整体稳步增长。据各市政府统计局或政府报告可知，2017 年，北京市居民人均可支配收入为 57230 元，比上年增长 8.9%，扣除价格因素后，实际增长 6.9%；沧州市居民人均可支配收入

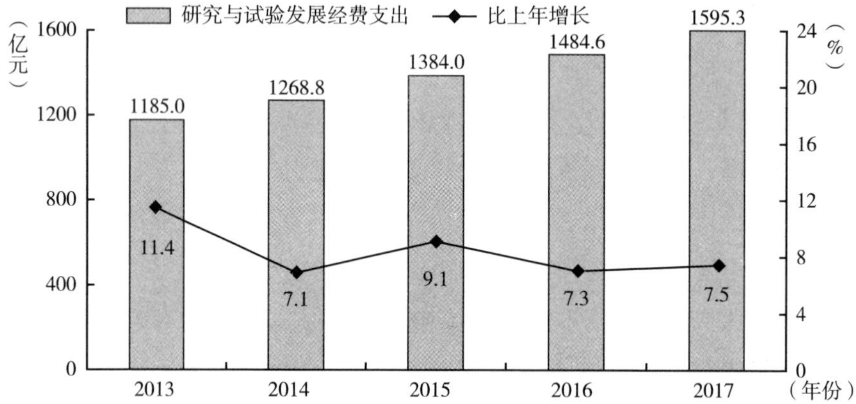

图3　2013～2017年大运河城市北京市研究与试验发展经费支出及增长速度

资料来源：北京市政府报告。

为21349元，同比增长9.4%；邢台城乡居民人均可支配收入达到18050元，比上年增长10.6%；泰安市居民人均可支配收入25244元，比上年增长8.8%；济宁市居民人均可支配收入23847元，比上年增长9.1%，人均消费支出14582元，同比增长7.7%；枣庄市城乡居民人均可支配收入22420元，同比增长8.6%；徐州市居民人均可支配收入24535元，比上年增长9.8%；宿迁市居民人均可支配收入20756元，比上年增长9.5%。徐州市居民人均可支配收入中：工资性收入11014元，比上年增长8.4%；经营净收入5655元，比上年增长10.1%；财产净收入862元，比上年增长15.4%；转移净收入3225元，比上年增长10.8%。运河沿线城乡居民可支配收入具体变化情况请见表3。

表3　2017年中国大运河沿线城市居民收入情况统计

城市	城镇居民人均可支配收入（元）	同比增长率（%）	农村居民人均可支配收入（元）	同比增长率（%）
北京	62406	9.0	24240	8.7
天津	—	8.9	—	10.0
廊坊	37474	8.2	15487	8.4
沧州	31044	8.5	12363	9.0
衡水	26195	10.1	11194	11.2

续表

城市	城镇居民人均可支配收入（元）	同比增长率（%）	农村居民人均可支配收入（元）	同比增长率（%）
邢台	26179	9.5	10999	9.9
邯郸	28774	8.2	13151	8.2
德州	24640	8.3	13389	9.3
聊城	25231	8.4	12415	9.0
泰安	32739	8.1	15674	8.6
济宁	32420	8.1	14845	9.0
枣庄	29924	8.0	14164	8.8
徐州	30987	9.0	16697	9.3
宿迁	26118	8.4	15268	9.6
淮安	32976	8.7	15601	9.0
扬州	38828	8.9	19694	9.1
镇江	45386	8.6	22724	8.6
常州	49955	8.5	25835	8.6
无锡	52659	8.3	28358	8.4
苏州	58806	8.2	29977	8.3
湖州	49934	9.0	28999	9.4
杭州	56276	7.8	30397	8.9
绍兴	54445	8.2	30331	9.3
宁波	55656	7.9	30871	8.0
安阳	30421	8.0	13697	8.5
郑州	36050	8.5	19974	8.4
鹤壁	28520	8.9	15326	9.3
商丘	27595	9.4	10517	9.5
淮北	29578	8.6	11611	9.0
宿州	27703	8.5	10859	9.5

资料来源：各市政府统计局或政府报告。

根据表3可得，2017年大运河沿线城市城镇居民人均平均支配收入为34892.39元，农村居民人均平均支配收入为18009.28元，城镇居民人均平均支配收入比农村居民多16883.11元。城镇居民人均支配收入平均增长率为8.57%，农村居民人均支配收入平均增长率为10.33%，农村居民人均支配收入平均增长率比城镇居民高1.76%。这些数据显示：2017年大运河沿线城市政府实行的农村补助政策起到立竿见影的作用。尤其是针对现在农村农产品的销售渠道单一的问题，2017 年国家投入巨资出台了新的补贴政策，即在农村建设冷藏库、储藏室、通风库等均可以得到国家的项目补贴扶持，补贴额度在 1 万 ~34 万元。此外，城市居民收入的提高与就业也有着直接关系。例如，2017 年天津市持续推进“大众创业、万众创新”“百万技能人才培训福利计划”等政策，使得全年新增就业人数达 48.95 万人，同比增长了 0.1%，其中，应届大学生就业率达到 90% 以上。2017 年天津市居民收入同比增长 8.2%。这不仅可以看出居民收入的提高，也可以看到 2017 年的就业结构进一步优化。但是，据表 3 统计，城镇居民人均平均支配收入比农村居民人均平均支配收入多 16883.11 元，可见运河沿线城乡居民收入还是存在一定的差距。

由于大运河沿线各市政府统计局缺乏相关居民消费的数据，笔者就统计了 2017 年中国大运河沿线部分城市居民消费情况。由表 4 可得：2017 年中国大运河沿线部分城镇居民消费支出平均同比增长率为 6.16%，农村居民消费支出平均同比增长率为 7.94%。2017 年中国大运河沿线城市居民消费支出比去年平均提高了 26450.8 元，这说明 2017 年大运河沿线城市的 GDP 有所提高，居民收入较为稳定。

表 4 2017 年中国大运河沿线部分城市居民消费情况统计

城市	城镇居民人均消费支出（元）	同比增长率（%）	农村居民人均消费支出（元）	同比增长率（%）
北京	40346	5.5	18810	8.5
天津	—	—	—	—
廊坊	24389	6.3	12203	8.6
德州	15131	7.1	10785	9.1
聊城	14651	8.4	8996	9.0
泰安	19376	8.2	10100	8.6
济宁	19287	6.0	9641	9.4
枣庄	17247	8.3	9345	9.0
徐州	15436	7.8	12038	8.8
淮安	17788	5.2	10526	9.3
扬州	22093	4.9	14766	7.6

续表

城市	城镇居民人均消费支出（元）	同比增长率（%）	农村居民人均消费支出（元）	同比增长率（%）
镇江	25637	5.1	17127	7.5
常州	28445	5.0	17849	7.7
无锡	32972	4.9	19998	8.3
湖州	28962	4.4	18665	6.0
杭州	38179	4.4	21983	4.3
绍兴	30879	7.0	19216	8.0
宁波	33197	5.1	20239	4.8
郑州	24973	7.6	14849	9.2
鹤壁	16948	4.7	10397	6.7
商丘	16847	5.0	7420	8.4
淮北	18146	8.4	8329	8.0

同时，由表4的消费整体的增长幅度，可见消费价格涨幅平稳。例如，2017年，北京全年居民消费价格总水平比上年上涨1.9%。其中，食品价格下降0.6%，非食品价格上涨2.4%；消费品价格与上年持平，服务项目价格上涨4.7%。可见消费结构的进一步完善。通过表5与图4可看出，鲜肉、居住、医疗保健的涨跌幅度有点大，其他消费价格平均值为1.7%~2.5%，且居民消费价格月度同比指数都保持在平均数101.9。

表5　2017年北京市居民消费价格涨跌幅度

单位：%

指标	2017年
居民消费价格	1.9
食品烟酒	0.5
其中：粮食	0.9
鲜菜	-10.0
畜肉类	-1.6
鲜瓜果	3.9
衣着	-2.2
居住	3.8

续表

指标	2017 年
生活用品及服务	0.6
交通和通信	0.3
教育文化和娱乐	2.3
医疗保健	7.4
其他用品和服务	2.7

资料来源：北京市政府报告。

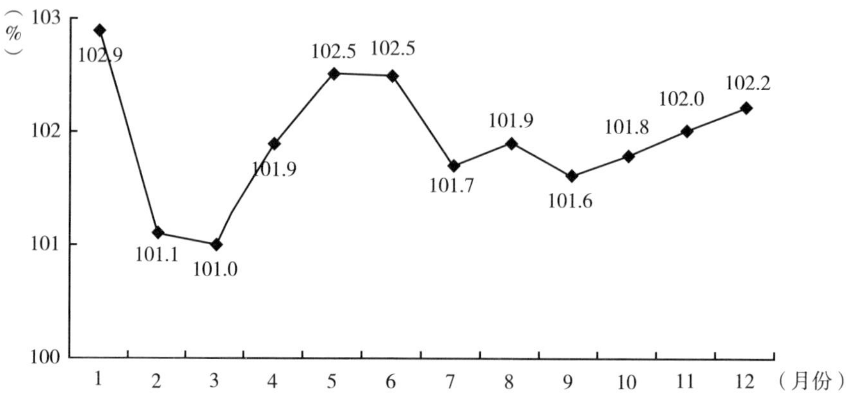

图 4　2017 年北京市居民消费价格月度同比指数

资料来源：北京市政府报告。

二　2017 ~2018 年度大运河城市旅游发展状况

2017 年 7 月，习近平总书记提出重要指示，以高度历史使命感推进大运河文化带建设。大运河沿线城市纷纷响应，深刻学习贯彻习近平总书记重要指示精神，为更好地“保护好”“传承好”“利用好”大运河历史文化资源做出相应对策。在大运河文化带建设背景下，大运河沿线城市为发展运河旅游进行了调整，并取得不错的成绩。

（一）运河旅游融合发展，收入不断提高

在大运河沿线城市旅游收入方面：2017 年，北京全年旅游收入 5468.8 亿元，同比增长 8.9%；廊坊全年旅游收入 372.7 亿元，同比增长 33.2%；沧州全年旅游收入 162.38 亿元，同比增长 31.94%，其中外汇收入 1158.72 万美元；衡水全年旅游收入 134.7 亿元，同比增长 32.4%；德州全年旅游收入 186.66 亿元，同比增长 13.7%；徐州全年旅游收入 666.64 亿元，同比增长 16.4%（见表 6）。据 2017 年中国大运河沿线城市旅游业发展情况统计可得表 6，大运河沿线城市整体平均旅游收入为 821.02 亿元，比 2016 年增加 41.9 亿元，平均同比增长率为 18.7%，比 2016 年增长了 2.15%。可见，2017 年大运河沿线城市旅游收入不断提高，旅游经济呈现稳中向好的状态（见图 5、图 6）。

表 6　2017 年中国大运河沿线城市旅游业发展情况统计

城市	旅游收入（亿元）	同比增长率（%）	接待人次（万人次）	同比增长率（%）
北京	5468.8	8.9	29000.0	4.4
廊坊	372.7	33.2	3379.5	8.4
沧州	162.4	31.9	1832.4	24.1
衡水	134.7	32.4	1733.2	26.6
邢台	239.4	31.8	2631.6	24.8
邯郸	637.1	30.5	5853.1	23.6
德州	186.7	13.7	2772.4	10.4
聊城	186.9	15.0	2277.5	11.1
泰安	757.6	14.5	6894.9	9.8
济宁	688.1	14.7	6761.0	10.2
枣庄	199.7	14.9	2259.2	10.6
徐州	666.6	16.4	5101.8	12.9
宿迁	255.6	18.2	2220.0	15.3
淮安	357.3	15.8	2934.1	12.3
扬州	796.7	15.2	6297.4	11.9
镇江	822.4	15.1	5971.6	11.5
常州	953.7	14.4	6600.4	9.9

续表

城市	旅游收入(亿元)	同比增长率(%)	接待人次(万人次)	同比增长率(%)
无锡	1743.0	12.1	9179.3	6.9
苏州	2328.0	11.8	12046.0	6.6
湖州	1104.9	25.2	10658.3	20.5
杭州	3041.3	18.3	16286.6	15.8
绍兴	1028.0	15.4	9541.0	15.1
宁波	1715.9	13.4	19790.0	18.6
安阳	436.4	30.2	4743.0	17.9
郑州	1195.0	13.4	10092.0	12.9
鹤壁	98.7	20.9	2142.7	15.4
商丘	29.9	19.7	1414.7	18.1
淮北	95.8	19.9	1477.4	17.6
宿州	140.0	16.7	2100.0	11.6

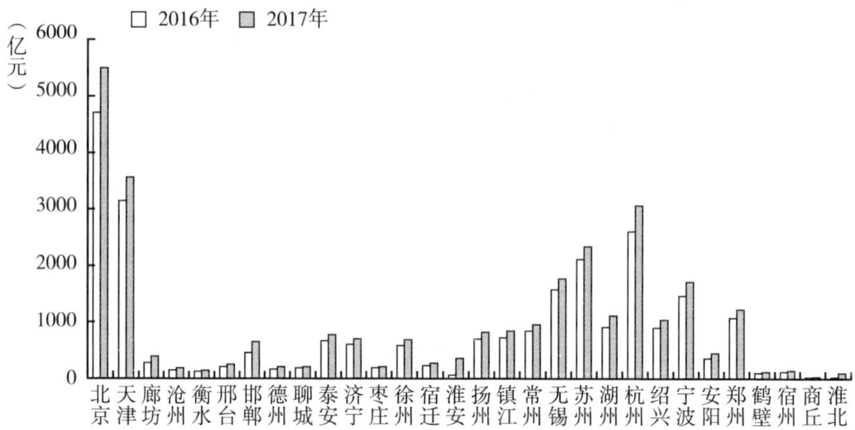

图5 2016~2017年大运河沿线城市旅游收入比较

（二）游客数量增多，区域差异拉大

在大运河沿线城市接待游客数量方面：2017年，北京全年接待国内旅游者达2.9亿人次，同比增长4.4%，接待入境旅游者392.6万人次。其中包括外国人332万人次、港、澳、台同胞60.6万人次；天津全年接待入境旅游者345.06万人次，同比增长3.0%，其中外国人317.65万人次，同比

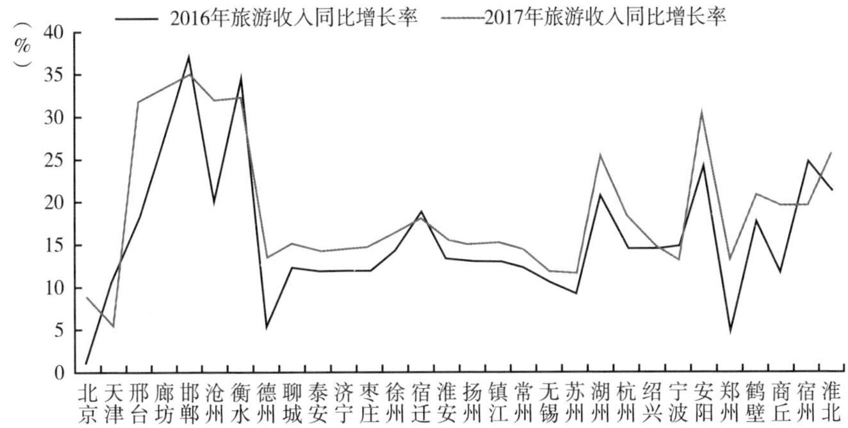

图6　2016～2017年大运河沿线城市旅游收入增长率比较

增长2.8%，国内游客增长10.4%；廊坊全年接待游客3379.5万人次，同比增长25.4%，其中接待国际游客17.7万人次，同比增长14.4%，接待国内游客3361.7万人次，同比增长25.4%；衡水全年接待国内外游客1733.2万人次，同比增长26.6%，其中接待国内游客1731.2万人次，增长26.7%，接待入境游客19392人次，同比增长19.3%；德州全年接待游客2772.41万人次，同比增长10.4%，其中接待入境游客2.24万人次，同比增长6.3%，接待国内游客2770.17万人次，同比增长10.4%（见表6）。2017年大运河沿线城市平均接待游客6628.82万人次，平均同比增长率为14.01%。

从整体上来看大运河沿线城市接待游客数量呈增长趋势，但运河沿线城市之间接待游客数量存在着差距（见图7）。例如，2017年，聊城全年接待游客总2277.17万人次；枣庄全年接待游客人数2259.24万人次，等等。相比其他运河沿线城市，它们的接待游客数量明显偏低。当然，这些城市也在积极采取相应的措施来吸引游客，如2017年聊城市政府力图将聊城打造成全国运河文化名城，其旅游业还有很大的发展空间。

（三）大运河旅游文化带产业的新发展

2017年，大运河沿线各市政府深入学习贯彻习近平总书记的重要指示，

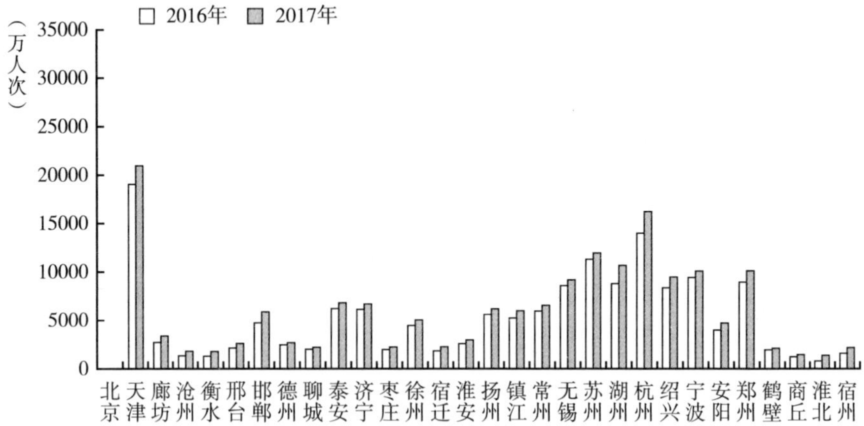

图7　2016～2017年大运河沿线城市旅游人数

保护大运河是运河沿线所有地区的共同责任。在发展大运河旅游时，沿线各市政府注重大运河的保护工作，即“三个文化带”的建设。作为京杭大运河终点的北京，于2017年12月，在北京市政府及相关部门的积极推动下，已经形成了大运河文化带的保护建设规划，制定了大运河文化带的五年行动计划，并针对大运河带建设工程中的具体工作做了相应的部署与安排。同时，北京市政府还对各区的故城遗址进行考古和保护，对大运河沿线的古遗址（古桥、古道、古码头）、古遗迹进行调研工作，深入挖掘大运河文化内涵，更好地进行北京市运河“三个文化带”的建设。

同样，作为京杭大运河中心点的台儿庄，在市政府及相关部门的积极推动下，以“中华运河文明传承创新核心区、国际知名旅游目的地、世界文化遗产”为定位，以“运河文化遗产保护好、传承好、利用好”为原则，精心打造“运河古城”城市品牌。2017年，台儿庄凭借自身独厚的资源及其优势，将旅游融入中国大运河带建设，形成了自身独特的大运河文化带产业项目。同时，以大运河为主干，以扬州、泰州、淮安、宿迁及徐州等沿线运河城市为规划范围，共建的运河生态大走廊已经取得不错的成绩，如扬州打造运河主题馆和“船之韵”文化主题公园；苏州大运河遗产展示馆；无锡“运河”数字博物馆，等等。他们通过图片、视频等新媒体及实物展示等方式来展示大运河曾经的辉煌，不仅可以弘扬京杭大运河的运河文化，而且带动大运河旅游文化带产业的新发展。

三 2017～2018年度大运河城市经济发展评价与发展趋势

作为“十三五”规划的第二年，2017年度大运河城市经济发展开始步入“新轨道”，即稳中有进、稳中向好的局面。

与往年相比，2017年的经济增长速度已经降到较低的水平，但是实际的经济总量并不低，为何2017年大运河城市经济增长速度下降？这种现象背后有诸多原因，其中最主要的原因是：往年的经济高速增长是在消耗大量资源与破坏生态环境的基础上取得的，而“十三五”规划要求实现优化经济结构，进行供给侧结构性改革。在新态势下，2016年大运河城市已经对经济发展进行了相应的调整。尤其在运河旅游发展方面，不论是相关政策、法规的制定，还是发展规划、项目的筹建，大运河沿线政府都做足了功课。例如，“京津冀一体化”；北京的“大运河文化带”规划项目；天津武清区的“一城两河多廊道”空间布局；山东的“鲁风运河”规划项目；聊城的“打造全国运河文化名城”目标，等等。2017年度大运河城市更是坚定不移地实施“十三五”规划，进一步将工作重心从着眼实现高速度增长向优化经济结构、培育新经济、新动能、创新驱动转变，并以供给侧结构改革为主线，着力实施“三去一降一补”，优化钢铁、煤炭等第一产业内部结构，大力发展第二、第三产业，这种重心的转变必然会降低经济增长速度，但降低后的增速是相对实在的。

2017年大运河城市经济低增速背后的实在主要表现在以下方面。首先是经济生产总值，2016年大运河城市平均生产总值为5393.03亿元，2017年大运河城市平均生产总值为6019.31亿元，2017年经济平均生产总值比2016年高出626.28亿元。2017年的经济增速虽相比2016年降低不少，其经济总量却增加不少。其次是产业内部结构的优化，2017年大运河城市大力以供给侧结构改革为主线，实行产业内部结构优化升级，并加大对创新驱动的投资，产业结构呈现“三新一优”的趋势，使得经济健康性发展。最后是居民的稳定收入，新就业人数的增多，消费价格的稳定涨幅，社会保持总体的安定稳定。

2017 年大运河城市一直坚持供给侧结构改革，过剩产能逐步被淘汰出清、僵尸企业被清理、非金融企业高杠杆逐步企稳回落，等等。这样稳中向好的态势将会给 2018 年大运河城市经济带来一个难得的战略机遇期。同时，2018 年是全面贯彻落实十九大精神的开局之年。在十九大精神指导下，2018 年大运河城市的民间投资及其相关的制造业投资增速可能有望企稳回升，居民收入持续稳定有望刺激 2018 年居民消费保持较快的增长，第一、第二、第三产业内部结构会进一步得到优化。综合判断，2018 年的经济增速与 2017 年基本持平或略有下滑，但 2018 年的经济质量绝对提高。

在习近平总书记重要指示下，2017 年大运河城市各政府对运河旅游做了相应的调整，将运河资源融入旅游，并利用旅游来保护、传承大运河文化。这种互相“反哺”的方式，不仅使得大运河旅游收入增多，而且更加保护、传承了运河文化。但是，从旅游收入与接待人次来看，运河沿线各城市之间的差距有点拉大，甚至有的城市是扶贫开发重点攻坚的区域。如何抓住大运河文化带建设机遇，进一步实现运河沿线城市之间的均衡发展，将是 2018 年大运河沿线城市政府继续思考的问题。除此，继习近平总书记又一重要指示：“大运河是祖先留给我们的宝贵遗产，是流动的文化，要统筹保护好、传承好、利用好。”如何继续更好地建设大运河文化带，这也是 2018 年大运河沿线城市政府继续奋斗的目标。综合判断，2018 年大运河沿线城市政府不仅继续将运河资源当作旅游发展的新动力，而且会更加注重对大运河的保护与传承，同时借此来带动区域协调均衡发展。

参考文献

《2017 年旅游大数据行业现状及发展趋势分析》，中国产业调研网，2017 年 4 月 19 日。

《北京大运河文化带建设将出五年行动计划》，华夏经纬网，2017 年 7 月 4 日。

《让千年文脉奔涌不息——江苏推进大运河文化带建设》，《光明日报》2017 年 8 月 11 日。

《大运河文化带建设制定五年行动计划　八里桥明年将“退役”保护》，《北晚新视觉》2017 年 12 月 15 日。

《2018 中国经济发展趋势分析》，“中国产业信息网”2017 年 12 月 27 日。

吴欣：《传承、保护与利用：大运河经济文化带建设的现状与思考》，《中国大运河发展报告》，2018 年 2 月。

程宗宇：《新态势下的北京运河旅游的发展思考与对策》，《中国大运河发展报告 2018》，2018 年 2 月。

姜师立：《论大运河文化带建设的意义、构想与路径》，《中国名城》2017 年第 10 期。

《推进大运河文化带建设　带动区域协调均衡发展》，http：//ceh. com. cn。

《2017 年中国经济运行情况回顾及 2018 年经济走势预测》，http：//caifuhao. eastmoney. com。

《2017 年经济运行稳中向好、好于预期》，http：//caifuhao. eastmoney. com。

B.16

大运河文化创意产业功能区建设的路径思考

叶艳萍*

摘　要： 中国大运河地跨8个省级行政区，全长2700多公里。中国大运河文化可以归纳为大运河区域居民创造的物质和精神财富的总和，是在长期历史发展进程中形成的既有中华文化特质又有明显个性特征的区域文化。中国大运河文化内容丰富，它可以为运河文化创意产业提供取之不尽、用之不竭的源泉。大运河沿岸区域文化创意产业发展走在了全国前列，但总体存在区域之间发展不平衡、缺乏自身特色、功能区定位不明确、产业集群效应不明显、政策环境有待改善等问题。大运河文化创意产业功能区建设应当系统谋划，科学布局；深入挖掘地方特色文化，打造特色品牌；推进平台建设，优化产业集群布局，明确定位，推动产业集聚和产业链的形成；完善引导激励政策，为企业提供资金和人才保障。

关键词： 大运河　文化创意产业　功能区　集群

中国大运河是世界运河工程史上的里程碑。进入21世纪以后，中国大运河的遗产保护、传承、利用迎来了一个新的阶段。2014年6月22日，中

---

* 叶艳萍，杭州京杭大运河博物馆馆长、副研究馆员，主要研究方向为博物馆管理、运河历史文化。

国大运河成功入选了《世界遗产名录》，大运河从此拥有了一个世界级的身份。2017 年 6 月 4 日，习近平总书记对大运河文化带建设做出重要批示：大运河是祖先留给我们的宝贵遗产，是流动的文化，我们要统筹保护好、传承好、利用好。沿着习总书记的指示，运河沿线各省市纷纷部署行动，拉开了大运河文化带建设的序幕。而大运河沿线区域文创产业，作为其中应有之义，也具有了新的实践和探索的意义。

一　大运河文化与文化创意产业

（一）大运河文化

中国大运河不仅是世界水利水运工程史上的伟大创造，还作为古代帝国稳定政权、维持统一的生命线，印证了中国自古以来的大一统思想，见证了中国漕运历史的发展过程及沿线城市的形成与发展。中国大运河塑造了沿线的风俗传统和生活方式，与沿线地区的人民有着深刻的情感关联，是沿线人们心目中的“母亲河”。中国大运河具有 2500 多年的历史，全长 2700 多公里，中国大运河文化是运河区域居民在长期的社会实践中创造的物质和精神财富的总和，是在长期历史发展进程中形成的既有中华文化特质又有明显个性特征的区域文化，它具有南北地域跨度大、时间积累长、内容丰富多彩等特点。

大运河文化是各地文化的交汇融合。明清时期，为了确保京杭大运河这条维系王朝生命的交通大动脉的顺畅，两朝政府对运河各段的修浚和治理，可谓不遗余力，从未停歇。明代从永乐十二年（1414）至崇祯元年（1628）之间的 214 年中，仅北运河一条就修堤堵决 25 次、挑浚淤浅 19 次。畅通的大运河给大明朝带来了丰厚的回报，成为南北物资和文化交流的真正大动脉。据白寿彝《中国通史》载：“有明一代，由运河运输漕粮达 340 万担，航行漕船达 3000 余艘，各类船只达到万余艘。”可见明代漕运盛况。作为全国南北商品流通的主干道，明代八大钞关有七个设在运河沿线，税收占八大钞关总额的 90% 左右。

清代运河基本沿袭明朝，运河管理更趋完善，运河治理水平达到历史上的鼎盛时期。运河的畅通与长期的稳定运行，带来了南、北方之间的交流，明清时期的京杭大运河将各区域的不同文化联结在了一起，通过漕运和商业活动以及社会各界的南北往来，使得南北文化交汇融合，因此运河区域就出现了特点明显的物质文化和精神文化，如河道、水工设施、管理设施、沿线的工商业城镇等，以及因大量人口的流动所带来的融合各地民俗风情的文化风貌等。

同时，大运河文化在不同地区有不同的地域特色。大运河区域是一个狭长的文化区，仅京杭大运河南北就长达 1700 多公里，各段区域的自然地理环境、河道设施、社会结构、人文环境等方面都存在差异性，如京杭大运河贯穿起来的几大区域，京津地区的文化由古代燕赵文化演变而来，山东地区的文化由齐鲁文化发展形成，而江浙文化受到的则是古代吴越文化的影响，南方和北方在自然环境、房屋建筑、风俗习惯、生产方式等方面都有各自的特征。

（二）文化创意产业

文化创意产业是在经济全球化背景下产生的一种新兴产业，它以创造力为核心。文化创意产业源于中国台湾地区，2002 年台湾地区“文化创意产业推动小组”参考联合国教科文组织与英国政府对于文化产业和创意产业的定义，将文化创意产业定义为：“文化创意产业是源于创意或文化积累，透过智慧财产的形式与运用，具有创造财富与就业机会潜力，并促进整体生活提升之行业。”这一概念同时强调了文化性和创意性。结合中国的现状，“文化创意产业”可以这样定义：它是依靠个人的知识、智慧、技能、灵感和天赋，通过科技与艺术两大手段，对文化资源进行创造、重构、嫁接和提升，并与其他产业融合生产出具有文化艺术元素的高附加值的产品，以满足人类感性需求和理性精神需求的产业。文化创意产业是跨越多个行业、渗透诸多领域的产业，处于产业链和价值链的高端。

（三）两者的融合

中国大运河文化内容丰富，运河的河道、桥梁、码头、闸坝，沿线的钞关、寺庙、粮仓、会馆等遗址，以及遗留下来的文物文献资料等所蕴含的厚重的历史文化内涵，大运河沿线丰富的非物质文化遗产资源，是文化创意产业取之不尽、用之不竭的源泉。同时，大运河文化带建设有助于整合沿线资源。大运河是一个整体，建设大运河文化带将引导沿线城市在运河遗产保护建设、旅游开发等方面有相对应的错位和分工，引导文化带和精品旅游线路的开发。大运河自身具备的优越的空间环境，在吸引资本和人才、实现文化创意产业聚集、促进沿线地区产业结构优化和升级、发挥大运河文化带的经济价值方面十分有利。

大运河遗产资源如果能够通过有效的创意方式转化为让民众喜爱的文化产品，一则可以丰富民众的文化生活；二则可以将大运河充分融入民众生活，让民众感受运河深厚的历史文化和精神内涵，推动运河文化价值的社会认同，进而使运河获得更好的传承和保护。

二　大运河沿线区域文创产业发展现状

（一）现有基础

大运河沿岸区域的经济发展水平在全国居于前列，2016 年，大运河沿线 35 城市的 GDP 总量约为 17.67 万亿元，约占全国 GDP 总量的 23.75%，其中有 25 个城市的 GDP 总量居全国前 100 位，35 个城市的人均 GDP 为 77090 元，比全国人均 GDP 高 42.28%。同时，沿线区域的文化、教育、科技水平也相对来说较高，这些为文化产业发展提供了较好的条件，使的运河沿线区域的文化产业发展水平领先于全国。2016 年，沿线八省市文化产业增加值超过 1.65 万亿元，约占全国的 53.62%，沿线 35 个城市文化产业增加值在 1 万亿元以上，约占全国文化产业增加值的 33%。

（二）杭州案例：保护、创新、集群、融合

位于京杭大运河南端的杭州，文化创意产业相对来说较为发达，起步早，发展快速，其中杭州的文化产业在2016年占当地GDP比重的18.92%，在大运河城市中走在前列，大运河文化创意产业的模式具有典型性、代表性，其在大运河文化与创意产业融合发展方面进行了许多探索和实践，对其他城市具有启示作用。

杭州作为长三角的发达城市之一，较早地意识到文化创意产业的特点，早在2007年就将文化创意产业定为城市的重点发展产业，还结合自身的特点，对文化创意产业进行了定义：以创意和文化为基础，以知识产权的形成和应用为载体，以创造财富和增加就业机会为目标的产业集群。文创产业成为杭州城市创新发展的一个重要方面，目前杭州的文创产业发展基础扎实，有较为齐全的产业门类。其中，软件开发、动漫游戏、设计服务等产业在国内居于领先地位。数据显示，全市文创产业增加值从2007年的432亿元增长到2017年的3041亿元，年均增速达17.7%，文创产业占GDP比重从10.5%增长到24.2%，达到世界创意产业先进城市水平。2017年，杭州荣获中国文化产业学院奖年度文化影响力城市。浙江省发布了“2017—2018年度浙江省文化出口重点企业和重点项目名单”，杭州17家文创企业及15个文创项目入选。可以说，杭州的文创品牌效应正在不断彰显，越来越多的本土文创企业与英国、美国、欧盟等文化创意产业较发达的国家和地区展开贸易合作，并且呈现不断深化和互助发展的良好态势。2012年4月，杭州成为首个以“工艺与民间艺术之都”加入联合国教科文组织“全球创意城市网络”的中国城市。

杭州拥有丰富的工业遗存。杭州位于京杭大运河的南端，又是浙东运河的起点，杭州段运河首批申遗的点段共有11个，包含6个遗产点、5段河道，河道总长度为100公里，点段数量在全国位于前列。同时杭州的水道又远远不止这些，杭州是一座江、河、湖、溪、海“五水共导”的山水城市，大运河又将这些水道联成一张四通八达的网络，大运河为杭州留下了丰富的

历史文化遗存，特别是杭州的工业遗产。略有点年纪的杭州人，小时候有个非常深刻的印象："杭州很小，工厂很大"，杭州曾有很多的工厂，而且很多规模都很大，当时杭州仅"十里银湖墅"两岸，就有100多家厂区、3081个单体。工业文明的变迁给杭州留下了诸多的工业遗存，这些承载着特殊历史记忆的老厂房，随着文化创意产业的兴起，重新迸发了新的生命。2002年浙江省第一个文创基地——LOFT49在运河边率先出现，LOFT49利用老厂房打造文创园的成功经验，已经成为工业遗存保护开发的"金字招牌"。前身是杭州港航船舶修理厂的浙窑创意园区，也依托千年运河文化，主办了一系列富有影响力的艺术学术展览，在过去的5年里，浙窑陶艺公园2次获得中国杭州工艺美术精品博览会金奖；同样，还有利用原来旧厂房改造的老牌创意园区丝联166等发展态势也是非常好。大运河两岸，各有特色的文创园区如雨后春笋般冒了出来，且快速成长。在全市十大创意产业园区中，利用旧厂房、旧仓库等改造的园区数量占了50%。在大运河文化资源最为集中的拱墅区，依靠产业先发优势，依托运河沿岸的人文环境和地理环境稀缺性，加大对辖区内工业遗存的保护开发，至今已形成以运河天地为核心和品牌的10个文创园区和6个文创特色楼宇，总面积近50万平方米，园区文创企业共计900余家，从业人员达2.9万余人。"十二五"期间，文创园区主营业务收入每年以20%左右的速度稳步递增。2017年，全区文创产业共实现主营业务收入293.95亿元，同比增长33.4%；实现税收8.26亿元，同比增长15.35%；文创产业增加值87.66亿元，同比增长12.3%，增加值占全区GDP的16.7%。全区引进500万元以上文创项目73项，到位资金达11.19亿元。2018年1~7月，全区文创产业主营业务收入实现143.19亿元，同比增长6.0%。已有16家文创企业成为上市公司，其中，汉嘉设计在深交所A股票上市，天鸽集团在香港主板上市。

在大运河工业遗产的利用中，杭州以最小干预、最佳创意、最大产出为手段和目标，对有价值的工业遗产最大限度地减少大拆大建的人为干预，从空间格局到单体都充分尊重和保留，搭建起文化创意产业的平台，生发出蓝孔雀、契弗利、长乐文创、活态展示馆、富义仓、西岸国际艺术区、丝联

166 等一大批各具特色文化创意企业，部分“低小散”的没有保留价值的工业旧址，则改造成广场、商场、安置房等，经过退二进三、腾笼换鸟之后，大量的工业遗产安置了职工，引进了人才，储存了记忆，新的空间里实现了新的经济效益和社会效益，实现了城市有机更新的最佳创意，走出了自己成功的路径。如今，文化创意产业已经成为当地区域经济发展的新引擎，也在本地经济向新经济转型的路上扮演了一个前沿的角色。

杭州在快速推动文化创意产业发展的过程中，一直坚持将文化创意产业园区当作发展文化创意产业的主平台，对工业文化资源进行深入挖掘，坚持保护和利用相结合的原则，建立了多种形式的文创园区。例如，位于杭州市北部、京杭大运河西岸的 LOFT49 园区，这里在 20 世纪 90 年代中期前曾是杭州蓝孔雀化学纤维（股份）有限公司的锦纶厂厂区，当时这里机器轰鸣，一片热闹繁华，后来随着历史的变迁，这片老厂区开始走向衰弱。2002 年，随着杜雨波先生等一批艺术家及设计师的入驻，LOFT49（由于该厂旧厂区位于原先的杭印路 49 号）应运而生，并逐渐形成了一个富有感染力的文化创意产业聚集地，目前入驻的企业已经达到 50 余家。当年的厂房及设备如今成为打造创意殿堂的“时光通道”。在保留旧元素的基础上，创意产品展示馆、品牌设计室、工艺美术创作室、摄影工作室以及时尚的咖啡馆和餐厅成为园区的主角。LOFT49 在首届“中国创意产业园区新锐榜”评选中获得“最具品牌价值园区”称号。

另外，类似于 LOFT49 园区利用旧建筑改造的模式还有很多。杭州凤巢广告有限公司对杭州丝绸印染联合厂旧厂房进行了整体承租、规划，在保留原有建筑外形，部分有代表性的机械设备、工作场景及工艺流程等的基础上进行创意处理，使这一片区成为一个集创意、休闲、旅游、收藏、销售于一体的园区。位于杭州市拱墅区霞湾巷的富义仓，曾是清末运河沿线最大粮仓之一，素有“北有南新仓，南有富义仓”之名，是杭州诸多粮仓中唯一保留下来的、见证大运河仓储文明和漕运兴衰史一座粮仓，经整修后由杭州富义仓文化创意有限公司进驻，如今转变成了一个集文化、艺术、休闲、旅游于一体的文化创意空间。

以上几个园区有一个共同的特点就是集群化和规模化发展，通过集群的途径，形成一个汇集创意资源，拓宽创意空间，展示创意成果，共享创意生活和创意财富的区域。文化创意园区是实现产业集群化的一个有效的载体。

（三）存在的问题

虽然中国有悠久的历史、丰富的文化资源，但是在以产业形式进行文化推广方面的工作还处于探索实践阶段。大运河沿线城市中文化创意产业发展同样也存在一些问题。

一是发展不平衡，大运河沿线城市虽然整体经济条件在全国处于前列，文化产业也相对来说较为发达，但各区域之间、本区域内各创业群之间都存在发展不平衡现象。

二是部分城市文化创意产业存在同构化、同质化现象，基于自身资源优势的文化创意产业定位有待明确和优化。产业发展质量有待提升，具有国际竞争力、影响力的企业不多，体现大运河文化和当地地域特色的品牌和产品不够丰富。包括北京、杭州这些文创产业走在前列的城市，其文创产业的国际化水平仍然不高。

三是多数文化创意产业群仍然处于初级发展阶段，规模偏小，产业群内部企业之间、产业群之间相互孤立、各自为战，没有集群意识，没有互动机制和明确分工。融资能力和推销能力不足，集聚效应不强，未形成统一的产业链，产业化能力相对较弱。相关产业对文化创意创新的认识不足，文化与科技、金融、制造业、旅游业的融合发展能力不足。

四是没有形成一个良性的产业集群成长环境，政策不够完善，管理服务水平有待提升，人才队伍质量和结构有待优化，激励引导政策需要进一步完善。

三　大运河文化创意产业功能区建设路径思考

（一）系统谋划，规划引导，科学布局

文化创意产业在运河沿线各城市之间、城市内各区域之间，存在发展不

充分、不平衡的问题。大运河文化带、大运河文化产业带的建设，以合局观谋划发展，将有利于改善各地经济和文化创意产业发展的不充分和不平衡问题。我们应积极融入文化带和产业带的建设大局中，同时，结合本地经济基础、地域特色及文创产业现状、规律等要素，找准定位，提前谋划，科学规划，加强与本地区国民经济和社会发展规划、城市总体规划、土地利用规划等的衔接与协调，规划要有全局观，要有超前度，能延续大运河城市自身个性，彰显各地大运河的特色和优势。同时，要有明确的目标和可操作性。科学的规划能够正确引导产业功能区的建设方向，明确各功能区发展重点，形成各方联动、协作互补、合理分工、各有特色、有序竞争、联动共赢的区域协同发展体系。结合各区县资源禀赋和比较优势，采取政策、项目、资金、基础设施建设等多项措施，引导各区域之间通过功能区明确产业发展重点，形成区域联动、合理分工、各具特色、有序竞争的功能区产业发展体系。

（二）深入挖掘地方特色文化，打造特色品牌

中国大运河历史悠久，南北跨度大，沿线各个区域的文化资源既有融合，也各有特点。大运河沿线各地需依托各自区域内独特的历史文化资源、地方特色文化，以大运河河道、码头、闸坝、桥梁等遗产资源以及大运河两岸的历史建筑、工业遗存、特色街区等为载体，深入挖掘优秀传统文化和地方特色文化蕴含的人文精神，结合时代要求继承创新，从而打造出具有持久的创新源泉和内生动力的、特色明显的、功能不一的大运河文化创意产业集聚区（功能区、园区、基地、小镇等）。在不断赋予优秀传统文化和地方特色文化新精神内涵的前提下，尝试各种现代表达形式，创作、生产满足新时代群众需求的文化创意产品。形成文化遗产有效保护传承、文化创意产业集聚、特色明显的文化空间以及具有原创性、标志性的文化成果，形成“杭州设计”“北京制作”等富有地方个性和影响力的品牌产品。

（三）明确产业发展重点，推进平台建设，优化产业集群布局，推动产业集聚和产业链的形成，提升国际影响力

目前大运河沿岸区域的文化创意产业发展较快，但整体来说，集群效应

不明显，有的聚集区功能定位不明确。部分城市虽然文创园区或者功能区建成的数量不少，但集聚的效应不明显，未形成产业链或者产业链并不完善，尚未达到国际化水平。相关产业对文化创意创新的认识不足，文化与科技、金融、制造业、旅游等产业的融合发展能力不足，产业化能力相对较弱，未形成统一流畅的产业链。从各个城市的实践探索来看，集群化和功能区的建设是文化创意产业快速发展的有效途径之一。一个完善的文化创意产业功能区应该是这样的：具有交集或者交易性关系的、相互关联的艺术家、创意人才、公司、机构集聚在一个特定的地理空间，形成一个包含集群龙头企业、政府行业部门、资源投入商、产品销售商和各类配套组织机构等要素的集聚区。文化创意产业集群，有利于形成完整的产业生态链。

大运河作为世界文化遗产，具有深厚的历史文化价值及国际知名度，这对文创产业与旅游产业等的融合具有较好的优势。同时，大运河比一般的江河狭窄，水流平缓可控，便于两岸整体布局，河畔空间比较宜居，也更具有生活气息，岸边的工业厂房、仓库等建筑，易改造成文化创意空间，其空间价值较高。盘活存量房产资源用于发展文化创意产业，利用空余或闲置工业厂房、仓储用房等存量房产资源，兴办文化创意产业项目，利用这类空间，形成文化创意产业功能区（园区、基地、楼宇、特色小镇等），并以之为载体，集聚相关的人才、机构、企业，提升产业发展的规模化、集约化和专业化水平，打造在国际上有较高知名度、在全国具有引领示范意义的大运河文化创意产业功能区。通过功能区建设，形成分工合理、重点突出、各具特色的文化创意产业空间布局，并穿珠成链，推进大运河文化产业带建设，为大运河文化带建设提供产业支撑，推动文化创造性转化和创新性发展，有序推进文化与文艺体验、体育娱乐、旅游休闲、饮食医药、服装服饰等融合发展，形成有效的产业链。

大运河沿线部分文创产业走在前列的城市较早意识到这一点，将产业发展空间集聚及产业融合发展列入规划或相关文件中。杭州在 2018 年新出台的《关于加快建设国际文化创意中心的实施意见》中提出实施平台建设、培育文化创意产业集聚的目标：着力构建产业发展大平台，做强平台功能，放大平台效应，促进多元化产业集聚，让它成为推进杭州文化创意产业在高起点上实现新发展的主战场、主引擎和增长极。预计到2022年，国家级文化产业园区（基地）将由10个增加到15个，市级以上文化创意园区（产业平台）集聚企业数达到10000家以上，园区（产业平台）内就业人数达到20万人以上。全市文化创意产业增加值以年均15%左右的速度递增，2022年文化创意产业增加值达到5000亿元以上，总产出达到2万亿元左右（按国家统计口径，文化产业增加值达到2600亿元左右）；打造在国际上有较高知名度、在全国具有引领示范作用的之江文化产业带，培育6个以上产业能级达到百亿元的文化创意产业集群，打造成全市文化创意产业提质增效发展的主引擎、全省文化产业发展的重要增长带。推动全市基本形成开放统一、要素集聚、竞争有序的现代文化产业体系和市场体系，基本建成“全国领先、世界前列”的国际文化创意中心。

（四）完善引导激励政策，为企业提供资金和人才保障

文化创意产业功能区的建设需要政府的参与、协调和引导，通过完善行业准入、知识产权保护、文创产业出口、人才引进及其他激励性政策，以政策为引导，形成符合本地实际的保障机制。

1. 完善政策，为企业提供资金保障

鼓励社会资本进入文化领域，优化营商环境，壮大民营文化创意企业实力，培育文化创新品牌企业。如杭州推出并实施“凤凰行动”计划，推进文化创意企业上市（挂牌），鼓励跨行业、跨地区、跨所有制并购重组，打造一批品牌突出、行业知名的民营文化领军企业（集团），并对其实施有效的奖励政策。指导中小文化创意企业走“专、精、特、新”和与大企业协作配套发展的道路，促进中小文化创意企业向专业化和品牌化方向发展，并鼓励文化创意企业开发新技术、新产品、新工艺，积极为中小文化创意企业提供融资服务。对符合条件的文化创意企业实行相关税收优惠政策。支持鼓励文艺精品创作，对优秀作品给予扶持补助。完善产业金融配套服务体系，推动“文化＋金融”发展，创新产业投融资模式，完善基金运作机制，推

进文化创意产业投融资体系建设，构建“政策扶持—战略合作—风险共担—贴息支持—还贷周转—投资引导”的文化金融全产业链。完善产业金融配套服务体系，搭建文化创意企业与投融资机构对接平台。

2. 完善政策，吸引和培育文化创意产业人才队伍

完善相关机制，吸引国内外优质资本、项目、技术、人才向本地区文化创意产业领域集聚，加快构建结构合理、层次分明、能用实用的文化创意产业人才队伍。加强与高校、科研院所及人力资源服务机构等的合作，吸引国内外高层次文化创意人才加入创业发展，着力打造文化创意人才高地。同时，加强专业人才培养。扩大与国内外知名高校的合作，推动文化创意类学科建设和专业人才培养，落实好相关扶持政策，鼓励大学生创新创业。优化人才创业环境，着力倡导“尊重知识，尊重人才”的理念，创新选人用人观念，坚持良好的用人导向，健全人才发现机制和评价激励机制，落实人才服务保障举措，在人才落户、居住、子女入学、医疗服务、培训交流等方面实行有效的激励政策。

参考文献

国家文物局：《中国大运河》申报世界遗产文本，2013。

李泉：《中国运河文化及其遗产保护》，《运河南端》2016 年第 2 期。

姚汉源：《京杭运河史》，中国水利水电出版社，1997。

张岩松、穆秀英：《文化创意产业理论与实践》，清华大学出版社，2017。

徐墉：《迈向国际化，杭州文创的“美丽蝶变”》，《杭州日报》2019 年 9 月 6 日。

《关于加快建设国际文化创意中心的实施意见》，2018 年 9 月 6 日。

B.17
淮安大运河文化产业发展状况分析、对策、建议*

柳邦坤**

摘　要： 淮安是大运河沿线的重要节点城市，被授予“运河之都”称号。淮安拥有丰富的大运河物质文化遗产与非物质文化遗产资源，共有2处遗产区、1段河道、5处遗产点列入世界文化遗产名录。淮安重视大运河文化遗产保护，并利用大运河文化资源发展文化产业，但在大运河文化产业发展过程中也存在一些问题。为把大运河文化资源“保护好、传承好、利用好”，需要进一步明确淮安大运河文化产业发展定位、路径与战略，采取符合淮安实际的应对之策，这样才能推动大运河文化产业发展。

关键词： 大运河文化产业　淮安　遗产保护

大运河淮安段全长56.08公里，淮安是大运河沿线的重要节点城市，拥

---

* 本文是2017年度江苏省社科基金系列专项课题重点项目“江苏大运河文化带建设中的沿线城市文化产业发展研究”（项目编号：17DDA010）、江苏高校哲学社会科学重点研究基地文化创意产业研究中心重大项目“江苏运河文化资源保护与文化产业发展研究”（项目编号：2015JDXM032）的阶段性成果。

** 柳邦坤，淮阴师范学院传媒学院教授，淮阴师范学院传媒与文化创新研究中心主任，大运河文化带建设研究院淮安分院运河文化研究中心成员，主要从事运河文化产业及新闻传播实务的研究与教学。

有众多的文化遗产和名胜古迹，有“运河之都”之称。淮安有丰富的大运河文化资源，大运河文化产业属于资源型文化产业，文化资源开发是文化产业发展的基本模式。根据流域可以把文化产业划分为长江流域文化产业、珠江流域文化产业等，大运河文化产业也属于区域文化产业的范畴。利用大运河文化资源，发展大运河文化产业具有理论价值与应用价值。

一　淮安大运河文化资源现状及存在问题

（一）淮安大运河文化资源现状

1. 大运河遗产资源富集

（1）物质文化遗产

物质文化遗产（material cultural heritage），又称为“有形文化遗产”，是传统意义上的“文化遗产”，根据《世界遗产公约》，它包括历史文物、历史建筑和人类文化遗址。

淮安拥有异常丰富的大运河物质文化遗产资源，主要包括各类水工遗存，如河道、码头、涵闸、堤坝等，其中除了已列入《世界文化遗产名录》的淮扬运河淮安段、清口枢纽、双金闸、清江大闸、洪泽湖大堤外，有影响的还有河下御码头、天妃坝、顺黄坝、古运河石堤等；古建筑、古遗址等。除了已列入《世界文化遗产名录》的总督漕运公署遗址外，有较大影响的还有镇淮楼、文通塔、淮安府衙、陈潘二公祠、清晏园、清江浦楼、吴公祠、镇水铁牛、清江文庙、慈云禅寺、古清真寺、花街、清江督造船厂遗址、泗州城遗址、古末口遗址、河道总督署遗址、清江浦常盈仓与丰济仓遗址、淮安钞关遗址、韩信城遗址、惠济祠遗址等；聚落型遗址主要包括淮安、淮阴、清江浦等古城遗址，河下、码头、西坝、王营等古镇遗址及都天庙历史文化街区等。在大运河沿线各个城市中，淮安与运河相关的物质文化遗产是最为集中的。

与大运河相通的洪泽湖是中国的第四大淡水湖，洪泽湖大堤全长 70.4 公里，始建于东汉，扩建于明清，完善于当代，堤上现有清代铸造的镇水铁牛等历史遗存。淮安市区内的清江大闸，是运河上唯一保存完好的明代石闸。市区内的清晏园是一座因漕运而建的衙署园林，其中有明代户部分司旧址及清代河道总督府衙旧址，现园内还有清代建的荷芳书院、湛亭及清帝御笔碑刻等遗存。

淮安钞关位于淮安市淮安区板闸镇，又称其为淮安榷关，或淮安关、淮关。淮安钞关设置于明清两朝，于民国时期被裁撤，是中央设在地方的税务机构。淮安钞关是中国“八大钞关”之一，也是全国最大的钞关。淮安钞关遗址目前尚存钞关码头 6 处、石质驳岸以及 1 处钞关旗杆遗址。钞关遗址全长 400 米，为淮安市级文物保护单位。

明朝的清江督造船厂，位于淮安府山阳、清河两县之间的运河沿岸，濒临淮水，故名“清江”。其总厂位于今淮安市中心清江闸一带，下设四个大厂，共有 82 个分厂，船厂沿运河绵延长达 23 里。据明代《漕船志》记载，弘治三年至嘉靖二十三年（1490 ~ 1544），清江督造船厂年均造船 519 艘，加上后并入的卫河船厂，合计年造 632 艘。清初每年仍造内河船 560 艘以及海船 50 艘左右。

淮安区河下古镇名人辈出，包括汉赋大家枚乘和枚皋父子、宋代抗金巾帼英雄梁红玉、古典名著《西游记》作者吴承恩、清代医学家吴鞠通等。古镇上现存吴承恩故居和吴鞠通故居。淮安区上坂街是一条与漕运有关的古街，周恩来总理就出生在这里。此外，淮安区还有韩侯祠、漂母祠、梁红玉祠、关天培祠等古迹，被称为亚洲最大的水上立交桥的淮安水利枢纽工程。淮阴区码头镇有很多运河文化遗存，古清口就在码头镇内，此外还有韩信城遗址、甘罗城遗址、淮阴故城遗址等。码头镇还是汉代军事家韩信的故里，现有漂母墓、淮阴侯庙等历史文化遗存。盱眙县境内也有一些重要的文物古迹，包括明祖陵、大云山汉墓、水下泗州城等。

淮安拥有丰富的物质文化遗产资源，这对发展大运河文化产业极其有利，特别是给发展大运河文化旅游产业打下了坚实基础。

（2）非物质文化遗产

到 2018 年底，淮安的淮海戏、京剧荀派艺术、十番锣鼓、淮剧、金湖秧歌、洪泽湖渔歌等 6 个项目进入国家级非物质文化遗产名录；韩信传说、南闸民歌、工鼓锣、淮海琴书等 33 个项目进入省级非物质文化遗产名录；淮安蛋雕、传统瓷刻技艺等 163 个项目进入市级非物质文化遗产名录，另外，还有 300 余项进入县（区）级非物质文化遗产名录。其中涉及传统音乐、传统舞蹈、传统戏剧、曲艺、传统体育、游艺与杂技、传统美术、传统技艺、民俗、民间文学、传统医药。非物质文化遗产包括的所有类别淮安都有进入国家级和省级名录，而且有的项目内容丰富，比如传统技艺。

淮安非遗项目许多都与运河联系紧密或与运河相关，这些非遗项目，民间文学主要有白马湖来历的传说、巫支祁的传说、高家堰传说、九牛二虎一只鸡的传说、水漫泗州城传说、漂母传说、淮扬菜传说、吴承恩与《西游记》传说等；传统舞蹈有莲湘、洪泽湖渔鼓、踩五花云、渔沟花鼓会、龙舞（洪泽湖水上舞龙、黎城龙舞）、茶伞舞、花船舞（陈桥花船舞）、马灯舞、花鼓舞、推花车、宋集跑驴等；民间音乐有十番锣鼓、金湖秧歌、南闸民歌、白马湖打夯号子、劳动号子等；传统戏曲有淮海戏、淮剧、香火戏、泗州调等；曲艺有淮海琴书、工鼓锣等；传统手工技艺有平桥豆腐烹饪技术、淮安茶馓制作技艺（岳家茶馓制作技艺）、文楼汤包烹饪技术、码头羊肉烹饪技艺、钦工肉圆制作技艺、朱坝活鱼锅贴烹饪技艺、淮扬菜烹饪技艺、洪泽湖传统木船制造技艺、洪泽湖渔具制作使用技艺等；传统美术有草编、剪纸、郭氏砖雕、淮安蛋雕、面塑、泥塑、民间绣活（涟水虎头鞋）、绢画等；民俗有洪泽湖渔民婚嫁礼仪、淮河服饰、盱眙龙虾民俗文化节等；传统体育、游艺与杂技有洪泽湖地区风筝制作与放飞、山阳棋艺、仇桥杂技、淮安掼蛋等。

淮安是中国四大菜系之一淮扬菜的主要发祥地，“其形成与运河城市的繁华，漕运、河道、关榷等众多衙署驻节以及盐商消费等有关，其发展与运河密不可分”。淮安的淮扬菜著名菜式有开洋蒲菜、软兜长鱼、平桥豆腐、钦工肉圆等，面点有淮安茶馓、文楼汤包、“淮点三绝”等。此外，淮安还有极负盛名的洪泽湖小鱼锅贴、盱眙小龙虾、淮阴区码头汤羊肉等特色饮食。淮安于 2002 年获得“中国淮扬菜之乡”称号。

从以上分析可知，淮安与大运河、淮河、洪泽湖文化相关的非物质文化遗产也有很多，如木船制造、渔具制作、水车制作与使用等。还有属于传统音乐、舞蹈、戏剧、曲艺范畴的南闸民歌、十番锣鼓、劳动号子、金湖秧歌、洪泽湖渔歌、马灯舞、花船舞以及淮海戏、西路淮剧、淮海琴书等，都是与大运河息息相关且较有影响的非物质文化遗产。

淮安用3年时间进行了非物质文化遗产调查，梳理、遴选了五批市级非物质文化遗产名录，并积极申报省级和国家级非物质文化遗产，出版了《人文淮安——淮安非物质文化遗产通览》五卷。有14人成为国家级和省级非遗项目代表性传承人，命名了五批231人为市级非遗项目代表性传承人，建设了30余个项目传承基地。

淮安非物质文化遗产极具多样性、丰富性特征，运河特色鲜明。淮安已经构建了较为全面的保护传承体系，通过媒体宣传、建立网站、设立展示中心、举办各类活动等措施，积极推介非遗资源，推进非遗资源的保护传承与利用。

淮安非物质文化遗产资源的多样性、丰富性，对发展大运河特色文化创意产业，提供了优势。

（3）文化景观遗产

淮安的文化景观遗产除洪泽湖外，还有高邮湖、白马湖、宝应湖等湖泊，老子山风景区、第一山公园、铁山寺国家森林公园、钵池山公园、楚秀园、勺湖公园、萧湖景区等人工化自然景观；盐河风光带、古淮河文化生态景区、里运河文化长廊等河流文化风景区；清口水利风景区、淮安三河闸国家水利风景区、洪泽湖高家堰旅游区等水工文化景观。

与大运河息息相关的名人故居、纪念馆、博物馆有周恩来纪念馆、周恩来故居、吴承恩故居、淮安博物馆、漕运博物馆、清江浦记忆馆、淮扬菜展示馆等。

2. 部分大运河遗产资源已成为世界文化遗产

京杭大运河、隋唐大运河与浙东运河流经城市35个，淮安市是其中最具有代表性的城市之一，有“运河之都”之称。历史上，淮安曾经是全国黄、淮、运河道治理中心，漕船制造中心，漕运指挥中心，漕粮储备中心以及淮北盐集散中心，曾经与苏州、杭州、扬州并称为大运河区域四大城市。在大运河发展史上，淮安占有重要地位。淮安是大运河文化遗产最为丰富、集中的沿运城市之一。在列入中国大运河申遗文本并被世界遗产委员会认定的（即2014年申遗成功进入《世界文化遗产名录》的）遗产点段，中国大运河遗产共涉及六省二市的25个地级市，包括大运河河道遗产，58处遗产点（包括运河水工遗存、运河附属遗存及运河相关遗产等），遗产要素共计85个。这些遗产分别位于31个遗产区内。其中淮安处于中国大运河的要津与中枢，成为中国大运河世界文化遗产的重要组成部分，包括2处遗产区，即清口枢纽与总督漕运公署遗址；1段河道，即淮扬运河淮安段；5处遗产点，即清口枢纽、清江大闸、双金闸、总督漕运公署遗址与洪泽湖大堤。涉及运河水工遗存、运河附属遗存和综合遗存，从遗产要素类型看，是25个城市中最为丰富的。

两处遗产区：

淮扬运河淮安段，遗产要素类型为运河水工遗存河道类；清口枢纽的遗产要素类型是综合遗存河道、水工设施、相关古建筑群类；双金闸、清江大闸和洪泽湖大堤的遗产要素类型是运河水工遗存水工设施类。

总督漕运公署遗址，遗产要素类型是运河附属遗存管理设施类。全国漕运的唯一管理机构总督漕运部院，及总督漕运公署，位于今淮安市淮安区古城中心，历史上曾有200多位漕运总督在这里督漕理政，后因侵华日军飞机轰炸，地面建筑无存，经考古发现建筑物屋基、础石，是一考古遗址。

一段河道，即淮扬运河淮安段河道，其中包括里运河、里运河故道、古黄河与张福河各一段，以及淮安境内的中运河一段河道，总长46公里。

五处遗产点：

清口枢纽，位于黄河、淮河与淮扬运河北段，中河交会处，它是明清两代为解决黄、淮运河交会难题而建设的大型综合性水利水运枢纽。体现了“筑堤束水、以水攻沙、蓄清刷黄、济运保漕”的工程目的，是农业文明时期中国水利水运工程技术的最高成就之一，前后持续运行了4个多世纪。清口也是运河水工设施的汇聚地，包括治黄、导淮、济运、通漕、减灾等一系列复杂的设施，有“中国水工历史博物馆”之称。

双金闸，位于淮安市淮阴区凌桥镇境内，双金闸曾是淮北盐河与中河交汇处的节制闸。始建于17世纪末，它修建于清口上游，由于汛期黄河水量较大，经常在清口处向运河倒灌，双金闸专门为解决这一问题而建。汛期时承担减水闸的作用，向盐河分流黄河河水，降低清口枢纽的黄河水位。1957年，淮沭新河开挖，彻底截断盐河通道，双金闸逐渐废弃。现双金闸保存状况良好。

清江大闸，位于淮安市清江浦区里运河上，由正闸、越闸组成。明清两代，作为大运河南北交通要道的清江浦上的清江大闸，位置十分重要，有“漕运咽喉”之称，清江大闸前后水位落差较大，每年过闸的漕粮达到400万石左右。清江大闸保存完好，正闸高11.5米，闸门宽7.3米。

洪泽湖大堤，史称高家堰，位于洪泽湖东岸，长达近70公里。这一防洪蓄水的巨大土方工程，是清口枢纽引淮措施的重要组成部分。洪泽湖大堤石工墙历时171年建成，现主体保存完好。

总督漕运公署遗址，位于淮安区老城中心，与原淮扬运河河道毗邻，是明、清两代主管南粮北调等漕运工作的朝廷派出机构，是统管全国漕运事务的漕运总督的官署建筑群。

淮安境内的大运河世界文化遗产数量多，等级高，类型全，是发展大运河文化产业非常有利的条件。

淮安在京杭大运河沿线的特殊地位和位置，为文化产业开发提供了方便，淮安所具有的丰富物质文化遗产、非物质文化遗产和各类人文资源，也是文化创意产业开发的得天独厚的条件。因此，淮安应依托优势，借助申遗带来的机遇，借助大运河文化带建设的机遇，努力打造大运河特色文化产业，把文化资源优势尽快转变为经济优势。建立文化产业园区，吸引创意企业入驻，引进创意产业人才，打造精品项目和知名品牌，从而拉动文化消费，形成集聚效应，提高文化产业增加值在GDP中的比重，使文化产业早日成为淮安的支柱性产业。

（二）大运河文化产业开发现状

与大运河相关的文化产业主要集中在淮安市区以及淮阴区、淮安区、盱眙县、洪泽区，特别是淮安区较多。已建成和正在建设中的景区、景观、园区有：周恩来故里旅游景区、里运河文化长廊、白马湖生态旅游度假区、古淮河·西游记文化旅游区、清江浦1415街区、洪泽湖旅游度假区、萧湖景区、中国漕运博物馆、淮安府署、运河博物馆、漕运总督署博物馆、《西游记》博览馆、淮扬菜文化博物馆等。

周恩来故里旅游景区已于2015年10月获批国家5A级旅游景区，成为苏北第一家国家5A级旅游景区，该景区包括周恩来纪念馆、周恩来故居、河下古镇等景点，其中包含周恩来纪念馆、周恩来故居的周恩来纪念地景区2016年入选全国20家“我最向往的党史纪念地”，入选全国旅游服务最佳景区红榜。景区2016年接待中外游客220万人次；2017年，周恩来纪念景区共接待国内外观众240万人次，讲解6700多场次，再创历史新高。周恩来纪念馆开放26年来，累计接待瞻仰者3500多万人次。

属于周恩来故里景区的河下古镇因大运河而兴，古镇位于淮安区西北隅，古邗沟入淮的古末口处，曾名北辰镇，为淮安历史文化名城核心保护区之一。河下古镇曾诞生许多历史名人，文化底蕴十分深厚。在明清两代，河下古镇曾出过67位进士、123位举人和12位翰林，因此有“进士之乡”之称。明清时期，这里豪宅甲第连云，可以与扬州盐商的园林相媲美。著名古迹包括魁星楼、状元楼、吴承恩故居、汪廷珍故居、吴鞠通故居等。

河下也是淮扬菜重镇，有名的淮扬菜如文楼蟹黄汤包、文楼涨蛋以及软兜长鱼等，都源自河下。列入各级非遗名录的项目许多都源自河下古镇，如十番锣鼓、山阳琴派古琴艺术、兴懋酱油酿造技艺、淮安茶馓制作技艺、泥塑、李记纸扎制作技艺等。古镇仍保持明清时期的建筑风格，历史风貌基本保存完好。其中80%以上的民居为民国以前的砖木结构，清代以前的建筑占到70%以上，路面90%为石板路。

河下古镇经过近些年的全力打造，“一河二街五景”已初具规模，2011

年4月上旬河下古镇全面对外开放。河下古镇景区也列入里运河文化长廊建设中，2018年投资约2.69亿元，主要实施竹巷西街建设、老街客栈、慢行系统人文自然景观工程等。河下古镇历史街区得到有效保护与合理利用，运河古镇魅力不断提升。

萧湖景区也同样属于周恩来故里景区和里运河文化长廊建设项目，萧湖景区生态旅游一期建设工程，是近两年淮安区的重点工程建设项目，是周恩来故里景区环境提升工程项目之一，该工程总投资8亿元，以名人、民俗为特色，是综合性城市生态景区，现已完成景区亮化，获得“亚洲照明设计优秀奖”。

里运河文化长廊是以创建国家5A级旅游区、国家级旅游度假区为目标的，起点高、标准高，2013年进行规划设计，2014年市人大审议通过后项目正式启动。中国大运河成功申遗后，里运河文化长廊建设妥善处理文化遗产保护与开发利用的关系，深入挖掘运河文化，截至2018年5月，已累计投入资金110亿元，规划建设的四大片区中的清江浦景区共实施了30余个项目，已投资20亿元，对里运河两岸进行了美化亮化，对中洲岛进行了改造提升，复建了国师塔，扩建青龙寺，整修赛珍珠故居、福音堂，开通了夜游里运河游船，完成三馆一楼提升，增强了互动体验，首届灯会如期亮展，多部电影在景区拍摄，还将建设运河文创中心、御码头运河文化中心等；总投资30亿元中国漕运城PPP项目顺利签约，漕运城入口广场、展示中心、公交二公司站场等项目装饰工程基本完成，云林路、権关路桥、文渠河疏浚工程等项目竣工；山阳湖景区完成了山阳湖广场、游客接待中心主体建设、人文自然景观及慢行系统，还完成了板闸遗址公园施工图设计；河下古镇景区的萧湖公园于2017年元旦开园，沈坤状元府建成开放。2016年，清江浦景区游客人数达72.8万人次，同比增长20.1%。清江浦1415街区作为里运河文化长廊建设工程的重要节点，已完成部分建设，已有王瑶卿艺术馆、盐文化博物馆及体验店、老舍茶馆等文创项目落户。

白马湖生态旅游度假区位于淮安市区南部，白马湖规划控制区总面积达887平方公里，其中核心区为320平方公里，湖面面积为113平方公里。景区依托“生态绿色”的核心特质，将“一见清心”作为旅游品牌形象定位，着力打造森林公园、湿地公园、农业公园、水上中央公园、水利风景区、旅游度假区“四园两区”格局。2017 年，白马湖继续推进生态环境保护工作。国家竞争立项工程累计投入 25 亿元，年内完成 29 个、在建 7 个。获批白马湖省级水利风景区，通过“江苏人居环境奖”现场考核。省级森林公园可行性研究报告通过专家组现场考核，湿地公园获得江苏省湿地保护先进集体。先后举办“第三届环白马湖自行车比赛”“盛世菊花开”第二届菊花展等活动，2017 年白马湖生态旅游度假区接待游客 80 万人次。

古淮河 · 西游记文化旅游区龙宫大白鲸室外欢乐世界入选江苏省十大新景区和十大旅游新线路，室内嬉水世界主体已建成；西游乐园建设有序推进；日月洲度假村建设进展顺利。龙宫大白鲸欢乐世界 2016 年接待游客 30 万人次，实现营业收入 1200 万元以上。2017 年，龙宫大白鲸世界获评中国 2017 年度最佳主题公园候选项目、全省旅游创新发展优秀项目，获批 2017 年度省科普教育基地。全年接待游客 60 万人次，实现营业收入 3700 万元，二次消费占比为 17%。单日游客量最高为 1.2 万人次、营业收入为 105 万元。通过打造“龙宫大白鲸”品牌，实现国内、省内、业内多个首创。

洪泽湖古堰景区成为 4A 级旅游景区，其中包括洪泽湖大堤、渔人湾、欢乐乐园、水釜城风景区四大旅游片区，已建成水釜城、中国印博物馆、中国掼蛋乐园、洪泽湖民俗风情园、风味美食庄并接待游客。洪泽区蒋坝镇的美丽蒋坝休闲旅游度假区开发建设项目，入选 2016 年国家优选旅游项目。

以淮扬菜为主打的美食产业形成一定优势，通过成立集团、进京开旗舰店、建淮扬菜文化博物馆、建食材配送中心、建淮扬菜文化产业园、举办淮扬菜美食文化节，以及通过 2018 年淮安市首届食品博览会等节事活动推介，使淮扬美食的影响力得到进一步提升。盱眙的小龙虾、洪泽的大闸蟹，这“一小一大”两种水产品，通过特色节庆活动和央视节目宣传，形成品牌优势，美食产业发展势头良好。其中盱眙小龙虾就带动了数万人就业，涉及养殖、技术、加工、餐饮、储运、销售等，形成了产业链；洪泽湖大闸蟹近年影响力日生，为产业化奠定了坚实基础。

作为文化产业重要一环的旅游产业，近年取得长足发展，这主要是周恩来故里旅游与大运河文化旅游拉动。淮安市2017年共接待境内外游客2934.14万人次，较上年增长12.3%；旅游业总收入为357.33亿元，较上年增长15.8%。接待入境过夜游客2.4万人次，较上年增长31.6%。其中，港澳台同胞11347人次，较上年增长39.3%；外国人12630人次，较上年增长25.3%。实现旅游外汇收入1704.53万美元，较上年增长9.4%。2017年接待国内游客2124.57万人次，较上年增长24.6%，实现国内旅游收入353.66亿元，较上年增长15.7%。老子山休闲度假温泉小镇项目、金湖水上森林休闲旅游度假区入选全国旅游优选项目；西游记文化体验园、白马湖旅游度假区综合开发、中国漕运城、金湖水上森林休闲旅游度假区被列为2017年省级重点旅游项目。

（三）存在的主要问题

1. 大运河文化遗产保护、传承与利用方面

（1）大运河遗产保护方面。淮安在大运河成功申遗前后把大运河文化遗产的保护纳入重要议事日程，市文化广电新闻出版局以及相关部门对大运河文化遗产保护做了大量工作，如出版了一系列图书，摄制了专题片，编制了《中国大运河（淮安段）保护规划》《大运河淮安段清口枢纽保护规划》《京杭大运河清口水利枢纽考古报告》。大运河申遗成功后，在遗产区、遗产点设置了标识牌。里运河文化长廊在建设板闸风情街时，发现了一座深埋地下的600年前的古闸，施工立即停止，原项目地块调整为文保用地，准备在此建设板闸遗址公园。但是在大运河遗产保护方面，还需要加大资金投入，保护意识还需要加强，保护措施还需要进一步落实到位；在大运河生态保护方面，也需要解决“九龙治水”的困扰，实现对大运河水生态的有效保护。

（2）大运河文化文化遗产传承与利用方面。在大运河文化遗产传承与利用方面，在大运河申遗成功前，淮安市就启动了里运河文化长廊建设工程

项目，已完成的清江浦景区建设，成为打造高颜值文化长廊的一个亮点。但是还需要在大运河非遗文化产业园建设上加大力度，推进运河文化传承；还需要在发展运河经济上，强化运河文化产业的布局。

2. 大运河文化产业发展存在的主要问题

一是大运河特色鲜明的文化产业开发还没有形成规模优势，在省内外还没有产生影响力。二是还缺乏有竞争力的创意产品，产品的创新度不高。三是大运河文化产业的发展定位还需要进一步明晰，应凸显大运河特色。四是大运河文化产业园区建设还需上水平上档次，还没有形成集聚效应。五是民间资本还没有有效利用，投资机制还应健全。六是缺乏龙头企业带动，要打造大运河文化产业的领头羊。七是大运河文化创意人才不足，应积极打造洼地效应。八是大运河城市形象传播还有待加强，在省外、在世界知名度还需要进一步提升。

二　其他大运河城市对淮安的启示

大运河沿线城市有许多在运河文化资源保护与发展运河文化产业方面取得经验。

江苏省内：在大运河文化旅游开发方面，苏州、无锡、扬州等城市在全国有较大影响；大运河文化创意方面，常州的“运河五号”创意街区较有影响；大运河文化资源保护方面，苏州的山塘街及平江路的保护性开发、无锡利用运河沿岸仓库打造北仓门艺术中心以及古运河畔景观提升，都进行了成功探索；大运河文化旅游开发方面，常州运河风光带建设、扬州运河水上游线路的开辟、徐州新沂窑湾古镇建设等，都有许多可资借鉴的经验；主题乐园建设方面，无锡的三国水浒城，常州的中华恐龙园、淹城春秋乐园和嬉戏谷，都给我们有益的启示。

江苏省外：北京通州区、杭州在发展大运河文化创意产业方面，山东济宁在文化产业带建设方面，山东枣庄建设台儿庄古城旅游区、临沂打造“江北水城”方面，进行了成功探索和实践，给我们树立了样板。

其他大运河沿线城市在运河文化资源保护及发展文化产业方面的做法，给我们提供了启示。

（一）大运河文化产业发展应坚持创新

以创新性为主导，以创新牵动大运河文化产业快速发展。

坚持观念创新，树立创新理念。树立与时俱进的思想，保护、传承和利用古人留给我们的大运河文化遗产资源，把资源优势尽快转化为经济优势，将文化产业开发与文化资源利用紧密结合在一起。坚持科技创新，只有做到科技与文化的融合，才会让古老的大运河焕发青春。把沿运城市打造成创新型城市，要重视科技教育、科技人才引进和科技资本引入，并且加大文化创意产业园区的科技含量，以科技手段提升文化产业的发展水平，从而提高文化产品的科技竞争力。

（二）大运河文化产业发展应坚持整合

要坚持整合性，基于大运河文化资源布局与形态等特征，包括遗存分散、形态多元等，因地制宜，通过资源、信息、人才、资本的整合，让大运河文化产业良性发展。

（三）大运河文化产业发展应该以市场为主导

从根本上说，文化产业是一种经济活动，离不开市场。要坚持市场性，就应该按市场规律办事，注重打造品牌，注重营销。比如，创意产品和旅游文化产品就需要考虑如何应对竞争，以及如何创造经济效益和赢利模式等。坚持市场性原则，可以拉动文化消费，提高文化软实力和综合竞争力，增大文化产业在地方经济建设中的比重。

（四）大运河文化产业发展应注重打造精品

坚持打造精品，能够让大运河文化产业产生持久的影响。大运河文化创意产品和大运河文化旅游产品都要注重产出精品，有了精品，才可以更好地应对竞争，从而带动大运河文化产业的发展。

（五）大运河文化产业发展应彰显特色

发展大运河文化产业，自然应该做好运河文章，凸显运河特色。运河的特色主要包括活态遗产、遗存丰富、底蕴厚重等，在进行文化产业开发时，应依托优势，深度挖掘运河文化底蕴，彰显运河特色。

三　淮安大运河文化产业发展定位、路径与战略选择

淮安文化产业发展，应该紧紧依托大运河，抓住大运河成功申遗以及国家高度重视发展文化产业的历史机遇，特别是遵循习近平总书记对大运河文化带建设的批示精神、大运河文化带建设即将上升为国家战略的机遇，通过分析大运河文化产业发展现状、优势及劣势，确立具有运河特色的文化产业发展战略，确定大运河文化产业的发展定位，落实文化产业发展措施。

（一）大运河文化产业发展定位

发展运河文化产业，应明确定位。淮安大运河文化产业发展定位是：创新驱动，整合资源，市场主导，打造精品，彰显特色，在利用大运河文化资源发展文化产业方面闯出一条新路，创造淮安经验。

（二）大运河文化产业发展路径

1. 生态优先

淮安的“一区两带”建设，都与生态紧密相关，都离不开生态环境保护、水生态保护、文化生态保护，因此发展经济、发展文化产业，应坚持生态优先。除生态优先外，还应坚持绿色发展优先、文化发展优先、民生发展优先。

2. 做好保护

习近平总书记对长江经济带建设提出的要求，也同样适用于淮安的大运河文化带建设与淮河生态经济带建设，即“要搞大保护，不搞大开发”。发

展大运河经济、淮河经济，发展运河文化产业、淮河文化产业，首先要做好文化遗产资源保护，特别是列入世界文化遗产名录的大运河文化遗产，必须接受联合国教科文组织的监督指导，因此必须做好保护传承，在此基础上进行合理利用，发展文化产业。

3. 国际视野

大运河是中国的，也是世界的。应加快推动运河文化“走出去”。

（1）把大运河文化品牌打出去。杭州歌剧舞剧院创作的舞剧《遇见大运河》反响极大，已经举行世界巡演 150 场，观众累计 17 万人次；江苏省创作的歌剧《运之河》，也到瑞典、比利时等欧洲国家演出并获得好评；扬州成立了世界运河历史文化城市合作组织，每年举办世界运河城市论坛，也借机推介扬州大运河文化。应借鉴上述的经验与做法，打造淮安大运河文化品牌，讲好淮安大运河故事，加强对外传播。

（2）把大运河文化产品打出去。开发、设计、生产大运河特色鲜明的创意产品，包括旅游产品、土特产品、高科技产品、旅游纪念品等，让中外客商、游人踊跃购买、定制，扩大营销，推动出口，走向世界，提升国际影响力。

4. 统筹发展

淮安处于大运河文化带与淮河生态经济带交汇点，“两带”都是国家战略，因此需要走统筹协调之路、融合协作之路，才能使大运河特色、淮河特色鲜明的区域文化产业得到长足发展。

（1）建立机制，实现合作共赢。共享机制：实现“两带”资源共享、信息共享、人才共享。协作机制：经济协作，实现经济一体化发展；交通协作，建设现代化交通网，实现互联互通；文保协作，与相关城市联手对文化遗产资源进行有效保护；旅游协作，组建旅游联盟；智库协作，发挥高校服务地方的作用，打造大运河文化、淮河文化高端智库，为流域城市提供研究成果；媒体协作，通过传统媒体、新兴媒体，传播经验，推介城市；城乡协作，推动乡村振兴战略的实施。沟通机制：通过联席会议、市长论坛、城市联盟等渠道，加强市域内、外沟通联络，进行会商协调。

（2）科学规划布局，注重叠加效应。加强顶层设计，明确发展重点，实现多路并进、多管齐下，向战略叠加要效益。

（3）进行资源整合，打造文化品牌。有效整合大运河、淮河文化资源，挖掘淮安文化底蕴，打响大运河及淮河文化品牌。建设特色文化发展的示范区，保护好、传承好、利用好大运河文化与淮河文化遗产资源。

（三）大运河文化产业发展战略

“点线结合、品牌扩张”。所谓点线结合，即运河文化产业是线性发展、带状开发，应先在“点”上突破。选择若干淮安运河文化的代表性产业，包括旅游休闲、饮食服务、创意设计等，实现重点突破，推动大运河文化产业带、大运河旅游观光带、创意产业带（园区）建设等“线”上发展，从而实现整体推进。

所谓品牌扩张，也就是积极打造大运河文化特色旅游品牌，促进大运河文化旅游发展。这些品牌包括淮安里运河风光游、大运河—洪泽湖休闲养生游、伟人故里、运河美食文化、旅游纪念品、动漫作品、影视剧等。通过加大品牌宣传力度，扩大淮安在全国的知名度，提升“运河之都”的影响力。通过品牌扩张，推动大运河文化产业发展。

四　大运河文化产业发展对策

（一）发展大运河旅游休闲，做足水文章

1. 打造精品线路

（1）打造大运河名胜古迹游精品线路。主要开辟漕运文化遗迹游、伟人名人故里游、运河古城古镇古街游等线路。

（2）打造运河水上风光游精品线路。除里运河淮安市区段以及里运河淮安市区至淮安区段之外，筹备开办淮安市区至洪泽湖段、淮安市至扬州市古运河段运河水上风光游线路。

（3）创建干部培训基地。如利用榷关、盐运、漕运与河道总督驻节，与国家税务局、国家海关等相关部门沟通，在淮安设立全国性的干部培训基地。

（4）打造运动休闲养生游精品线路。依托运河或洪泽湖，与国家有关运动队合作，开办运动员训练基地。实现河湖联动，利用大运河、苏北灌溉总渠、白马湖、洪泽湖等资源，开辟休闲养生游线路。

2. 实施联手协作

（1）加强淮安市域内协作，即淮安所辖淮安区、清江浦区、淮阴区、洪泽区、盱眙县、涟水县之间的协作，不再单打独斗，发挥集聚效应，增强整体实力。

（2）加强淮安与毗邻沿运城市的协作，包括扬州、宿迁与徐州。联手开通古邗沟淮安—扬州旅游线路，开通邵伯古镇—河下古镇—码头古镇—皂河古镇—窑湾古镇等大运河古镇游线路。

3. 进行营销推广

加强对外宣传，做好大运河旅游营销工作。目前淮安市域影响较大的是盱眙龙虾节，现有的节庆活动以美食为主，可以增加以旅游为主、突出运河特色的节庆活动，例如创办由淮安区或里运河文化长廊承办的“运河之都”文化旅游节。在运河景观集中地，例如淮安市区清江浦景区或淮安区萧湖公园等地，开展“印象淮安”运河漕运实景演出，再现当年大运河漕运繁盛景象。还可以开设小剧场及茶社，演出淮剧与淮海戏。把游客留下来，解决过去来淮安都是过路游客不住下的问题，力争“吃住行游购娱”六要素在淮安都能体现。把新创办的淮安国际食品博览会打造成国内外有影响的食品推介会、美食品鉴会、美酒品尝会、美景欣赏会；继续扩大盱眙龙虾节的品牌效应，同时助推淮河旅游的发展。

（二）弘扬淮扬美食文化，提高知名度

1. 打造淮扬美食特色名店

淮安区建有美食一条街，有震丰园、宴乐饭店、文楼饭店等老字号饭

店，但在域外影响力不高，可以将一些特色店进行必要的包装，积极申请“中华老字号”称号，使其成为外地游客到淮安旅游必到之处。文楼汤包历史上很有名，但在江苏的影响力远不及靖江汤包、无锡汤包、南京汤包、常州汤包。常州有老字号镇淮楼饭店，应该是随大运河由今天的淮安市淮安区传到常州的，但今天淮安已经没有镇淮楼饭店，可以在淮安恢复镇淮楼饭店。

2. 恢复一些淮扬美食菜品

比如全鱼宴、全鳝席、全羊席，尤其是河下古镇宴乐饭店的全鳝席影响最大，可以恢复宴乐饭店这一老字号，推出全鳝席，保留传统风味并进行创新。

3. 通过多种形式宣传淮扬美食

在域外提到淮扬菜，人们首先联想到的是扬州，淮安需要提高淮扬菜之乡的知名度。通过淮、扬两市间的协作，联手推介淮扬菜；宣传淮安“运河之都”的地位，提升淮安在淮扬菜中的影响力。

（三）发展文化创意产业，开辟创意园区

1. 推动大运河文化产业开发，必须重视发展文化创意产业

文化创意产业是“源于个体和创意、技能和天分，通过知识产权来创造财富和就业机会的产业”。当前淮安创意产业刚刚起步，尚无知名品牌，也缺乏创意人才，但其发展潜力巨大，这就需要大力推进文化创意产业开发，使其尽快成为淮安的支柱性产业，提高其在GDP中的百分比。

2. 开拓文化创意产业发展空间，优化创意产业布局

要坚持引进和自主开发，发展相关产业，开发相关产品，形成创意产业集群，通过优化资源组合形成规模优势，形成产业链条，把淮安大运河文化产业做大做强；通过合理布局，实施重点突破，坚持创意产业与科技相融合，通过科技创新，让运河文化布局更加合理，发展速度更快，把淮安大运河文化产业做精做优。淮安创意人才较少，需要重视文化创意人才的引进，特别是高端和领军人才。应依托市内高校，推动文化创意产业的研究，积极

开设培养文化创意产业人才的专业，从而加快创意人才的培养工作。走一条自主创新、自我突破，富有大运河文化特色的文化创意产业发展之路。

3. 打造文化创意产业园区，形成创意产业集群效应

利用城南大学城高校集中的优势，开辟创意产业园区，重点发展动漫游戏、文化软件、新兴媒体等产业；利用里运河沿岸的旧厂房，开辟创意街区，重点发展动漫、工艺美术、视觉艺术、环境艺术、工艺礼品、广告装潢、软件和计算机服务等产业。创建大运河非遗产业园，通过互动、体验，推动非遗传播。在保护的前提下，利用非遗资源进行产品开发，实现经济效益。

4. 淮安优先发展的文化创意产业门类

（1）发展数字文化产业。依托淮安软件园、大学城，开发软件、动漫、游戏产品，发展掼蛋产业，创造条件发展数字出版产业、网络媒体产业、手机媒体产业。应特别重视文学名著《西游记》的相关产品的开发。加强大运河文化遗产的数字化保护，一些已经损毁的遗址、遗迹也可以采用 AR 技术进行数字复原，发展“数字漕运”，创建数字博物馆。实施“互联网＋”，开发富有运河元素的网络动漫、网络游戏、网络文学作品、网络视频、网络音乐，吸引年轻消费群体。开展数字营销，扩大淮安旅游产品、淮扬美食产品的销售量。

（2）发展摄影、雕塑、设计产业。淮安是摄影大师郎静山和著名雕塑家滑田友的故乡，可以通过举办全球性的摄影大赛，使淮安成为摄影比赛的重要举办地；举办全国或亚洲雕塑大赛，可依托运河建设再现漕运情境的大型主题雕塑公园。同时，搞好运河特色鲜明的工艺礼品、手工艺品和旅游纪念品的设计开发。

（3）发展影视、传媒产业。在河下古镇或码头镇建设运河题材影视剧拍摄外景地。成立影视制作公司，筹拍反映运河漕运、河道治理等题材的影视作品，以及以治河名臣为主人公的影视剧。

（4）发展会展产业和艺术品交易产业。除办好国际食品博览会外，举办其他与大运河有关的节事活动，如大运河沿线城市非遗展示会、大运河文化产业博览会，打造大运河会展品牌。

（5）发展娱乐、演艺产业。引入国内著名演艺机构，创作如《印象淮安》或《淮安千古情》等大型水上实景演出剧目，丰富大运河文化旅游内容。

（6）发展运河博物馆产业。除已建成的淮安博物馆、漕运博物馆、清晏园河道总督博物馆、《西游记》博物馆和淮扬菜博物馆外，可以依托丰济仓遗迹筹建“天下粮仓”漕粮博物馆；依托清江督造船厂遗址筹建漕船博物馆，可复建若干艘规模不等、形态各异的漕船，再现漕船制作工艺；依托淮安区河下古镇或淮阴区王营镇西坝两个淮北盐业重要古镇，筹建淮盐博物馆；依托板闸遗址公园建运河税收博物馆；依托清口水利枢纽，建河工博物馆。打造淮安“运河之都”博物馆群，使运河博物馆产业得到长足发展。

（7）发展运动休闲产业、康养产业。利用京杭大运河（或里运河）、洪泽湖、白马湖，举办自行车骑行赛、环湖越野车拉力赛，争取到国内甚至国际相关赛事活动举办权以及成为相关赛事活动的永久举办地；开发蒋坝、码头等运河名镇的休闲旅游；利用老子山、蒋坝镇的温泉资源，发展康养产业。

（四）进行机制探索，积极引进资金与项目

资金问题是制约文化产业发展的一个重要因素，应实行市场化运作，引入包括银行、投行、风险投资、私募基金等多元化资金进入文化产业，放宽文化产业市场准入机制，探索以动员社会资本为主、官民共同投融资的运作方式，特别是积极吸纳风险投资基金。私募基金的形式可以解决资金投入短缺问题，可以组织本地企业成立创投公司，进行融资，募集本土实业家入股，然后投资大运河文化产业开发。也可以引进上海、深圳等地的创投公司来淮投资，其中私募股权基金由于机制灵活，可以重点引入。有的时候，招一个投资机构，可能胜过招商若干个项目。江苏文化投资管理集团设立了首期规模为200亿元的大运河文化旅游发展基金，淮安应进行有效对接，争取更多投资，特别是用于建设大运河国家公园。探索包括PPP在内的多元投资模式，可以引进金融资本、社会资本、企业资本、民间资本、外商资本等投入淮安的大运河文化产业开发，并注重引进项目与引进资本相结合，如借助“台资高地”的优势和条件，把台湾文化创意产业项目及资本引入淮安，

台湾在发展文化创意产业方面有许多成功经验，也有许多知名创意企业和创意品牌，依托一年一度的台商论坛，适当进行招商引资的结构和导向调整，加大引进台湾文化创意产业项目与资本的力度。积极进行项目优化，吸引包括风险投资基金在内的多种投资形式，拓宽投资渠道。

（五）推进文化事业单位机制改革，做好文化企业改制

党的十九大报告提出："要深化文化体制改革，完善文化管理体制，加快构建把社会效益放在首位、社会效益和经济效益相统一的体制机制。"为了贯彻落实十九大精神，淮安市在文化事业的机制改革与文化企业体制改革方面，应积极探索有效形式。文化事业单位如报社、广播电视台、博物馆、图书馆、文化馆、专业艺术院团等的改革，遵循"分类指导、分业推进、分级组织、分步实施"的工作方针，科学划分事业单位类别，创新体制机制。对现有文化企业体制改革要积极进行股份制改革和改造，创新机制，确保活力；对新创办的文化产业，要实行以股份制为主的新机制，如新成立的或有可能成立的诸如影视制作公司、淮扬美食企业、旅行社、演艺集团以及大运河文化带建设集团、淮河生态经济带建设集团、大运河国家公园管理处等，要实现政企分开，真正实行企业化运作，在用人、分配、融资、投资、招投标等方面，按照市场规律、经营特点和管理规范，探索行之有效的模式与办法，从而推动文化产业健康、良性发展，特别是抓好文化产业龙头企业的示范作用，把包括淮安运河文化产业在内的文化产业经营单位做大做强，使文化产业尽快成为国民经济支柱性产业。

（六）搞好淮安大运河城市形象传播，提升城市影响力

淮安在全国的知名度还不够高，还有较大的提升空间，进行城市形象传播，可以扩大城市知名度与竞争力，推动包括文化产业在内的经济与社会发展。搞好淮安城市形象传播，还是要紧紧依托大运河，做水文章，打水资源牌。另一个关键点是淮安丰厚的大运河历史文化资源，要把大运河旅游线路打造成在国际上产生影响的精品线路。

整合现有节日，更加突出大运河文化因素，搭建最具特色的平台，主打“运河之都”品牌，可以创办中国淮安“运河之都”旅游文化节。通过传媒、各种会议及节庆活动、会展活动、旅游等，进行多向度传播、立体化传播、互动式传播。

五 淮安发展大运河文化产业的几点建议

（一）关于组织领导

淮安是淮河生态经济带的首倡者，可以继续作为牵头城市，组建协调机构。为了加强沟通协调，组建大运河文化带建设办公室（可与淮河生态经济带建设办公室合署办公）或相应的机构，负责对大运河流域、淮河流域文化资源保护以及文化产业开发的协调等工作。

（二）关于搭建平台

创办一年一度的“运河之都”文化旅游节，或举办“运河之都”文化创意博览会，推介大运河城市文化与旅游，展现大运河文化产业企业经营业绩，展示并营销大运河文化创意产品。定期举办“运河之都”文化产业发展论坛，交流、分享全国甚至世界沿运城市文化产业开发经验，在理论层面为大运河文化产业开发转型升级提供支持。

（三）关于大运河文化、淮河文化与文化产业研究

区域内高校要把大运河文化带建设研究院、淮河生态经济带建设研究院打造成高端智库，成为政府“两带”建设的“智囊团”，为政府进行大运河文化带建设、淮河生态经济带建设，大运河与淮河文化资源保护、传承与利用及大运河与淮河文化产业发展提供对策、建议，提供决策参考；为企业提供信息、资讯，提供智力支持。定期举办相关学术活动，如举办全国性研讨会或论坛等，探讨“线性遗产”开发问题，文化资源保护、传承与利用问

题，以及文化产业发展等诸方面的问题。高校与有关部门开展协同创新，申报国家级协同创新中心。高校在地方文化产业建设中，要充分发挥“智库”作用，加大为地方经济与社会发展服务力度。同时政府及有关部门，可以借助高校的人才优势，定期开展向专家学者的咨询活动，同时为高校平台建设提供必要的支持。

（四）关于投融资

为了加大融资力度，成立运河（淮河）文化产权交易所，搭建文化产业功能服务平台，助推文化产业行业发展，由交易所定期举办文化产业项目投资洽谈会，推动项目与资本对接。

（五）关于大运河文化遗产保护

在总督漕运公署遗址、清口遗址、清江大闸、洪泽湖大堤等遗产区、遗产点设置世界文化遗产标识牌、说明牌。清晏园是极具特色的大运河文化遗存，应该把园内法制教育内容撤掉，使之成为纯粹的大运河主题公园。如有条件，应该把清晏园附近高层建筑拆除，使拍照与观赏视线更好。加强清晏园的宣传，提高知名度，使之成为如扬州个园、何园一样有影响的运河特色公园。

运河城镇篇

Canal Cities and Towns

B.18

大运河民俗文化古城——浚县

郭如民*

摘 要： 浚县隶属河南省鹤壁市，是一座因水而生、因运河而兴的城市，是国家历史文化名城。浚县的运河遗产类型丰富，现有约71公里运河河道和20余公里运河故道，运河遗产涵盖了运河水工遗存、运河附属遗存、运河相关遗产3个大类。豫北地区仅有的两项大运河世界遗产，黎阳仓遗址在浚县，卫河（永济渠）滑县浚县段也主要分布在浚县境内。目前，浚县在大运河遗产保护、传承和利用方面仍存在一些问题，包括大运河遗产专职保护管理机构尚未成立，大运河文化带建设和相关规划编制工作尚未启动，大运河文化内涵挖掘和利用不够，旅游基础设施与配套服务需要提升等。推进浚县大

* 郭如民，河南省浚县文物旅游局文物管理股股长。

运河文化带建设的措施包括建设运河特色城镇，打造豫北大运河文化中心区等。

关键词： 中国大运河 文化遗产 旅游开发 浚县

一 概况

（一）地理环境

浚县位于河南省北部，北距首都北京548公里，南距省会郑州165公里。大运河卫河（永济渠）纵贯全境，淇河沿西部边界南流。

浚县地处太行山与华北平原过渡地带，属海河流域，西部为淇河平原，东部为黄河故道平原。火龙岗斜卧西北部，大伾山、浮丘山、象山、善化山、白寺山、同山6座小山平地突起，卫河、淇河、共产主义渠流经县境，山冈、平原、河渠错落分布。

浚县属于暖温带半湿润性季风气候，境内四季分明，光照充足，雨量充沛。年平均气温为14.2℃，年平均降水量为585.9毫米，年平均相对湿度为66.7%，年平均无霜期为214天。

（二）历史沿革

浚县古称黎，商时期为畿内地。西汉初置黎阳县，属冀州魏郡。东晋至北魏设黎阳郡，辖黎阳、顿丘、东黎三县。隋开皇十六年（596），置黎州，辖黎阳、临河县。唐武德二年（619）置黎州总管府，辖四州八县。北宋端拱元年（988），置通利军，辖黎阳县。天圣元年（1023），改通利军为安利军。政和五年（1115），军升浚州，辖黎阳县、卫县。元初，设省辖路，浚州属中书省真定路。明洪武二年（1369）三月，浚州属直隶大名府；四月，降州为县，始称浚县，沿用至今。

浚县古城傍山而建、逐水而徙。自西汉置黎阳县至今已有2200多年的历史，宋代为通利军治所，因其滨河建置，多次受黄河水泛滥威胁。为躲避水患，古城多次迁徙，端拱年间迁至大伾山与凤凰山之间高地，后移至浮丘山西，天圣年间徙浮丘山巅，明初迁至浮丘山北现址。

（三）价值特色

遗产类型丰富。浚县现有约71公里运河河道和20余公里运河故道，运河遗产涵盖了运河水工遗存、运河附属遗存、运河相关遗产3个大类，包括河道遗存、桥梁遗存、水工设施遗存、运河城镇遗存、仓库遗存、运河文化景观6个小类。豫北地区仅有大运河世界遗产卫河（永济渠）滑县浚县段、黎阳仓遗址两项，黎阳仓遗址在浚县，卫河（永济渠）滑县浚县段也主要分布在浚县境内。

运河城市典范。1994年1月，浚县被国务院公布为国家历史文化名城，河南省共有8个国家历史文化名城，浚县是唯一的县级国家历史文化名城。在卫河（永济渠）沿线各市、县中，浚县拥有城池、河道、河堤、码头、桥梁、仓窖、水工设施、祭祀建筑等遗产类型，且历史风貌保存较好，是中国古代农业文明时期北方运河城镇的典型代表。浚县城墙是运河城镇“城堤一体”的实例。浚县古城内的古建筑是豫北地区古建筑的代表，也是研究明清时期中原地区建筑发展的重要实物。

民俗繁盛之地。浚县民俗文化特色鲜明、斑斓多姿，是原生态运河文化的缩影，集中体现在集会、信仰、饮食、礼仪、节令、日常起居、生产生活、经商活动等方面，具有很强的根文化特征。丰富多彩的民俗文化，反映了古城百姓的质朴信仰与艺术审美，构成了浚县古城极具喜乐色彩和艺术气息的文化性格。浚县在1996年获得“中国民间文化艺术之乡”称号，其民间艺术有浓郁的本土特色，包括泥塑、石雕石刻、古陶、柳编等30多个门类，共1000多个品种，其中列入国家级非物质文化遗产保护名录的有泥咕咕、西路大平调、民间社火和浚县正月古庙会。浚县正月古庙会有“华北第一古庙会”之称，是中原运河民俗文化的活化石，被确定为“中国民族民间文化保护工程试点项目”“河南民俗经典”。

（四）运河关联与定位

特殊的历史地位。浚县的历史地理因素决定了它在运河史上的特殊地位。隋代开皇三年（583），由隋文帝下诏建黎阳仓，显现出黎阳重要的战略位置，成为兵家必争之地。流经浚县的悠悠千载运河水，慷慨无私地滋养了两岸民众。大运河浚县段在历史长河中，发挥着沟通内河水网，联通海外世界的重要作用，承载的科学技术、文化艺术、商贸往来、民俗民风铸就了中国古代文化高峰。

鲜明的水韵特征。浚县古城因水而徙，因运而兴。历史上，由于古黄河曾流经于此，古城受其影响和历朝政治因素，城址几经变迁，最终于明代形成今日浚县古城的雏形。沿黄沿运独特的地理位置赋予浚县古城与水为伴的鲜明性格。

悠久的商贸历史。从开通之初一直到新中国成立之后的1800多年里，卫河（永济渠）一直承担着商贸物资和军事物资运输功能，形成独特的大运河商贸文化。浚县作为沿线的重要节点，也顺势应运而生、因商而兴，成为繁华一时的运河商埠；隋朝，隋炀帝三次北征高丽，隋唐大运河都是军队行进和后勤补给的主通道；在唐代，永济渠成了河北储粮漕运通道；宋元时期的永济渠仍承担着重要的水陆转运功能；在明清两代，运河航运延续不衰；新中国成立后，经过长期综合治理，卫河航运兴盛一时，浚县城西客轮往来，呈现一派繁华景象。从黄河河运到运河河运，物资运输与商贸往来使得浚县古城因商而兴。古城现存的皇家粮仓与古商埠遗址，是古城商业发展史的最好见证。

二　运河遗产

（一）遗产概况

大运河浚县段遗产数量和类型丰富多样，且历史风貌保存较好，是卫河段的代表。主要遗产有运河水工遗存、运河附属遗存、运河相关遗产及非物质文化遗产等。

1. 运河水工遗存

（1）卫河（永济渠）浚县段。呈西南—东北走向从浚县县境穿越而过。该河段中间被滑县分成了两段，从新乡卫辉市流至新镇镇双鹅头村入境，在小河镇东王湾村出境进入滑县，再从小河镇柴湾村入境，又于王庄镇北苏村出境进入安阳市。先后流经新镇镇、小河镇、卫溪街道办事处、浚州街道办事处、屯子镇、王庄镇，卫河（永济渠）浚县段全长约 71 公里。此段运河始于东汉末年开凿的白沟，隋代开通永济渠，北宋时又更名为御河，于明初改称卫河，且沿用至今，直到 20 世纪 70 年代初断航，前后通航近 1800 年。在历史上，此段运河一直是华北平原沟通南北的一条重要水道。建安九年（204），曹操为北征邺城，兴建了“遏淇水入白沟，以通粮道”的白沟水运工程。在隋、唐、宋时期，则是向北部边防运输军队和军需粮饷的交通干线。到元、明、清时期，它又成为京杭大运河的辅助通道，向北京运输粮食和建材等物资。卫河直到今天仍是海河水系的重要支流，同时在农田灌溉和泄洪排涝方面仍发挥着重要作用。2014 年 6 月，作为中国大运河的重要河段被列入世界遗产名录。

（2）枋城堰遗址。枋城堰是卫河前身白沟的重要水源工程，始建于东汉建安九年（204），一直沿用到南北朝时期。枋城堰遗址位于今淇河与卫河交汇处淇河上游约 3 公里处，今浚县新镇镇后枋城村西北，曾有村民在淇河枯水期时发现河底有石坝遗迹，但由于未进行正式的考古勘查，其遗存状况尚不明。枋城堰是中国古代早期引水工程的代表，具有较高的水利史研究价值。枋城堰遗址为大运河申报世界文化遗产后续列入项目。

（3）卫河码头遗址。新中国成立前，县境内码头皆为土码头，无固定船台。船舶于沿河集镇附近水深岸陡处停靠、装卸。其中，较大的码头有 5 处，即道口、县城、新镇、淇门、屯子。新中国成立后，随着航运业的发展，码头建设逐步加强。至 1964 年建有码头 10 处，其中县城和屯子码头规模最大。20 世纪 70 年代末航运中断之后，所有码头均已废弃，仅存遗址。

2. 运河附属遗存

（1）云溪桥。位于浚县古城西门外，横跨卫河之上，建于明嘉靖四十四年（1565）。桥身为五孔连拱式石桥，长 48.7 米，桥面宽 9.95 米。在古代，“云溪燕语卫水舟”为浚县八景之一。云溪桥也是卫河全线两座保存较完整的古代桥梁之一（另一座为新乡的合河石桥），它在历史上是连接浚县古城和卫河西岸地区的重要通道，也是卫河兴衰变迁的重要见证。云溪桥是古代北方石桥的代表，具有较高的历史和建筑艺术价值。云溪桥为大运河申报世界文化遗产后续列入项目。

（2）黎阳仓遗址。位于浚县大伾山北麓，东邻黄河故道，东北距黎阳城遗址约 1 公里，西距卫河约 1.5 公里。

黎阳仓是隋唐时期的重要官仓之一，是大运河沿线的大型转运漕仓之一，位于黄河与永济渠之间，战略位置非常重要。黎阳仓始建于隋，沿用至北宋。其中地下储粮方式的仓窖始建于隋代，废弃于唐代中期，是隋唐时期国家粮食转运基地，也是隋唐时期平定东北边境的后方物资供应基地，具有重要的战略地位。晚期的地面大型仓库建筑始建于北宋初期，废弃于北宋晚期，同样是国家物资集存基地，也是北宋用兵北方边境的后方物资供给基地。直到北宋末年废弃之前，黎阳仓都是规模庞大、战略地位显赫的重要粮仓。

从 2011 年到 2013 年，河南省文物考古研究所与浚县文物旅游局合作，对黎阳仓遗址进行了考古调查、勘探和发掘。考古发掘面积为 3000 平方米，清理涉及隋代黎阳仓仓城城墙与护城壕沟、3 座仓窖遗存、专用漕渠、2 处北宋时期大型建筑基址等。2014 年 6 月 22 日，黎阳仓遗址作为中国大运河 31 个遗产区之一被列入世界遗产名录。2015 年 4 月 9 日，河南隋代回洛仓和黎阳仓粮食仓储遗址入选 2014 年度“全国十大考古新发现”。

（3）北街土圆粮仓。位于浚县原县衙内，建于 1952 年，为新中国成立初期浚县建造的第一批国建粮仓。当时共修建 14 座，容量为 280 万公斤，用于临时储粮，1956 年废弃。现存 4 座仓房，大小样式一致，东西整齐排列，均为砖木结构，平面呈圆形，攒尖灰瓦顶。北街土圆粮仓延续了浚县

3000 多年的粮仓史，也是新中国成立后卫河航运的历史见证。北街土圆粮仓的形式独特，还具有一定的建筑史研究价值。

3. 运河相关遗产

（1）浚县古城。浚县古城紧滨卫河，始建于明洪武三年（1370），明代多次维修增建，至崇祯十一年（1638）渐趋完备。城垣周长 5 公里，城周开挖护城河，引卫河水入护城河绕城一周回归卫河。四门外护城河上各建一座石桥。西桥横跨运河，名曰“云溪桥”，另三桥以东关、南关、北关名之。城内布局以文治阁为中心，设东西与南北两条轴线，巷道纵横交错。城内西街村、城河之间顺河村分别为国家级传统村落和省级传统村落，均蕴藏丰富的运河文化历史和大量文化遗产。城内东大街、南山街、南小西门里街 3 条历史文化街区仍保留着古城历史遗韵。古城墙、文治阁、县衙、文庙、子贡祠、世袭翰林府、城隍庙、南关石桥、东关石桥、宋家大院、北街土圆粮仓等一处处文物古迹见证了古城昔日风采和繁荣历史。浚县古城襟山带河，布局严谨，城如幞头，形势壮观，构筑精细，高峻坚固。古人称浚县城“形胜甲于阳平”。

（2）运河古镇。卫河浚县段沿线分布着淇门、新镇和屯子 3 座历史悠久的运河古镇。

淇门古镇（今淇门村）位于浚县县城西南 30 公里淇河与卫河汇流的卫河南岸，东北距新镇镇政府驻地 6 公里，是一个有千年历史的古老集镇。周敬王十年（前 510），孔子到卫国，与弟子在淇门讲学。南北朝时，北朝后赵武帝石虎迁都淇门，后因此地居南北要衢，名为淇门镇。宋熙宁年间，杨弼于孔子讲学旧址建“宣圣讲堂”。唐至明代，淇门为重要的官道渡口、驿站码头和军事要冲。2013 年 6 月，淇门南街村被列入首批河南省传统村落名录。

新镇古镇位于浚县县城西南 25 公里，南临黄河故道，距长虹渠 2 公里，北紧傍卫河（永济渠）故道。新镇古镇元代称新安，系一 60 余户的小村，为驻军戍守处，并设巡检司于此。明天顺八年（1464）设水驿站。随着卫河航运的兴旺，又从淇门搬来几家商户，市场逐渐繁荣，成为卫河重要码头、渡口和繁华商埠，改名新集，明初易名新镇。2013 年 6 月，新镇镇新镇村被列入首批河南省传统村落名录。

屯子古镇位于浚县县城西北 12 公里，东滨卫河、共产主义渠，西临象山、善化山，是卫河（永济渠）沿岸的历史集镇。春秋时称顿丘，后因“顿”“屯”音近，改称屯子。清乾隆二十四年（1759）为治所。抗日战争时期，屯子古镇为天门会重要活动地点。1945 年 8 月 14 日，天门会在屯子古镇西门里宣布起义，写下屯子古镇历史上光辉的一页。

（3）传统村落。浚县现有国家级传统村落 2 个，即西街村、白寺村。省级传统村落 9 个。这些传统村落大部分位居运河沿岸，是运河文化的重要载体，其中，较为典型的有西街村、顺河村、码头村等。

西街村。位于运河东岸浚县古城内东南部，南枕浮丘山。该村初建于元代，兴于明、清，是浚县古城内最古老的村落。明洪武年间，浚县治所移至本村，从此西街村成为浚县的政治、经济、军事、文化中心。西街村拥有南山街、南小西门里街 2 个历史文化街区，拥有传统民居、名人故居、社火表演等大量物质和非物质文化遗产。2013 年 8 月，该村入选第二批中国传统村落名录。

顺河村。隶属卫溪街道办事处。位于浚县县城西，西傍大运河（卫河），东依浚县古城、浮丘山，北起允淑门，南至菜园村。历史上，顺河村包括鱼市街、顺河街、纸坊街 3 个自然村。顺河村历史悠久，文化灿烂，村域内古码头、古会馆、古店铺、古习俗颇具运河文化特色，是中原民俗文化传承和发展的重要村落，也是特色鲜明的运河村落。2013 年 6 月，顺河村入选河南省首批传统村落名录。

码头村。隶属于屯子镇。位于浚县县城西北约 10 公里大运河卫河险段“十八里溜”南端。历史上，屯子码头是粮食、建材、食盐、煤炭等货物的集散地。新中国成立初期，为浚县境内最大的码头。因码头而形成的码头村现仍保留有大量古民居、关王四大王庙、观音堂等物质文化遗产及船工号子、放河灯非物质文化遗产。2014 年 7 月，码头村入选河南省第二批传统村落名录。

4. 非物质文化遗产

浚县运河文化遗产除物质文化遗产外，还有衍生出来的大量非物质文化遗产。目前，浚县有国家级非遗保护项目 4 个，国家级非遗代表性传承人 3 人；省级非遗保护项目 10 个；市级非遗保护项目 28 个；县级非遗保护项目 25 个。其中，泥咕咕、民间社火、西路大平调、正月古庙会等特色浓郁，是运河文化不可或缺的重要组成部分。

（1）泥咕咕。浚县泥咕咕历史悠久，民间特色浓厚，造型古朴，夸张别致，受到广大群众和专家学者的一致好评，民俗学专家称其为历史的活化石。浚县泥咕咕于 2006 年入选第一批国家级非物质文化遗产名录。

（2）民间社火。民间社火是浚县的一种传统民俗娱乐活动，经过 400 多年发展，浚县社火在整个豫北地区享有重要地位，独树一帜。2008 年，浚县民间社火入选了第二批国家级非物质文化遗产保护名录。

（3）西路大平调。是河南的地方戏，属于豫北大平调的一支，俗称大棒戏、大梆戏，从其出现到目前已有几百年的历史。有资料显示，最早出现可追溯到明代弘治年间，是具有鲜明地方特色的剧种，其传统剧目、表现形式、戏曲音乐，都是浚县区域传统思想文化的体现。2011 年，浚县西路大平调入选了第三批国家级非物质文化遗产保护名录。

（4）正月古庙会。浚县正月古庙会起源于十六国后赵时期，是华北地区大型的民间集体活动。庙会从每年的正月初一延续到二月初二，高潮日人流量达 50 万人次，时间之长、规模之大被称为“华北第一古庙会”。与庙会相关联的丰富多彩的社火表演、手工艺品展销、民间美食、商贸活动，又集中展示了中原地区的民俗精粹，堪称中原民俗文化的活化石。浚县正月古庙会于 2004 年列入了“中国民族民间文化保护项目”试点工程。2007 年又列入了河南省非物质文化遗产名录，且被评为河南民俗经典。2014 年，浚县正月古庙会入选了第四批国家级非物质文化遗产名录。

（二）运河工程

1. 枋城堰水利枢纽工程

该工程是卫河前身白沟的重要水源工程，始建于东汉建安九年（204），一直沿用至南北朝时期。遗址位于今淇河与卫河交汇处淇河上游约 3 公里处，今浚县新镇镇后枋城村西北，由于未进行正式的考古勘查，其遗存状况尚不明。

2. 十八里溜疏浚工程

清光绪十一年（1885），知县黄璟倡导民众于十八里溜坐弯处改河筑坝，河长 91 丈，坝长 75 丈。卫河通航能力大为改观。

3. 卫河治理工程

新中国成立后至 1985 年，浚县人民对卫河进行了长期有效的治理。较大规模施工 19 次，平均不到两年一次。20 世纪 50 年代主要是修复险工，加固堤防；60 年代，重点是治理河道，清淤疏浚，裁弯取直；70 年代中期以来，除害兴利并举，开始兴建灌溉工程，开发利用卫河资源。经 30 年治理，卫河堤防增高 2 ~4 米，缩短河道 15 公里，最大泄洪量为 470 立方米/秒，比 1949 年提高 2 倍多。

4. 卫河浚县段遗产保护工程

2012 ~2014 年，浚县以大运河申遗为契机，相继实施了多项遗产保护工程。主要有：浚县城区段河道清淤工程，共疏浚河道 2325 米，清除河道树木 2.4 万棵，挖运土方 14.9 万立方米；文物维修保护工程包括明代云溪桥维修、临卫河 768 米明代城墙维修、水驿门及菜园街 2 处运河码头修复等。

（三）运河交通

卫河自东汉末开通至 20 世纪 60 年代，历 1800 余年，对南北交通发挥过重大历史作用，对浚县经济的发展和城镇的形成与兴衰具有重要影响。东汉建安九年（204），曹操“遏淇水东入白沟以通漕运”。隋代开挖永济渠，成为南北大运河要道，“南达于河（黄河），北通涿郡”，“两千余里通龙舟”，后称御河。开皇三年（583）置黎阳仓，以储漕粮，并置募运机构，专事漕运。大业六年（610）炀帝征高丽于涿郡集结兵力，战舰 300 艘、官兵 7 万及黎阳、洛口仓漕粮皆经永济渠北运。唐代经永济渠漕运河北储粮，每年约 20 万石，以饷京师。徐世勣归唐后，开黎阳仓运粮，以馈淮南王李神通之军。后唐同光二年（924），郓州差兵两千，自黎阳开河以通漕运。宋“河北……之物，自黄河运至黎阳出卸，转入御河。运军馈边，亦有使臣主之”。

元代漕江淮之粟达于河（黄河），至封丘中栾镇，陆运至淇门转入卫河。浚州置纲，凡29。每纲设押纲官2员，编船30只，运粮300余石。明代，“凡漕粮入津，芦盐入汴，率由此道”。尤其是长芦盐，先至浚，再以小舟运往西南诸县，或以马车运至陈桥驿，转运黄河南诸县。

明清两代，卫河航运延续不衰，“舳舻云集，不下数千艘”。沿河集镇如新镇、道口、屯子、淇门逐渐兴旺起来。道口设水驿递运所，县城、新镇设水驿站。清光绪三十年（1904）之后，由于道清、京汉铁路通车，运河航运受到一定影响。1938年，日军侵占华北之后，卫河航运基本停顿。

新中国成立后，人民政府为发展航运事业，对卫河航道进行了有效治理，卫河航运曾一度空前兴盛。浚县古城云溪桥周边出现了繁盛的航运景象。直到20世纪70年代初，卫河航运才因水源短缺而逐渐断航。

（四）运河文化

浚县是运河文化繁盛之地。1996年，浚县荣获“中国民间文化艺术之乡”称号。浚县运河文化可分为两大体系：以民间宗教文化、庙会文化、民间工艺美术、乡土饮食文化等为代表的民俗文化，以及以遗址遗迹、古城文化、名人文化、黄河文化、古运河文化、儒商文化、重大历史事件为代表的历史文化。

浚县的民俗文化是运河文化资源的典型代表，是中原民俗文化的活化石和原生态文化的缩影，有很强的根文化特征。沿袭千年之久的正月庙会是华北地区大型民间集体活动，是农民祈福纳祥的节日，是农耕文明精神信仰的传承，承载着中国农民的集体乡愿。浚县因此而成为中国民俗文化原真区、民俗文化产业集聚区、河南民俗文化试验区。

民间工艺品是浚县民间工艺美术的代表，是浚县最为集中、最为朴素的民俗文化。浚县民间工艺品种类较多，产品形式较为朴素，是浚县可以规模化生产、转化为商品进入国内外市场的民俗文化元素，有着巨大的发展潜力，可以打造成为浚县发展文化产业的支柱产业。

三　问题与对策

（一）目前存在的问题

近几年来，浚县以大运河申报世界文化遗产为契机，在运河文化遗产保护、传承和利用方面做了大量卓有成效的工作，取得阶段性显著成效，受到国家、省、市领导和专家的高度赞誉和社会各界普遍认可。但在大运河遗产保护、传承和利用方面做得还不够充分，仍存在诸多问题。

大运河遗产专职保护管理机构尚未成立。大运河申遗时，曾成立大运河浚县段申遗工作指挥部。申遗成功后，指挥部职能终止，没有按照世界遗产管理要求及时成立浚县大运河遗产保护管理专职常设机构，造成运河遗产监测管理和保护利用力量相对薄弱。

大运河文化带建设尚未全面启动。由于受地方财力的制约，目前，除正在实施的浚县古城保护建设项目外，尚未启动与大运河文化带建设相关的其他项目。

因等待国家大运河文化保护传承利用规划纲要出台，浚县大运河文化带建设相关规划编制工作尚未启动。目前，浚县仅有《鹤壁市大运河遗产保护规划》《浚县古城与旅游发展总体规划》等，不能全面满足浚县大运河文化带建设的需要。

大运河文化内涵挖掘和利用不够，旅游基础设施与配套服务需要提升，旅游促销及宣传推介需要进一步加强，市场运作水平有待进一步提升。

（二）运河保护传承与发展利用对策

保护与传承大运河遗产。坚定大运河遗产保护、文化产业发展的信心，推进大运河文化带建设，加强文物保护利用和文化遗产保护传承。加快推进浚县大运河文化带建设，开展大运河文化遗产资源调查，在全面分析的基础上，制定出切合实际的保护开发规划，为进一步推进大运河文化带建设奠定了坚实基础。

建设运河特色城镇。发挥运河水体和文化空间作用，推动浚县古城运河特色城镇保护建设，促进运河文化和城镇融合发展。坚持真实性保护、发展中保护、整体性保护，加大浚县国家历史文化名城保护力度，促进城镇建设与运河遗产保护、历史文化街区保护科学衔接，不断提升城镇品质。

塑造运河风貌城市。加强城市传统街区格局保护，延续空间肌理，依托沿卫河、淇河等城区段，打造大型开放空间，建设城市通风廊道，形成运河景观天际线。在城市出入口、主干道、滨水地段、主城区和城市新区等区域，规划建设一批运河文化主题鲜明、本土风情浓郁的城市公共文化休闲空间，塑造具有鲜明地域特色和时代气息的运河节点城市。

打造豫北大运河文化中心区。根据国家《大运河文化保护传承利用规划纲要》，并结合浚县的大运河文化资源情况，总体目标是打造成豫北大运河文化中心地区。具体为打造一条金色水带、一个文化中心、三个展示片区。一条金色水带是指卫河滑县道口至浚县城区段。一个文化中心指浚县古城运河文化中心。三个展示片区指淇口运河文化片区，新镇码头文化片区，屯子码头文化片区。

B.19
台儿庄区城市建设及运河古城发展报告

王　密*

摘　要： 台儿庄区位于今山东省枣庄市境内。明万历年间，漕运改道经过该地，带动其社会经济的繁荣发展。清顺治年间始筑台庄邑，富于县数倍，俗称“天下第一庄”。新中国成立后，经过50余年的现代化建设，全区社会经济得到较大发展，初步建成河港旅游城市。2005年起，台儿庄区着手开发“运河古镇”。2007年，枣庄市政府正式决定恢复建设台儿庄运河古城。经过十年建设，台儿庄运河古城于2016年建成开放。近年来，台儿庄区以保护和综合开发利用运河遗产为目的，将运河文化作为重点予以展示，成为地区运河与旅游相结合的样板。

关键词： 台儿庄区　运河古城　恢复建设　文化旅游

台儿庄位于山东省枣庄市境内，地处鲁苏两省交界处，现有广、狭两意：广意指台儿庄区，狭义指台儿庄运河古城（又称“台儿庄古城”）。全长82公里的京杭大运河韩庄运河段从台儿庄区穿境而过，其中城区内的3公里明清时期运河故道为中国大运河27处遗产河道之一。台庄邑旧址即坐落在遗产河道之滨，为山东省首批省级历史文化街区。近年来，台儿庄区以

---

* 王密，山东省台儿庄古城旅游集团有限公司办公室副主任，枣庄中华文化促进会博物馆专业委员会副主席，台儿庄区周易学会会长。

保护和综合开发利用运河遗产为目的，实施了台儿庄运河古城恢复建设项目，将运河文化作为重点予以展示，通过发展文化旅游业推动了社会经济的转型升级。

一 概况

（一）地理环境

台儿庄区位于山东省的最南端，为枣庄市辖区，东连奇峰绵延的沂蒙山，西濒烟波浩渺的微山湖，南临徐州，北通接曲阜，素有“西水东山连接处，北孔南汉交汇点”的称谓。全区地跨东经117°23′～117°50′，北纬34°28′～34°44′。区境东西长38公里，南北宽29公里，总面积为538.5平方公里，下辖1个街道、5个镇，共有406个自然村。

全区地势南北高中间低，呈倾斜状。西南部为低山丘陵，北部为平原，中部及东部地势较洼。境内河流纵横，坑塘星罗棋布，京杭大运河自西向东贯穿全境。气候兼有南方温湿与北方干冷的特点，为中纬度暖温带气候区。四季分明，春季干旱少雨，夏季炎热潮湿，秋季天高气爽，冬季寒冷干燥。

（二）历史沿革

台儿庄区历史悠久、文化灿烂。大汶口文化、龙山文化、岳石文化等新石器时代文化遗址在这里有广泛的分布，先秦时，境有偪阳等方国。考古证实，偪阳故城为一座古水城，2006年被列为国家级重点文物保护单位。西汉时，在偪阳故地置傅阳县。今运河以北地区分属兰旗、承县。东汉时，兰旗县撤销，并入承县。东晋后，傅阳县改称寿张县。唐后先后更名为承县、兰陵县、峄州、峄县等名。1948年，设置兰陵县，台儿庄为政府驻地。1953年9月至1960年1月复归峄县。1960年1月至1962年5月属枣庄市（县级）。1962年6月始设台儿庄区，区政府驻台儿庄。

台儿庄元末始有驻军，明代形成集镇。万历年间，漕运改道经过台儿庄，继之在此建船闸、设衙署，台儿庄逐渐发展成为南北客货流的集散地和中转站。明清之际，社会动荡，台儿庄频遭攻掠。为保障漕运和居民的安全，顺治四年（1647）秋始建台儿庄城池。逾年工竣。城邑傍泇河而建，东西长 1.1 公里，南北宽 1 公里，占地面积为 1018 亩。清代前中期，政局稳定，人口渐丰。受惠于泇河航线的开辟，台儿庄再度繁盛起来，逐渐发展成为峄县的经济中心。

民国时期，临赵铁路、台潍公路交汇于台儿庄，使之成为鲁南苏北地区的交通枢纽和战略要地。抗日战争全面爆发后，台儿庄作为徐州会战北线作战的主战场，不幸在台儿庄战役中化为一片废墟。

新中国成立后，台儿庄先后为兰陵县和台儿庄区的政府所在地。20 世纪 80 年代以来，随着城市发展重心的西移，台儿庄老城区逐渐被边缘化，并沦为破败的棚户区。但许多历史古迹和战争遗址也因此避开了工业化进程和大规模的现代化城市改造，成为重建台儿庄古城的基础。

（三）价值特色

历史上的台儿庄，曾是一座商贾云集、店铺林立的秀美古城。明清时期开通的泇运河贯穿全境，给台儿庄留下了丰厚的物质文化遗产和非物质文化遗产。在运河流经的 400 多年中，台儿庄形成了具有自己鲜明特色的文化系统。

明万历年间开泇运河，台儿庄成为京杭大运河唯一一段东西走向的河道。明清台儿庄段大批客商云集，成为京杭运河沿岸重要的商贸城市。商贸的流动使台儿庄成为南北文化交融的重要地域。晚清、民国时期，台儿庄独特的地理位置吸引了不少外国人到来此定居，使西方文化元素大量涌入，成为具有兼具中西文化特色的城市。台儿庄还是一座二战纪念型城市，台儿庄战役在世界反法西斯战争史上具有重要的地位。台儿庄境内的非物质文化遗产丰富，许多具备鲜明的运河特色。境内现有 260 多项非物质文化遗产，它们大多是运河漕运的产物。在宗教信仰上，民间传统的儒道佛与妈祖信仰、基督教信仰与伊斯兰教信仰并立。在戏曲艺术上，柳琴戏是流行于运河地区的花鼓戏、肘鼓子、柳子戏以及枣庄三句半等民间戏曲艺术的融合。民间舞蹈骨牌灯、鱼灯蕴含着南方傩舞的祭祀元素。刺绣、土陶、剪纸等民间手工技艺兼容南北文化特色。大鼓书、琴书、花鼓戏等戏曲艺术至今在运河流域广泛流传。这些文化表现形式，既展现了运河文化的博大深厚，承载着鲁南人民厚重的历史记忆，也影响了沿运流域的文化，是运河文化不可缺少的一部分，具有独特价值。

二　运河遗产

（一）遗产概况

京杭大运河中河台儿庄段是“中国大运河”27 段遗产河道之一，西起台儿庄古城游客服务中心东侧，东抵月河东排灌站以南 400 米处，全长 3.3 公里（其中台儿庄古城西门至小南门段全长 1150 米），宽 50 ~ 120 米，因呈月牙状，故又称作“月河”。沿岸尚存 200 米古驳岸和 13 座古码头，2006 年一并被列为国家重点文物保护单位。2014 年 6 月 22 日，中国大运河成功入选《世界遗产名录》，其中“京杭大运河中河台儿庄段”为“立即列入项目”，“台儿庄月河段古码头”为“后续列入项目”。

1. 古河道

现称“韩庄运河”，西起微山湖口，东到黄道桥，全长 42.5 公里。该段河道原为柤水的一段。柤水为沭水支流，发源于今枣庄新城东南方之圣土山圣土泉（位于今薛城区沙沟镇张庄村），东南流经今台儿庄、泇口等地，“乱于沂而注于沭”。

明万历二十二年（1594）开通韩庄支渠，将洪水通过彭河排入黄河。万历二十八年（1600）开泇河以济漕运，次年开通试行运，3/10 的漕船改行泇河北上。万历三十二年（1604）大开泇河，使 7/10 的漕船改行泇河北上。万历三十六年（1608）诏令北上漕船悉行泇河。万历三十八年（1610），黄河在徐州附近决口，倒灌运河，至此泇河完全取代黄河运道。

新中国成立后，开辟南四湖湖西航线（含伊家河）及不牢河河段。峄县段河道遂更名为“韩庄运河”。

2. 古驳岸

沿泇运河台儿庄段两岸修筑，全长 960 米。南岸为土驳岸，有纤道遗址。北岸于乾隆四十八年（1783）秋改为被水石驳岸，用条石砌垒，翌年春竣工。台儿庄古城重建前，尚存顺河街西侧石驳岸 200 余米。经勘测发现，石驳岸用厚约 60 厘米、宽约 90 厘米、长约 1.5 米至 2 米的条石垒砌，基础用碗口粗的木桩支撑。

（二）运河工程

1. 台儿庄闸

台儿庄闸是京杭运河长江以北的第九个、山东省境内的第一个通航梯级，复线船闸位于京杭运河韩庄运河段下游、山东省枣庄市台儿庄区南部，上游距万年闸枢纽 16.7 千米，下游距江苏省皂河船闸 71.5 千米，包括一线船闸、二线船闸、复线船闸及节制闸。一线船闸始建于 1968 年，是国家五级航道标准船闸。节制闸建成于 1968 年，共设 10 孔，最大泄洪量为 700 立方米/秒。二线船闸于 1989 年 12 月开工建设。复线船闸坐落在原有台儿庄二线船闸的南侧，始建于 2007 年，建成于 2011 年 1 月，是山东省规划建设的第一个复线船闸。

2. 万年闸

万年闸坐落在涧头集北 4 公里，于 1996 年 4 月开工建设，1999 年 12 月全面建设完成并投入运营。该闸为国家二级标准，是京杭运河长江以北第十个梯级，是进入山东航段的第二座船闸。该船闸采用了中央控制系统，自动化程度较高，运用电视监控对过闸船舶进行监视，大大提高了船舶过闸的安全性，利用 IC 卡计费、微机自动调度，提高了工作效率，大大缩短了船舶待闸时间。

3. 南水北调提水泵站

台儿庄提水泵站是南水北调东线一期工程的第七级泵站，主要由主泵房、副厂房、安装间、清污机闸、变电站等组成。2005 年 12 月开工建设，2009 年 11 月建成。

（三）运河交通

京杭大运河流经全境，上连京津，下接沪杭。2000 年 11 月，京杭运河济宁至台儿庄段续建工程建成通航。2001 年 6 月枣庄市政府制定《沿运经济带开发总体规划》，以区（市）开发为主体，以港口建设为依托，以台儿庄港、峄城港、滕州港 3 个沿运经济开发区为载体，充分发挥京杭运河黄金水道的优势，推进第三产业快速发展，形成独具特色的产业聚集带。

台儿庄运河大桥位于台儿庄城区西南，跨越韩庄运河，1992 年建成。结构形式上部箱型梁、T 型梁，下部灌注桩。桥长 752.5 米，桥面净宽 12 米，载重标准为汽车 20 吨、挂车 100 吨。2008 年，台儿庄运河大桥引道工程完工。2009 年台儿庄运河大桥复线竣工通车，是台儿庄城区内唯一通行机动车辆的跨运桥梁。

（四）运河旅游

2006 年底，枣庄市政府决定重建台儿庄古城，2009 年全面动工。在科学保护明清水工设施和台儿庄大战遗址等历史遗存的基础上，恢复城池及城内因战争等人为因素毁坏的建筑。基于历史认知限制和现实功能诉求，重建的古城建筑打破了原有的时空格局，选择性地将不同历史时期的精华建筑融为一体，重新规划，根据审美需要艺术性地穿插传统中式建筑、园林或街景，以求做到外观上的和谐统一和旅游经济效益的实现。同时隐性配置现代化的水电管网系统，以求重建后的建筑可以更好地发挥现实效益。2010 ~ 2013 年，台儿庄古城各街区陆续建成开放。台儿庄古城的重建，探索了古城保护的成功之路，成为古城建设和保护的典范，被文物专家誉为“古城保护历史上的开创性工程”“走出了古城保护的中国之路”；也收到良好的经济和社会效益，推动了枣庄市的城市转型升级，成为枣庄市的龙头景区和山东省“鲁风运河”旅游目的地品牌创建的重要支点。

（五）遗产保护

台儿庄古城内现有明清运河水工设施和大运河历史街区两处运河文化遗产。明清运河水工设施包括3公里的古河道、200米的古驳岸和13处古码头。大运河历史街区主要是指顺河街、丁字街、月河街等临河、近河街区，也是台儿庄大战旧址的重要组成部分。2006年，明清运河水工设施和台儿庄大战旧址同时被国务院批准为第六批国家重点文物保护单位。台儿庄古城管委会作为台儿庄古城的保护管理机构，积极履行大运河遗产的保护管理职责。在古城重建前，进行了充分的走访调研，并邀请专家制定了规划。在重建过程中，严格依据相关法律法规，在文物部门的指导下，对相关遗址进行了科学保护和管理。

一是把遗址保护放在古城重建工作的首要位置。对古河道进行了清淤，对被掩埋的古码头、古驳岸进行了清理，对破损的古码头、古驳岸进行了保护性加固和修缮，对古驳岸沿线树木的病害进行了防治，对泰山庙等遗址进行了专业性的考古发掘。在此基础上，充分坚持古城重建的留古、复古理念，先后委托同济大学等相关单位，制定通过了《京杭大运河与台儿庄大战旧址保护规划》及《台儿庄大运河历史街区保护与发展规划》，对现存的明清水工设施遗址以及清真寺等53处街区建筑遗址进行了科学保护，对一切有据可依的历史建筑，严格按照原地址、原空间、原风貌、原来材料、原有工艺、原籍工匠等“六原”原则，进行复原。

二是成立了古城文化遗产保护管理工作的责任机构——台儿庄古城文化交流中心，并在市政府的关心支持下，从枣庄市博物馆和台儿庄区文化局借调专职干部，从事古城的文物保护工作。一方面，组织开展古城内文物保护的规划设计、普法宣传和执法检查工作；另一方面，与大运河申遗专项工作组等相关部门对接，做好古城内历史文化遗产的清查、资料采集，以及运河文化生态的保护等工作。根据大遗址保护的“四有”的要求。大运河申遗成功后，又成立了专门的工作机构——台儿庄古城文化遗产保护管理中心，继续做好和推进大运河遗产保护界桩和标识的设置、档案资料的编制、文物的看管等相关工作。

三是推动古城保护立法。制定《台儿庄古城保护管理条例》，报请山东省人大审议通过，使古城得到立法保护。2013 年，《山东省台儿庄古城保护管理条例》在山东省十二届人大常委会第五次会议上正式审议通过，为依法保护和合理利用遗产资源、推动古城持续发展提供了重要法律依据。

四是加大古城文物执法检查力度。制定《关于加强古城文物工作的通知》，加强对古城内现存的码头、驳岸等遗址和重建过程中新近发掘之文物的巡视和监管。在纤夫村文物征集工作开展过程中，印发《致广大村民的一封信》，借机对广大村民进行文物保护的普法宣传。《山东省台儿庄古城保护管理条例》颁布后，成立行政执法大队，在上级文物管理等有关部门的指导和支持下，严格遵守古城保护管理条例和文物管理相关规定，对古城加强管理，古城文物保护工作健康有序开展。

三　问题与对策

20 世纪 80 年代以来，随着城市发展重心的西移，台儿庄古城历史街区逐渐被边缘化，并沦为破败的棚户区；但也因此避开了工业化进程和大规模的现代化城市改造，古码头、古驳岸、古会馆、古商铺、古庙宇等运河遗产被保留下来。20 世纪以来，这些珍贵的历史文化遗产反过来又成为文化旅游开发的宝贵资源。台儿庄古城的重建，推动了旅游服务业的发展，拉动了枣庄市的城市转型和台儿庄社会经济的发展升级。台儿庄的知名度、美誉度和人民群众的生活水平得到很大提高。

一是树立“尊重历史、尊重自然、尊重民生”的理念。尊重历史，就是要尽可能地恢复台儿庄运河原来的风貌。对运河风貌的恢复，不是去静止地复制一个片断，而是综合展示历史各个时期台儿庄建设的独特风貌，使台儿庄古城成为京杭运河山东段运河文化的集中体现。尊重自然，就是要优化台儿庄现有运河水域的环境，保护好两岸的生态。尊重民生，就是把“还河于民，造福于民”作为出发和落脚点，通过运河开发，让台儿庄运河两岸老百姓享受到更多的实惠，让后代能够得到“运河水”更好的滋养。

二是处理好保护、开发和利用的关系。目前从可持续发展的视角看，运河文化遗产首先需要本色地保留下来，以展现运河的历史风貌与人文特征；其次需要科学合理地发挥运河的价值，以保持运河的活力。台儿庄在进行运河遗存保护的同时，又沿运河布局了煤化工、水泥、物流等产业，以打造运河经济走廊，对实现运河的开发与利用，丰富并提高人民群众的物质、文化水平具有积极作用。

三是调动发挥各方面的积极性。首先政府要发挥主导作用，做好开发规划，整合现有资源，明确运河保护中各方的责任和义务。其次市场配置作用要积极发挥好。在进行市场化运作机制、招商引资等方面做好工作，以吸引投资商前来开发建设。再次注重社会监督作用的发挥。政府需要把运河治理情况向社会公开，接受群众的监督。最后要充分利用新闻媒体，宣传大运河保护的重要意义，增强沿线人民群众的社会责任感与参与积极性。

B.20

江苏省徐州市窑湾镇发展报告

戚玉成*

摘　要： 江苏省徐州市窑湾镇位于大运河与江苏省第四大淡水湖骆马湖交汇处。窑湾镇建置于唐初武德元年（618），至今已有1300多年历史，明末清初窑湾镇因中运河贯通而兴起，持续了300年的商业繁荣，是体现大运河文化交融特色最为典型的商帮文化古镇。近年来，窑湾镇依托大运河文化，保护传承古镇历史文化，以古镇旅游拉动全域经济发展，先后被评为江苏省历史文化名镇、全国特色景观旅游名镇、全国文明镇，古镇景区为国家4A级旅游景区。

关键词： 中国大运河　文化遗产　旅游开发　窑湾

一　概况

（一）地理环境

窑湾镇位于江苏省徐州市新沂市西南端，距市区约35公里，北纬34°10′~34°17′，东经118°4′~118°6′，东临骆马湖，西傍京杭大运河，三面环水。属温带湿润气候区，四季分明，降水量较多，年平均总日照为2100~2700小时，年平均气温为15.7℃，无霜期在200天左右。年降水量

* 戚玉成，新沂骆马湖旅游发展有限公司高级顾问。

平均904.4毫米，但降水量的年际变化较大，最多年份降水量为1358.8毫米（1974年），最少年份降水量为487.3毫米（1966年），易成洪涝灾害。

境域属淮河水系，有中运河、老沂河、剑秋河过境，境东、境南的骆马湖是江苏四大湖泊之一。中运河在境域河岸线达15公里，经二湾村入骆马湖。骆马湖总面积为375平方公里，属新沂市境内130平方公里，窑湾辖地管理10万多亩，占总面积的18%。境域地处沂河下游，陆地由沉积形成，地面浅平低洼，土层深厚，土壤肥沃，适宜耕种和各种作物生长，但容易形成涝灾。

（二）历史沿革

窑湾区域历史悠久，著名的花厅文化遗址，在镇域东北不足20公里处。东周时期，属钟吾子爵封地，称钟吾国。吴国和楚国曾在这片土地上争锋称霸，秦汉时为司吾县辖地。区域内河湖较多，水运交通方便，至隋唐时人居兴盛。武德元年（618），唐朝在窑湾区域北部设隅头镇，隶属宿迁县管辖。康熙七年（1668），郯城大地震，隅头镇损毁，南迁为窑湾镇。自唐朝建镇，至今已有1300多年历史。

窑湾区域历史上长期属淮安府、徐州府，由宿迁县和邳县管辖。民国32年（1943），中共成立抗日民主政权宿北县政府，境地为宿北县辖。民国34年（1945），宿北县政府成立窑湾市，同年11月撤销窑湾市建立窑湾区。1949年5月20日，新安县（即今新沂市）成立，设窑湾区，辖16个乡镇。1958年成立窑湾人民公社，1959年，域内成立王楼人民公社。1983年9月，窑湾、王楼均撤销公社，实行乡建制。1987年2月，窑湾撤乡建镇，2000年4月6日，原王楼镇行政区划撤销，并入窑湾镇，镇政府驻三桥村。2001年11月17日，境内进行区划调整，原30个村合并为21个村。

（三）价值特色

窑湾建镇虽有1300多年历史，但作为商贾重镇，却是由大运河而兴。明代后期，有时北上的漕船就走骆马湖窑湾口由皂河入淮河上。中运河开通后，窑湾成为大运河漕运的必经之处，由于位于大运河与骆马湖交汇处，水流湍急，逆水需拉纤行船，船只不宜夜行，漕船和商船均要在此停泊，或中转物资，或休憩补充给养。所以，窑湾扼南北水路之要津，成为大运河的黄金拐点，全国各地的商家快速向窑湾聚集，窑湾发展成为中运河上的主要码头、南北水运枢纽和重要的商品集散地、运河商贾中心，其物流辐射面积也广及苏北鲁南。清末漕运废止后，北方大运河逐渐淤塞，许多地段不能通航。津浦铁路通车后，大运河的运输作用逐渐为铁路所代替。大运河的运输量逐渐减少，窑湾的水运地位也不断下降。但是，自窑湾以南的大运河一直畅通，窑湾成为南方和外来商品的重要集散地，南方燃油和日用品在窑湾向周边批发辐射，北方的原料等产品从窑湾运往南方，所以，作为商贾重镇，仍然保有一定的繁荣。1938 年后，由于日军侵占，窑湾商户大多撤离窑湾，窑湾也逐渐衰落，但在运河沿岸、苏北地区，仍是有名的商业大镇。

（四）运河关联和定位

窑湾镇由运河贯通而兴起繁荣。窑湾地处沂河下游至骆马湖入口处，但沂河季节性强不适于航运。康熙年间中河贯通后，窑湾的商业地理价值得到显现，迅速兴起成为中运河上的漕粮运道和商贾重镇。

大运河窑湾段仍具有航运价值。窑湾区域的运河航道、码头、船闸等设施，经过多年来的维护整治，仍可通航，北通济宁、台儿庄，南通上海、杭州，在社会经济发展中发挥着重要的作用。大运河窑湾段具有水利功能，至今在抗旱排涝中发挥重要作用。

窑湾是体现大运河文化交融特色的古镇。窑湾地处南北方之交，全国各地的文化通过大运河在窑湾交流融汇，其商帮文化特色在大运河流域绝无仅有，形成了窑湾内涵丰富、底蕴深厚的历史文化特征。

二　运河遗产

（一）运河工程和运河交通

窑湾位于京杭大运河中运河段。京杭大运河自苏、鲁交界处的韩庄、黄楼南流入邳州，经境域西侧拐弯绕南侧至二湾鸡嘴处入骆马湖，在境域河岸线达15公里。河道属地管理以河心线为界，境域西侧运河东半河、南侧北半河归窑湾管理，西半河、南半河分别归邳州、宿迁管理。

窑湾的水路运输最早始于明永乐年间，永乐年间开设里河漕运，以后徐州、宿迁筑浅水坝3座，漕船由骆马湖行10里始抵窑湾，夏秋则盛涨，冬春则干涸，流经皂河故道，上至泇河通运。康熙二十五年（1686）至康熙二十七年（1688），靳辅从骆马湖北至淮阴开中运河，使黄、运河道分开，避免了黄河航运之险，漕运称便，窑湾也成为大运河南北方之交的重要码头。

清代和民国时期的窑湾码头，是6里长的石坡岸水旱码头，可停靠数百艘大小船只。新中国成立后，1958年骆马湖水库蓄水后码头被淹没，后多次重新修建码头。1980年，改建成重力式码头，全长890米，有泊位30个，最大停泊能力为200吨。境域运河上和骆马湖边还建有大小码头十多个。

京杭运河新沂段，自窑湾镇的口西岔分两路：一路即原老运河，通过窑湾镇，河道较弯曲，至二湾口与骆马湖贯通；一路是1958年开挖整治的新运河，航道较直，水流平稳，当时可通航60～80吨级的船舶。2007年，新沂市实施江苏省政府“十一五”期间重点交通工程项目，将京杭运河新沂段由三级改造为二级航道，使大运河航道通过能力，由原来1000吨提升到2000吨船舶，是大运河上通航能力最强的航道，对进一步发挥京杭运河作用、促进长江三角洲高等级航道网和市干线航道网的建设、完善区域综合交通运输体系起到重要作用。现在，京杭大运河窑湾段向北可达山东济宁、台儿庄，向南可达杭州、上海等地。

窑湾的水路交通促进了窑湾经济较快发展，吸引了许多客商来窑湾经商、贸易，窑湾水路客运应运而生。窑湾设有窑湾、头湾、二湾、张村、万庄、刘宅等渡口。1985年在窑湾镇口西运河沿岸修建新沂市汽渡站，平均每天10个航次，线路从口西至运河对岸邳州便民闸，2017年，汽渡营业站有渡船5条，总客位达600客，每天渡车达150辆次，每天渡人达1200人次。窑湾镇先后成立有新沂市宏通航运有限责任公司、新沂轮船运输公司、江苏省新沂轮船运输公司等。运河窑湾段的货运主要以黄沙、煤炭、粮食、酒精、矿石等为主，每年货运通过量达 1100 万吨。

（二）文化特色

窑湾古镇是体现大运河南北文化交融特色的古镇。康熙初年，中运河开通后，位于大运河中段的窑湾古镇迅速繁荣兴盛，全国各地的商人纷纷向窑湾聚集，南方有福建、江西、安徽、苏镇扬等地域，北方有山西、河南、河北、山东等地域，均有较多商人进入窑湾经商。商业经济迅猛发展，竞争激烈，作为维护经济发展环境和秩序的需要，以亲缘和乡谊关系相结而成的商帮也应运而生。在康熙年间，窑湾古镇先后建成了山西、苏镇扬、安徽、福建、河南、江西、山东、河北八个会馆。

窑湾商帮兴盛的原因，一是窑湾具有来自各地的庞大的商人群体，需要稳定的经营环境和秩序，保证商人的经营活动和经济的稳定发展；二是各地商人具有较高的经商素质，文化素质高，商业意识强，经验丰富，管理能力强，商帮成为他们最为切合实际、也最为得心应手的经商选择；三是窑湾独特的地理位置，形成了独特的商业均衡环境。窑湾地处中运河南方和北方的交界处，窑湾在中运河开通前，并不是一个商业城镇，各地商人进入后，客商的势力也相对均衡，南方和北方各有四大商业势力，这种均衡为商帮发展创造了条件，实现了商帮均衡发展。大运河沿岸的许多商业城市虽然商业比较发达，但由于本地商业势力较强，客商不能形成较大的商业势力，商帮的数量并不多，在窑湾古镇却存有八大会馆。在大运河流域，一个古镇建有八大会馆，窑湾古镇绝无仅有，形成了独有的商帮文化现象。这些会馆各由同籍商人集资所建，位列十大商帮的晋商、徽商、闽商、赣商、苏商、豫商、鲁商均在窑湾建有会馆。由于商帮的存在和运营，其原住地的各种文化也得以在窑湾保存和流传。借助大运河的纽带和商帮的传递，各种文化在窑湾交汇，形成了兼具包容性和统一性、独具特色的窑湾文化。这些特色广泛地表现在商业、建筑、宗教、民俗、饮食等各个方面。

1. 商业文化

窑湾古镇商业文化的特征是均衡繁荣。由于商帮的作用，各地客商各成体系，充分发挥商帮经营优势。如福建商人主要经营烟丝，山西商人主要经营金融，江西商人主要经营药铺，苏镇扬商人主要经营日用品，山东及安徽商人主要经营码头货运，河南商人主要经营贩运、作坊，河北商人主要贩卖牛骡等。这些不同地域的商人还相互融合，逐渐形成了盐行、粮行、船行等行帮组织，促进了古镇商业的繁荣。各地文化的交融，也带来了娱乐业和工艺的繁荣。苏南剪纸，江西和安徽的竹雕、编织，福建和苏州的木雕，安徽和苏州的园林、盆景，安徽的铁画和铁艺，苏绣和鲁绣等工艺交相辉映，带来窑湾文化艺术的空前繁荣。

2. 建筑文化

窑湾古建筑南北交融，各具特色。如福建、江西会馆富丽豪华，山西、山东会馆庄重宏伟，安徽会馆结构严谨，苏镇扬会馆注重室内装饰。古镇内大户人家所建房屋既有欧洲宫殿式的小洋楼，也有北京四合院构造，造型丰富多彩。窑湾还有着大量的古代军事建筑，古镇建有城墙、城门，设有军事哨楼 18 座、过街哨楼 7 座，护城河上建有吊桥，四面城墙设八处炮台，高墙深巷，有如迷宫一般。

3. 信仰文化

窑湾古镇的信仰，体现出多元化特色。不同地域的信仰都被商人带到窑湾。窑湾古镇的八大会馆，在承担聚会、议事、接待等功能的同时，也是商帮人群信仰膜拜的场所，是一个蕴含信仰内容的一体性建筑。在八大会馆里，山西人信仰关帝庙，福建人信仰妈祖娘娘，苏镇扬人供奉孔圣人，江西人供药王及岳飞父子，山东人供孔圣人及刘、关、张，安徽人信仰如来、观音。此外，各行业都供奉自己的祖师爷，信仰多元化的特色十分突出。

4. 民俗文化

窑湾古镇的民俗文化深受大运河文化的影响，体现出丰富多彩、地域交融的特色。民俗文艺方面，有地方戏曲（柳琴、梆子、豫剧等）、皮影戏、传统杂技、鼓书琴书、旱船表演、舞龙、民间腰鼓等，柳琴、梆子、豫剧等戏曲形式，具有苏北、鲁南、河南特征，鼓书、琴书极具苏北鲁南特色，皮影戏为正宗山西韵味，经各地文化融合，形成了浓郁的古镇特色。

5. 饮食文化

窑湾古镇饮食兼具南北，具备多地交融的特色。在这里，秦淮船菜与淮扬菜相融合，逐步发展成窑湾船菜。窑湾绿豆烧原为明宫廷御酒，后由江西御医传入窑湾，为保健佳品，乾隆时成为贡品。窑湾甜油是康熙年间江西籍名医宗在本地酱油基础上融入养生理念制作而成，营养丰富、口感独特。山西陈醋和镇江香醋的制作工艺在窑湾融汇，形成了窑湾的香甜醋，具有酸甜浓香的特点。窑湾的酒、甜油、醋等食品和烹调技艺受医药文化的影响，多具保健养生特点。

（三）古镇旅游

2008 年，新沂市成立新沂骆马湖旅游发展有限公司，负责窑湾古镇和骆马湖的保护开发工作。新沂市编制了《新沂市窑湾古镇旅游开发总体规划》《窑湾历史文化名镇保护规划》《江苏窑湾历史文化街区保护规划》《大运河景观带（窑湾）景观设计》等规划，先后开展了三期保护开发工程，完成了大运河风光带、窑湾码头、古镇街区和吴家大院、赵信隆酱园店、元升典当铺、山西会馆、江西会馆、苏镇扬会馆，城墙城楼等数十处历史遗迹遗存的修饰恢复工作，并形成了苏北独有的古镇旅游景区。2012 年，窑湾古镇被国家旅游局公布为国家 4A 级旅游景区。

大运河徐州段 2006 年被公布为国家级文物保护单位。大运河窑湾段全长 15 千米，2009 年以后，新沂市和窑湾镇政府多次组织运河清障，打击和制止非法采砂活动，修建了南哨门码头、运河堤岸护坡，进行堤岸景观绿化，做好背水坡保护管理，有效维护了大运河窑湾段的生态平衡。

赵信隆酱园店 2006 年被公布为省级文物保护单位。2010 年赵信隆酱园店作为工业旅游景点对外开放。

窑湾古镇共有宝丰萃典当铺、元升典当铺、徐家大院、山西会馆、吴家大院、蒋家大院、庄家大院、苏镇扬会馆、三清观九处市级文物保护单位。

窑湾古镇被保护的古树名木有：古槐树（山西会馆院内，树龄400余年），紫薇树（老镇政府院内，树龄150余年），银杏树（窑湾中学院内，树龄250余年），皂角树（后河北侧华棠桥旁，树龄120余年）等。

（四）保护传承

1. 运河保护

新中国成立前，京杭大运河窑湾段因冬春两季枯水期较长，全年通航时间只有一半左右。1958年开挖整治达到二级航道标准的新运河，大运河窑湾段的通航能力大大提高。

1989年、2003年分别开展了航道普查，全面完成航道规划定级。1992～1995年完成骆马湖北航线改线，开挖土方72.4万立方米，疏通航道9公里，结束了骆马湖老线因湾多、滩多，年年有沉船事故发生的历史，有力地提高了航道安全系数，缩短了航道里程，极大程度地改善了通航条件。2007年京杭运河新沂段由三级改造为二级航道，共计疏浚开挖土方45万立方米，航道提升为可通航2000吨船舶。

大运河窑湾段的航道管理工作由航道管理站和地方海事局负责，1981年以后，航道管理工作的力度不断加大，每年都要组织执法人员制止和查处非法采砂、网箱养鱼等航道违法行为。2000年，市航道站率先在徐州市航道系统推行执法公示制，各项执法制度也逐步健全。航道管理部门每年坚持航道清障扫床2次，确保及时发现和清除航道内碍航物，保障航道内船舶航行安全。如2001～2002年度，打捞无主沉船30艘。1984～2008年，完成疏浚工程20余项，投入疏浚养护资金420.86万元，清淤土方41.89万立方米等。

新沂市还多次对运河大堤的加固整修工作，窑湾古镇保护开发后，先后实施了二期大运河风光带建设工程，在维护运河大堤的同时，美化了运河风光，促进了休闲旅游的发展。

2. 古镇街区保护

窑湾古镇街区是运河文化的凝聚，21世纪初，古镇存留明清建筑群813

间，但大多已经破败，2008 年，新沂骆马湖旅游发展有限公司成立后，对窑湾古镇街区进行了保护与开发，制定了《窑湾历史文化名镇保护规划》《窑湾历史文化街区保护规划》等数十项保护规划并认真进行实施，使窑湾古镇街区恢复了明清时代繁荣的风貌。

3. 古镇文化传承

在窑湾古镇的保护开发过程中，始终将彰显和传承大运河文化特色作为重要原则。在古建筑群修复过程中，坚持尊重历史、修旧如旧原则，修复后的古建筑群体现出明清时期的南北交融风格。

对古迹遗存的历史文化内涵进行深入挖掘，赋予其真实深厚的历史文化内涵，体现运河文化的博大精深。骆马湖旅游发展有限公司成立了专业文化发掘部门，组织历史文化专家和地方文化学者对窑湾古镇文化进行深入发掘，打造景区文化氛围，使窑湾古镇街区的大运河文化特色得到充分显示。做好文物保护工作，大运河 2006 年被公布为国家级文物保护单位，窑湾为重要节点，赵信隆酱园店 2006 年被公布为省级文物保护单位，另有市级文物保护单位 9 处。重视对窑湾民俗文化的发掘整理，2016 年，公司制定的《窑湾古镇民俗文化旅游建设服务规范》，被列为江苏省地方标准。重视对历史文化遗产的传承，如窑湾绿豆烧成为国家地理标志产品，也是徐州市非物质文化遗产保护项目，赵信隆酱园店被评定为徐州市非物质文化遗产保护单位，赵信隆酱园店酿造的甜油被评定为徐州市非物质文化遗产保护项目。

三　存在问题与对策

（一）问题

1. 窑湾古镇明末清初因大运河贯通而兴盛，虽然只有 300 年的繁荣，但因其南北方之交的特殊地理位置，具有典型的大运河文化交融特征，文化底蕴深厚。但学界对邳宿运河和窑湾古镇的重视不够，缺乏深入的研究。

2. 窑湾的大运河文化带建设缺少全国性和区域性的规划指导，本地的规划建设只能根据局部情况进行，具有一定的局限性。

3. 由于没有统一的协调组织，窑湾古镇的保护开发只能是局部的点状发展，不能形成运河文化的带状协调发展。虽然开展了一些联络交流工作，但效果并不明显。

4. 由于年代久远，许多遗址遗迹湮灭，难以考求；历史文化资料散佚，搜集整理困难，加之专业人才缺乏，文化发掘难度大。

5. 旅游资源的利用主要集中在历史文化街区和历史遗址遗迹方面，大运河及骆马湖的水域旅游受到资金、政策等多方面因素的限制，发展较慢。

（二）建议

一是尽快编制区域性大运河文化保护利用传承规划，指导各运河文化节点开展保护利用传承工作。

二是建立区域性大运河文化带建设组织机构，指导协调各节点单位的保护传承和旅游开发工作。

三是组织专家学者和地方文化研究人员系统进行文化发掘工作，资源和成果交流共享，较好解决各节点单位文化发掘难度大的问题。

四是加大投入，做好水上旅游调研工作，尽快开展骆马湖和大运河山水旅游项目。

他山之石

Foreign Canals

B.21
巴拿马运河历史与现状分析

陈丹阳　程宗宇*

摘　要： 巴拿马运河是世界上最重要的航运通道之一，它的重要性来自于其独一无二的地理位置，自开通一百多年来对世界经济发展起到重大影响。本文追溯了巴拿马运河的开凿和营运历程，分析了巴拿马运河在21世纪面临的诸多问题，并对巴拿马运河的扩建情况和对中国未来经济发展的影响进行了探讨。

关键词： 巴拿马运河　远洋航运　黄金水道　殖民主义

* 陈丹阳，博士，聊城大学运河学研究院讲师，研究方向为科学技术史、历史地理学、文化地理学；程宗宇，聊城大学历史文化与旅游学院硕士研究生，研究方向为社会史。

一 巴拿马简介

巴拿马共和国，简称巴拿马，位于中美洲的巴拿马地峡，连接了北美洲和南美洲。巴拿马东西两边分别与哥伦比亚和哥斯达黎加接壤。北边为加勒比海，南边为太平洋。对于“巴拿马”这个名字的起源解释有几种，根据巴拿马官方定义，它最初来自于一个渔村及其附近海滩的名字，意思为“丰富的鱼”。巴拿马国土呈 S 形，东西宽南北窄，东西为西经 77° ~83°，南北为北纬 7° ~10°。面积为 75417 平方公里，国土长度为 772 公里，宽度则为 60 ~177 公里。海岸线长 2988 公里，陆地边界为 555 公里。

巴拿马地峡是南北美洲之间陆地的最窄处，穿越地峡的巴拿马运河从东南到西北横穿国境，沟通了太平洋和大西洋，也是北美洲和南美洲的分界线。巴拿马的陆地中央横亘着山脊和高原，国土被其分为南北两部分。运河从山脊中部地势较低的地方通过。巴拿马共有 500 多条河流，流入加勒比海的恰格雷斯河是其中较大的一条，人们在河上通过筑坝蓄水，形成了加通湖，该湖泊是巴拿马运河航道的中间部分。根据 2016 年的统计，巴拿马人口为 400 万，首都巴拿马城为最大城市，人口主要集中在从巴拿马城到科隆的原运河区走廊地带。

二 巴拿马运河的历史

（一）运河开凿前的历史

在欧洲人来到美洲之前，巴拿马地峡是奇布查、加勒比等印第安原住民部落的聚居地。1501 年，西班牙探险家德巴斯蒂达斯成为首个在巴拿马地峡探险的欧洲人。随后，1513 年另一位西班牙探险家巴尔博亚率领一个探险队，仅用了 25 天就穿过了巴拿马地峡。当巴尔博亚登上地峡西部的山峰眺望远方，出现在他面前的是一片浩瀚的未知海洋，巴尔博亚由此成了第一个看到太平洋的欧洲人。

之后，西班牙殖民者对巴拿马的统治延续长达300年之久。1519年，西班牙人在地峡太平洋一侧建造了巴拿马城，随后又开通了横穿地峡连接两洋的一条陆上通道，这条通道被称作“皇家大道”。这样，西班牙殖民者在南美洲太平洋沿岸掠夺来的金银，就可以先运送到巴拿马城，再经皇家大道穿过地峡，转送到大西洋一侧的港口，再由船队运回欧洲。由于皇家大道沿途布满了墓地，因此它有了另一个更广为人知的名称，叫作“十字架大道”。

由于巴拿马地峡的交通价值极为重要，在16世纪20~30年代，西班牙曾研究过开凿运河的可能性。但在当时的技术条件下开凿运河的计划难以实现，这个想法在16世纪中叶最终被放弃了。

到18世纪初，西班牙又对中美洲的4个可能开凿运河的地点进行了考察。1814年，西班牙终于下决心开凿这条运河，但此时爆发了拉丁美洲独立战争。1821年，巴拿马脱离了西班牙统治，加入大哥伦比亚联邦。1830年，大哥伦比亚联邦又分裂为新格拉纳达、委内瑞拉和厄瓜多尔3个国家，巴拿马成了新格拉纳达的一个省。1861年，新格拉纳达又重新更名为哥伦比亚。

1826年，第一届美洲国家代表会议在巴拿马召开，拉丁美洲民族解放运动领袖，也是大哥伦比亚的总统玻利瓦尔号召美洲各国通力合作，开凿巴拿马运河。在当时的列强中，逐渐崛起的美国对开凿巴拿马运河兴趣最大。1846年，美国与新格拉纳达签订条约，条约规定美国公民拥有穿过巴拿马地峡的权利。两年后，刚刚并入美国的加利福尼亚又发现了金矿，于是出现了美国历史上著名的“淘金热”，淘金者纷纷涌入加利福尼亚。由于加利福尼亚位于太平洋沿岸，当时美国东西海岸之间的交通十分不便。那些来自东部的淘金者要抵达加利福尼亚，途中要经历千难万险。除了直接穿越北美大陆之外，还有一个方案是先从大西洋沿岸坐船到巴拿马，上岸后用一个星期的时间穿过地峡，到太平洋一侧再坐船前往加利福尼亚的旧金山。

在1847年，美国商人获得修建巴拿马地峡交通线的特许权，并组建了一个公司。这条交通线可以是公路、铁路或运河，或是三者的结合。勘察之后铁路被选中。1850 年，穿过地峡的铁路开工，并于 1855 年 1 月正式通车。这条铁路共花费了 750 万美元，铁路通车仅仅 4 年就收回了成本。铁路公司在半个世纪内获利 3700 万美元。

淘金热极大地刺激了巴拿马经济。20 年间有 60 万人穿过地峡。在铁路沿线出现了一系列城市，其中，大西洋一侧端点的港口迅速发展成巴拿马第二大城市，巴拿马人为纪念哥伦布，把这座城市命名为“科隆”。

与此同时，美国势力伴随着淘金热和地峡铁路的建设侵入了巴拿马，来到巴拿马的美国人与当地巴拿马人时常发生冲突。于是，美国以保护铁路和侨民利益为由，先后于 1856 年、1860 年、1865 年、1868 年、1873 年、1895 年数次入侵巴拿马。

（二）法国开凿运河的失败

地峡铁路通车之后，人们继续考虑在巴拿马开凿运河的可能。1850 年，美英两国为了避免在运河开凿问题上产生利益冲突，签订了一个条约。两国政府保证在对方不参与的情况下不单独谋取在中美洲开凿运河的权利，确保运河开凿的中立性。实际上两国政府此时都没有能力也没有决心单独开凿运河。

美英两国在运河开凿问题上犹豫不决，结果被法国人捷足先登。在法国主导下开凿的苏伊士运河在 1869 年通航，随后法国人就将目光转向巴拿马。1876 年，由法国控制的“洋际运河工程国际公民协会”在巴黎成立，协会派人到巴拿马实地考察，1878 年与哥伦比亚政府达成了开凿巴拿马运河的协议。1879 年，协会组织召开了关于巴拿马运河问题的国际会议，并邀请著名法国外交官德莱塞普担任主席，他此时因规划组织开凿苏伊士运河，声誉达到顶峰。英国、美国、德国等国家都派代表参会。虽然美国代表强烈反对，但会议还是通过了开凿巴拿马运河的决议。

根据协会与哥伦比亚的协议，运河基本沿着铁路线的走向开凿，整个工程将用 12 年的时间完成，并可延长 6 年。运河的租借期限为 90 年，其间可以转让，但不能转让给外国政府。协会还购买了巴拿马铁路公司大部分股票，但铁路仍由美国人经营管理。按照德莱塞普的计划，将会挖一条和苏伊士运河一样的海平式运河，但巴拿马运河的一半河道都需要在河谷中蜿蜒穿行，中间还有高耸的科里亚斯山，需要从山脉的最低点库莱布拉劈出一条道路，这与平坦的苏伊士地峡很不一样。1880 年 1 月，德雷赛普主持了运河开工仪式，但等到第二年工程才真正开始。随后，在高峰时期，运河工地上约有 1 万名工人同时工作。但是，人们很快就发现，巴拿马运河的开凿难度远远超过之前的预料。巴拿马运河需要搬运的土石方大大多于苏伊士运河。而且巴拿马地处热带，气候潮湿闷热，导致疟疾、黄热病等热带传染病肆虐，容易夺走工人的健康和生命。到雨季，暴雨会造成查格雷斯河的洪水，将工人和机器一起冲走。由于科里亚斯山的地质构造特殊，轻微的震动就可能造成山体滑坡，延缓工程进度，并造成人员伤亡。

经过几年的开凿，至 1885 年底，运河工程只完成了原计划的 1/10。在此过程中，工程师们逐渐认识到，开凿一条海平式运河是很不现实的。至 1888 年，运河工程陷入了融资困境。1889 年，协会难以为继，只得宣告破产，运河工程也停止了，此时工程只完成了 2/5。数年间有 2 万多名工人失去了生命。

1894 年，德莱塞普去世，他直到去世仍受到指控，罪名是贿赂新闻媒体和法国国会。同年由法国政府牵头成立了另一家公司，负责重启运河工程，并且将海平式运河改为船闸式运河。至 1898 年，法国又向哥伦比亚提出将工期宽限至 1910 年。但工程距离完工还是遥遥无期。

（三）美国完成运河开凿

由于法国人未能完成运河开凿，1899 年美国开始与法国接触，打算接手运河工程。1902 年，法国向美国开价 4000 万美元，哥伦比亚政府却不同意法国把运河工程转让给美国，美国于是煽动巴拿马独立。1903 年 11 月 4 日，巴拿马宣布脱离哥伦比亚独立，美国立即与巴拿马新政府签订了运河条约。根据条约的规定，巴拿马将运河沿线宽 10 英里（约 16 公里）、面积为

1432 平方公里的区域交由美国占领和控制。出于运河运营的目的，美国还有权获得其他地域或水域，还在巴拿马城拥有特殊的权利。美国保证巴拿马的独立，作为回报，美国有权干预巴拿马政府的内部事务。巴拿马虽然独立了，但事实上成为美国的保护国。为此，美国一次性向巴拿马支付 1000 万美元，从 1913 年开始每年再支付 25 万美元。1921 年，美国又向哥伦比亚支付了 2500 万美元的补偿金。

1904 年，美国成立了巴拿马运河委员会。美国的第一位运河总工程师为约翰・瓦拉斯，由于组织不力，且无法阻止疾病肆虐，他在一年后即被辞退。第二位总工程师约翰・斯蒂文是一位铁路工程师。他利用现代化的爆破和运输手段施工，建设了必要的后勤设施，改造了地峡铁路，使其能承受更繁忙的运输。机械化作业加快了运河工程的进度，还可以迅速运走开凿出的土石方，这样就降低了泥石流的危险。面对可怕的黄热病，此前一位古巴医生已经发现，这种导致法国工人大量死亡的疾病的传播途径是蚊子。巴拿马的气候很利于蚊子繁殖。由于当地的医院缺乏必要的隔离和清洁的措施，这样一来，当蚊子进入医院之后，就会叮咬已经染上黄热病的病人，再把黄热病传染给其他人，医院本身反而成了疾病传播的温床。首席卫生官戈加斯医生将主要精力放在巴拿马城和科隆两地。在他的指挥下，工作人员建立了洁净的供水系统，排除了水坑中的积水，对建筑物熏蒸消毒，砍伐并焚烧了灌木和杂草，喷洒杀虫剂，安装蚊帐和纱窗。经过两年的努力，黄热病终于得到控制。这项工作使得美国开凿运河期间的劳工死亡数大大低于此前法国人主持运河工程时期。

但是美国人仍然难以驯服查格雷斯河。1906 年 5 月，又发生了灾难性的洪水和滑坡。面对现实，斯蒂文也只能放弃开凿海平式运河的计划，重新计划修建船闸式运河。他的新计划是，在查格雷斯河与大西洋交汇的地方筑坝截流，淹没大片土地，形成地球上最大的一个人工湖。船闸所需的动力来自大坝发出的电力。然后利用船闸将船只逐级抬升至湖面，船只航行到湖的另一边，再经由库莱布拉切道驶入太平洋。这个计划得到当时的美国总统西奥多・罗斯福的支持。

就在船闸工程开始后不久，斯蒂文突然辞去了总工程师的职务。为了保证第三任总工程师不会像他一样辞职，美国派遣了军事工程专家戈索尔斯少校负责运河工程。戈索尔斯把整条运河分为三段，一同开工，随后 6 年中工程进展迅速。虽然采用了船闸方案，大大减小了工程量，但最终运河挖掘的土石方量仍然比法国人最初估计的数字高出了 4 倍多。1913 年 10 月 10 日，巴拿马运河终于实现了贯通。在工程竣工后，又用了 3 年时间，加通湖才被河水填满。1914 年 8 月 15 日，运河完成试航；1920 年 6 月 12 日，巴拿马运河正式通航。

至运河竣工前一年，工地上大约有 65000 名劳工，他们中的大部分来自西印度群岛。担任各种管理、监督和其他工作的美国人约有 5000 名，这些美国人的居住区与劳工的居住区完全分开，二者的生活设施水平有相当大的差异。在运河的整个开凿过程中，共有近 3 万人死亡。

（四）美国对运河的控制与巴拿马收回运河

通航后的巴拿马运河全长 81.3 公里，河宽为 150 ~ 304 米，水深为 13 ~ 15 米。加通湖的水位高出海平面 26 米。运河共设有 6 座船闸，每个闸室长 304.8 米、宽 33.53 米，可以通航的最大船舶为 7.6 万吨级，船舶通过运河的时间约为 9 小时。运河开通后，船舶往来于大西洋和太平洋之间，可以比绕行南美洲最南端缩短 1 万多公里的航程。这条黄金水道对美国的重要性不言而喻，它大大便利了美国东西海岸之间的货物运输和对外贸易，还有利于美国的军事战略以及在拉丁美洲的政治霸权。据统计，美国的海上运输 70% 左右都要经过巴拿马运河。随着经济全球化的不断加深，通过巴拿马运河的货物总运量占到世界贸易总额的 5% 左右。

在巴拿马运河通航后的很长一段时间里，运河区一直是“国中之国”，在这里悬挂的是美国国旗，实行美国法律，运河区政府的总督由美国总统直接任命。运河管理机构的高层也几乎被美国人垄断，巴拿马人则被排斥在外。每年运河的收入绝大部分为美国所得。在军事上，美国在运河区先后建立了十多个军事基地，在这里设立了南方司令部负责美国本土之外的西半球军事行动。在冷战期间，美国在巴拿马共部署了6.5万名军人和数千名文职人员。

面对美国的霸权行径，巴拿马人民进行了坚持不懈的斗争，迫使美国在1936年和1955年两次修订运河条约。1964年1月，一名巴拿马学生携带巴拿马国旗进入运河区，并升起国旗，结果被美军枪杀。愤怒的巴拿马民众冲入运河区，与美军发生冲突。冲突共造成400人死伤，巴拿马政府因此与美国断绝外交关系，宣布废除运河条约，要求收回运河主权，这一主张得到许多拉丁美洲国家和第三世界国家的支持。1977年9月7日，美国与巴拿马签订了新的《巴拿马运河条约》和《关于巴拿马运河的永久中立和经营的条约》。根据新条约，运河将在1999年后完全交给巴拿马政府管理。

然而，1981年里根政府上台之后，企图继续霸占运河。1983年8月诺列加接任巴拿马国民警卫队司令，公开要求美国履行1977年签署的条约，在1999年底前将军队全部撤走，美巴关系急剧恶化。在1989年5月的巴拿马总统大选中，美国扶植的候选人恩达拉获胜，但诺列加认为选举无效。当年12月20日，美国直接入侵巴拿马，将诺列加抓捕到美国受审，此举引起全世界哗然。

苏联解体之后，冷战结束，美国控制巴拿马运河的重要性和紧迫性不如从前，再加上国际社会对巴拿马的声援，美国最终不得不在1999年12月31日兑现协议，将巴拿马运河归还巴拿马政府。

三　巴拿马运河扩建工程

（一）巴拿马运河扩建的背景

进入21世纪以来，亚洲国家的经济迅速崛起，在世界贸易和航运中的份额也不断上升。巴拿马运河是从东亚通往大西洋沿岸的货物通道。据统计，每年通过巴拿马运河的货物中，有88%来自美国与亚洲国家之间的贸易，其中又有1/3以上与中国有关。贸易量的增长刺激着通过巴拿马运河的货物量的增长。但是，这也造成巴拿马运河面临严峻的挑战。主要有三点。

第一点，由于通过运河的货物量猛增，巴拿马运河已经无法完全满足往来轮船的航运需求。据统计，平均每天有近百艘轮船在等待通过运河，而运河每天的通行能力仅为40艘左右。为此，通过巴拿马运河的船只要事先申请，由巴拿马运河管理局分配船位，如果船位靠后，就将严重影响船舶通过运河的时间。由于运河通航能力十分紧张，船只往往要提前6个月就定船位。如果未如期预定船位，船只就只能开到巴拿马运河边等待，一般要等3～4天才能过河，最长需要等待一个星期，这严重影响了运输的效率。运河如果不扩建，过不了几年，就将达到饱和状态。

第二点，当初巴拿马运河设计建造的时候，全世界最大的轮船只有万吨级，运河7.6万吨级的通航能力已经足够。但100年来轮船不断大型化，如今世界上最大的船舶已经达到30万吨。目前能通过运河的最大船只是为运河量身定做的巴拿马型船，其长宽都只比运河闸室小一点点。再大的船就只能走苏伊士运河或绕行南美洲最南端。目前每年通过巴拿马运河的船只中大部分都是这种巴拿马型船。总的来说，越大的船单位货物的运费越节省，对于远洋运输来说，使用大型船舶节省的运费足以抵消绕行的成本，因此许多远洋货轮不再选择通过巴拿马运河。而苏伊士运河是海平式运河，受这方面的限制小得多。随着船舶的大型化，如果不采取有效措施，未来能通过巴拿马运河的船舶数量比例会越来越小。

第三点，是来自尼加拉瓜等中美洲邻国的竞争。当初开凿中美洲运河的时候，巴拿马便不是唯一选择。虽然巴拿马地峡连接两大洋的距离最短，但其他地点也有各自的优势，而且新运河的设计是以现今的船舶大小为基础，其通航能力势必超过巴拿马运河。以尼加拉瓜为例，该国就计划在未来投资180亿美元，开凿一条跨越国境的新运河，完工后27.5万吨的船舶将可以通过新运河。由于尼加拉瓜在巴拿马北边，这条运河还会大大缩短美国东西海岸之间的海上运输距离和时间。

（二）巴拿马运河扩建工程介绍

为了让巴拿马运河在可见的未来继续保持在世界远洋运输中的竞争力，2006年4月24日，巴拿马政府正式提出了运河扩建计划，总投资为52.5亿美元。同年10月，巴拿马就运河扩建问题举行全民公投，超过78%的投票者都表示支持，运河扩建计划得以顺利通过。

2007年9月3日，巴拿马运河扩建中的首个工程项目在巴拿马城附近的帕拉伊索地区成功进行了爆破，标志运河扩建工程正式启动。按照当时的计划，工程将于2014年巴拿马运河建成100周年时竣工。扩建工程主要包括以下三个组成部分：

（1）建设新的船闸。这是整个扩建工程的重点，占扩建工程全部工程量的一半以上。施工人员分别在太平洋和大西洋两端各建造1个新船闸，每个船闸拥有3个闸室。新闸室长427米，宽55米，水深18.3米，允许通过的最大船舶吃水为15.2米。

（2）为新船闸开挖入闸道，从而让新船闸与现有航道相通。在大西洋一侧，开挖一条长3.2公里的入闸道，使新船闸与现有的运河入海口相连。在太平洋一侧，为使新船闸与现有运河航道相连，则要开挖两条入闸道，长度分别为6公里和1.8公里。新入闸道的水面宽度至少为218米。

（3）对现有运河入口和航道进行拓宽加深，并提升加通湖水位，以保证吃水为15.2米的船舶将来可以顺利通过运河。

最终，巴拿马运河扩建工程在延期两年和追加投资之后，于2016年6月26日举行新船闸开通仪式。来自中国的中远海运巴拿马号货轮成为第一艘通过巴拿马运河新船闸的新巴拿马型船舶。

（三）巴拿马运河扩建的意义

巴拿马运河的扩建，对世界经济发展、远洋航运和巴拿马自身的意义都非常巨大。新船闸的设计尺寸可以满足目前绝大多数集装箱货轮的通过需要，大量12000标准集装箱以下的集装箱货轮足以支撑运河扩建后的运营。

有更多大型远洋船舶可以通过运河，不必改走苏伊士运河或绕行南美洲最南端，将巩固巴拿马中美洲海运中心的地位。运河扩建后，更多种类的货物和更大规模的货物量将通过运河，美洲大西洋沿岸的粮食、石油、矿石等货物将以更便利的途径运往亚洲。巴拿马本土经济也会从运河扩建中直接受益。运河扩建不但会为巴拿马带来更多的转口集装箱，使得运河地区港口成为全球集装箱枢纽港，还将从旅游业等许多方面拉动巴拿马经济。

以美国东部地区与东北亚之间的远洋运输为例，巴拿马运河扩建前，受运河通行能力的限制，东北亚出口至美国东部地区的集装箱贸易，经巴拿马运河运输的比重并不高，大部分货物需要在美国西海岸港口卸货，再通过美国内陆运输到达目的地。巴拿马运河扩建后，船舶经过巴拿马运河的全水路航线运到同一目的地的费用就可能低于水陆联运路线。这样，东北亚和美国东部地区的相当一部分集装箱贸易就可能改走巴拿马航线，而美国内陆运输的运量比重将会下降。

从运输时间上看，以上海港到纽约港为例，如果从上海港出发的货船在美国西海岸卸货，再经铁路到纽约，理论上需要的时间为 17 ~ 18 天，但实际路程可能会耗费 22 天，如果改走巴拿马运河大约也只需 22 天，但由于这是全水路航线，从上海港直达纽约港，运输过程就更具有连贯性和可靠性。

（四）巴拿马运河扩建对中国的影响

早在巴拿马运河的开凿过程中，华人就做出了贡献。从 1881 年到 1914 年，大批华人漂洋过海来到巴拿马充当劳工，不少华人甚至献出了宝贵的生命。为纪念华人对巴拿马运河的贡献，巴拿马政府在库莱布拉山顶上修建了一座“契约华工亭”。运河完工之后，一些华工留在了巴拿马，逐渐在当地扎根。目前巴拿马的 400 万人口中有大约 15 万华人，其中 90% 以上都来自中国大陆，有华人血统的巴拿马人则有 30 万名，其中许多人是当年华工的后代。

近些年，随着中国经济的不断发展，巴拿马运河也对中国越来越重要。中国目前已成为全球第一大工业国，美洲大西洋沿岸有许多重要的原料产地，而中国生产的大量工业品则需要运往这些国家销售。相当数量的工业品和原材料贸易都要通过巴拿马运河才能实现。除了中美贸易之外，在中国与拉丁美洲国家之间的贸易中，也有很大一部分货物要通过巴拿马运河来运输。

根据巴拿马运河管理局的统计，在2015年，由中国出发或运往中国的货物占当年运河全部通过量的1/5左右。对于巴拿马运河来说，中国已经成为仅次于美国的第二大客户，中国企业每年向巴拿马缴纳的运河过路费就达上亿美元。在2016年的运河扩建竣工仪式上，第一艘通过新船闸的船只便是中国远洋海运集团旗下的“中远海运巴拿马”号货船，形象地展现了巴拿马运河对中国的重要性。

不仅如此，巴拿马也已成为中国在中美洲的第一大贸易伙伴。中国是西半球最大的自贸区——巴拿马科隆自贸区的第一大货物供应国。2016年双方贸易额为63.83亿美元，从中国出口到巴拿马的货物主要有轻工和纺织品、燃料油、橡胶、计算机和通信产品等，从巴拿马进口的货物主要有鱼粉、废金属、水泥和皮革等。中国企业还对巴拿马运河港口和大桥等基础设施进行了持续投资。早在1996年，香港和记黄埔集团便获得巴尔博亚港和克里斯托瓦尔港的经营权，它们分别位于巴拿马运河的两端。2016年，中国岚桥集团收购了巴拿马最大的港口玛格丽特岛港，计划将其建设为现代化的高效深水港。2017年6月13日，中国与巴拿马两国宣布建交。2018年12月，中国国家主席习近平访问巴拿马，并参观了巴拿马运河新船闸。未来中巴关系将迎来新的机遇，双方在经贸领域的合作也会不断加强。

巴拿马运河的扩建，对中国的影响是多方面的。

首先，它可以促进中国与拉丁美洲国家的石油贸易，这有助于保障中国的能源安全。目前中东地区是世界石油输出的中心，一旦中东地区的石油通道出现问题，巴拿马运河对于中国能源安全的重要性就会更加明显。以中国与拉丁美洲重要石油出口国委内瑞拉之间的石油贸易为例，以前由于巴拿马运河航道狭窄，大型远洋油轮无法通过，委内瑞拉又处在加勒比海沿岸，由委内瑞拉出口到中国的原油需要绕一个大圈儿，走大西洋和印度洋航线，运输时间长达45天。巴拿马运河扩建后，委内瑞拉的石油可以直接通过巴拿马运河运往中国，运输时间缩短为24天，还大大节省了运费。

矿石贸易是中国与拉丁美洲之间的另一大贸易内容，近年来贸易量不断上升。与石油一样，巴拿马运河扩建后，30万吨级的散货船可以通过运河，这大大方便了拉丁美洲国家出口中国的矿石运输。

集装箱运输方面，从中国运往美国东部地区、加勒比海地区和南美洲东部地区的集装箱一般都会经过巴拿马运河。据预测，未来中国向美国东部地区运输的集装箱总量将以每年20%的比例增长，巴拿马运河扩建后，可以容纳更大级别的货船通过，每次通过的集装箱量会增多，船只滞留状况也会改善，这有利于今后中国至美国东部航线的运价下调，船期也会更宽松。

参考文献

汤小棣、张凡：《尼加拉瓜·巴拿马》，社会科学文献出版社，2009。

李震：《巴拿马运河扩建对航运市场的影响》，硕士学位论文，大连海事学院，2010。

王杰：《巴拿马运河拓宽对全球航运的影响》，《中国远洋航务》2016年第5期。

申程、顾培文：《巴拿马运河拓宽对船舶市场的影响》，《中国远洋航务》2016年第5期。

加美尤：《巴拿马运河扩建开通面面谈》，《海运情报》2016年第12期。

陈丹阳：《想象与真实的巴拿马运河》，《地图》2017年第5期。

郭叶玲：《新巴拿马运河开通带来的影响》，《航运市场》2017年第10期。

附　　录

Appendix

B.22

运河沿线相关机构简介

周　嘉　胡梦飞*

一　高校及科研机构

1. 江苏省淮阴师范学院运河与漕运文化研究中心。成立于2006年，该中心集合了一批淮阴师范学院历史、文学、经济、地理、生物等学科领域的专家学者，是一支学历层次高、学术视野开阔、基本功扎实的研究队伍。有如下研究方向：运河文献整理与研究、运河物质与非物质遗产保护与利用研究、运河与区域社会研究、运河与五大水系研究。

2. 山东省聊城大学运河学研究院。该院是全国最早成立的运河研究机构（2013年成立），研究力量雄厚。目前研究院专职研究人员19人，下设

* 周嘉，博士，聊城大学运河学研究院讲师，研究方向为历史人类学、运河城市史；胡梦飞，博士，聊城大学运河学研究院讲师，研究方向为明清史、运河文化史。

三个研究中心。取得丰硕的研究成果：（1）创建了全国最权威的“运河文献数据库”，在建“运河民间文献数据库”，出版80册《中国大运河历史文献集成》，即将出版《运河志·文献》和《运河志·人物》。发掘、整理了一批学术价值较高的运河区域民间文献资料（如碑刻、契约、家谱等），建成运河民间文献展览馆，囊括了大运河研究最权威、最全面的资料。（2）创立运河学研究学科，创办了中国首个学术研究专刊《运河学研究》。团队成功获批国家社科基金项目12项，省部级项目15项。目前，团队成员出版运河研究专著20部，发表学术论文百余篇。（3）团队先后承办“运河与区域社会研究国际学术研讨会”、国际历史科学大会“运河专题分会”等国际性会议。与香港中文大学、国家文物局、民政部、世界运河历史文化城市合作组织、凤凰传媒集团等都建立了密切的联系和合作，为运河城市的经济建设与旅游开发提供了智力支持，发挥了运河智库的作用。

3. 江苏省扬州大学中国大运河研究院。2017年9月成立，院长为扬州大学党委书记。该研究院的设想是围绕文化运河、经济运河、生态运河、旅游运河四个方面开展系列研究。同时，重点打造运河沿线城市的经济数据库、社会发展数据库、运河保护数据库以及世界运河数据库，为国家和地方政府制作智库。随着运河文化带的大热，对于中国大运河研究院建设的方案随之做出了进一步的调整。在运河文化的建设过程中，注重运河文化与“一带一路”、长江经济带的有机结合。通过运河文化带的建设带动整个城市品质的提升，以及区域经济的发展。中国大运河研究院将于每年9月、10月，围绕一个主题举办一次会议，并且出版一本书。

4. 星源（公司）南大运河研究院。2017年9月15日，由上海星源投资集团和南京大学文化与自然遗产研究所共同在南京大学成立。据悉，研究院成立后，将定期举办运河文化主题论坛，创办《中国运河文化研究》专刊等，并对大运河相关文化遗产资源进行梳理提炼，促进文化遗产的传承。同时，研究院将与地方政府合作，构建产学研一体的运河文化产业平台。

5. 河南洛阳师范学院大运河研究院。洛阳师范学院大运河研究院成立于2017年，设立了专项研究基金，组成了历史学、经济学、文学、美术学、音乐学、体育学、旅游学、文化产业等跨学科专家团队，旨在全面而深入地开展隋唐历史文化、隋唐运河经济与社会、隋唐运河开发利用等方面的研究，努力讲好大运河故事。已开展大运河文化（北京）座谈会、大运河文化论坛、运河诗情——第五届中国洛阳龙门诗会等活动，产生了较大的社会影响，有力唤醒了人们对隋唐大运河的记忆。

6. 北京物资学院大运河研究院。2018年1月成立，《改革》杂志社总编辑、重庆智库理事长王佳宁研究员担任院长。北京物资学院地处大运河源头，具有科研优势，抓住了这一历史机遇，加强大运河相关领域的学科研究，组建了一支核心稳定的科研队伍，以高水平、高起点、高要求从事大运河研究。北京物资学院运河文化研究所发展目标是通过对大运河文化的深入研究，推动大运河漕运和水利治理研究、大运河文化创意产业研究、大运河沿线生态建设、大运河文化遗产保护等，保护和弘扬中华运河文化。大运河文化研究所将以深耕通州、切入朝阳、涉猎北京、环视京津冀为发展战略，从大运河治理和漕运、大运河文化产业、运河生态建设、通州地方文化这四个方面开展研究。

7. 河北省邢台学院运河文化研究中心。2018年1月成立，由邢台学院从事文化研究的专家博士，联合校外从事邢台地方文化研究的专家共同组成。该中心以大运河遗产保护、运河文化倡扬、生态文明构建为工作重点，致力于中国大运河文化带建设，为推动邢台地方文化繁荣贡献力量。

8. 大运河文化带建设研究院。2018年4月在江苏省南京市成立，江苏省社会科学院党委书记、院长夏锦文任院长。这是江苏省为策应大运河文化带建设战略而重点打造的省级重点高端智库。作为大运河保护与申遗的牵头城市，扬州市在大运河文化带建设中，具有得天独厚的历史文化资源和现实发展条件，也是大运河文化带建设的先行者，其聚力打造的世界运河历史文化城市合作组织（WCCO）已经成为享誉国内外的运河文化交流平台。扬州已经在打造大运河文化带建设示范城市的进程中做出了重要实践，提供了丰富经验。

9. 中国大运河智库联盟。2018 年 6 月 6 日上午，由北京物资学院及在京有关政策咨询机构、大运河沿线相关高校和新型智库共同发起的“中国大运河智库联盟”在北京通州成立。据悉，首批联盟单位共 30 家，包括中央党校经济学部、中国社科院财经战略研究院、国务院发展研究中心公共管理和人力资源研究所等在京政策咨询机构；北京物资学院、南京邮电大学、天津财经大学、河南财经政法大学、枣庄学院、杭州师范大学等大运河流域相关高校；全国经济地理研究会、重庆智库研究院、长江经济带研究院、大运河智库发展研究中心等新型智库；中国人民大学区域与城市经济研究所、清华大数据研究中心等在京高校智库，以及中国京杭大运河博物馆等文博机构等。该联盟旨在整合各地智库资源，共同开展调查研究与研讨交流，为运河文化带建设提供学术支撑。

10. 大运河文化带建设研究院苏州分院。2018 年 11 月 9 日成立，设立在苏州大学。将进一步整合苏州当地的大运河研究力量和学术资源，共同开展大运河文化带建设研究，为全省大运河文化带建设尤其是体现苏州特色提供更加有力的智力支撑。首批成立 6 个研究中心，分别是大运河遗产保护与文化传播研究中心、大运河沿线文化产业发展与创新研究中心、大运河景观风貌与视觉文化研究中心、苏州大运河文化品牌研究中心、大运河古城镇保护发展研究中心及中国大运河饮食研究中心，依托高校、政府、企业、行业组成的专兼职专家学者队伍，开展大运河文化带建设基础研究和应用研究。

11. 大运河文化带建设研究院淮安分院。2018 年 11 月 23 日在江苏省淮安市成立，是淮安与淮阴师范学院立足工作实际、推动校地合作结出的一项硕果。依托淮阴师范学院现有科研资源，首批成立六个研究中心，分别为运河历史研究中心、运河文化研究中心、运河生态研究中心、运河经济研究中心、运河立法研究中心、淮扬菜研究中心，并依托高校、政府、企业、行业组成的专兼职专家学者队伍，开展大运河文化带建设基础研究和应用研究。淮安分院不仅为挖掘传承地方运河文化搭建了学术平台，更为统筹利用好大运河资源、助力淮安高质量发展提供了智力支撑。

12. 大运河文化带建设研究院扬州分院。2018 年 11 月 28 日在江苏省扬州市成立，依托扬州大学现有科研资源，整合扬州全市大运河研究力量，首批成立世界运河研究中心、大运河文化遗产研究中心、大运河国家文化公园及文旅融合研究中心、大运河非遗文化研究中心、大运河特色小镇及乡村振兴研究中心、大运河发展战略与管理体制研究中心六个研究中心，以六个中心为特色平台，开展大运河文化带建设的基础研究和应用研究。

13. 江苏大学大运河文化传承与传播研究中心。为深入挖掘以大运河为核心的历史文化资源，讲好镇江大运河文化故事，江苏大学于2018年12月成立大运河文化传承与传播研究中心。该研究中心将依托江苏大学文学院“互联网+江南文化传承与传播实验中心”等“互联网+”虚拟仿真实验平台，以大运河的历史价值、文化内涵、传承传播以及大运河与沿岸地区经济社会融合互动为主要研究对象，以校地合作为主要运行模式，探究大运河文化的创新性保护与创造性传承传播模式，致力于打造镇江大运河文化品牌，助推镇江高水平文化建设，让大运河文化成为镇江这座历史文化名城走向国际舞台的新名片。

二　民间机构

1. 中国国际文化促进会运河文化委员会。2015年5月9日，在枣庄市台儿庄区成立。林奎为会长，刘琦、孙建文、贺强为副会长，林涛为秘书长，还特聘郑学富、李振启、李楠、贾传龙等文化界专家学者为名誉会长。该委员会旨在挖掘大运河文化、弘扬大运河文化，将千年大运河文化推向全国。

2. 江南大学无锡古运河文化创意中心。该中心是江南大学批准设立的哲学社会科学校级研究基地之一，于2015年10月正式成立。研究基地现有教授3人、副教授3人、讲师3人，研究人员均具有博士、硕士学位，已形成了一支结构较为合理的研究团队。该研究基地依托江南大学数字媒体学院，围绕“数字创意设计理论及实践研究”主题，针对数字创意设计所涉及的数字文化创意产品设计研发、媒体型智库建设等多个方向，对无锡市古运河文化创意进行研究。基地旨在集结数字媒体方向的优秀学术人才，搭建高水平的学术交流平台，提供古运河文化项目研究和智库建设，服务地区文化旅游经济发展，推动政府的治理能力和治理体系现代化。

3. 沧州市大运河文化研究会。成立于 2017 年 2 月 9 日，是由沧州市文化界、文物界、水利界、旅游界和爱好大运河文化的人士自愿组成的学术性、地方性和非营利性的社会组织，由刘宝锁担任会长。主要研究沧州段大运河历史及有关的人文、文物、典故、轶事、民俗、漕运、码头、闸口等文化内容；组织编辑出版有关大运河文化的书刊及电子出版物，宣传普及大运河文化研究成果；依托大运河文化产业宣传运河历史知识，开展学术研究，促进大运河文化产业经济发展；联络国内运河研究机构组织开展大运河文化交流活动等。

4. 杭州拱墅区大运河文化研究院。2018 年 1 月 18 日，在中国京杭大运河博物馆成立。据了解，研究院将着眼于中国大运河水系流域，重点研究大运河拱墅区域资源，梳理整合区域历史文化资源和研究成果，提交大运河区域研究的建设性调研成果，推动大运河沿线的联动，做好大运河文化宣传等，全力助推运河沿岸名区建设。

5. 通州大运河文化研究会。2018 年 6 月 22 日，在北京市通州区成立，并发布首批研究课题。中国作家协会会员王梓夫当选研究会会长，原文化部常务副部长高占祥、原中国艺术研究院常务副院长李希凡、中国文化遗产研究院研究员张廷皓被聘为顾问。据悉，下一步大运河文化研究会将编辑、整理大运河文化内涵和系列史籍丛书。

6. 无锡市古运河研究会。位于无锡市运河东路 557 号时代国际大厦 C 幢 1210～1218 室，主要研究古运河无锡段的历史变迁以及保护、利用和开发，古运河自然环境和人文环境等。研究会坚持“以服务为宗旨、以活动为载体、以科学为依据”的办会理念，在深入挖掘无锡运河在历史文化上的作用、发挥运河为当今经济社会服务的研究价值、积极打造具有个性的特色品牌做出了积极贡献。2018 年 10 月 30 日，无锡市古运河研究会召开第三次会员代表会议。会议选举产生了第三届理事会、监事会及其领导班子，选举张士怀为会长，秦蕴石为副会长，通过了《无锡市古运河研究会章程》。

7. 常州市运河文化研究会。2018 年 12 月 1 日，在江苏省常州市行政中心成立，并举行第一次会员大会，黄娅芬当选运河文化研究会会长。该研究会是研究性的学术团体，组成人员有机关工作人员、专家学者，还有热爱运河文化的各界人士。研究会下设漕运文化研究所、学术专业委员会、管氏文化研究所 3 个研究专业委员会，重点致力于研究、挖掘整理大运河历史文化内涵，开展专题研究与学术研讨、交流讲座；围绕市委、市政府中心工作，结合常州运河沿岸实际，为大运河文化带建设提供决策咨询和智力支撑，推动运河文化价值弘扬；通过运河文化研究成果，更好地保护大运河世界文化遗产项目，在保护中传承、在传承中利用、在利用中发展，在促进大运河文化带建设中发挥作用。

S 基本子库
SUB DATABASE

中国社会发展数据库（下设 12 个子库）

全面整合国内外中国社会发展研究成果，汇聚独家统计数据、深度分析报告，涉及社会、人口、政治、教育、法律等 12 个领域，为了解中国社会发展动态、跟踪社会核心热点、分析社会发展趋势提供一站式资源搜索和数据分析与挖掘服务。

中国经济发展数据库（下设 12 个子库）

基于“皮书系列”中涉及中国经济发展的研究资料构建，内容涵盖宏观经济、农业经济、工业经济、产业经济等 12 个重点经济领域，为实时掌控经济运行态势、把握经济发展规律、洞察经济形势、进行经济决策提供参考和依据。

中国行业发展数据库（下设 17 个子库）

以中国国民经济行业分类为依据，覆盖金融业、旅游、医疗卫生、交通运输、能源矿产等 100 多个行业，跟踪分析国民经济相关行业市场运行状况和政策导向，汇集行业发展前沿资讯，为投资、从业及各种经济决策提供理论基础和实践指导。

中国区域发展数据库（下设 6 个子库）

对中国特定区域内的经济、社会、文化等领域现状与发展情况进行深度分析和预测，研究层级至县及县以下行政区，涉及地区、区域经济体、城市、农村等不同维度。为地方经济社会宏观态势研究、发展经验研究、案例分析提供数据服务。

中国文化传媒数据库（下设 18 个子库）

汇聚文化传媒领域专家观点、热点资讯，梳理国内外中国文化发展相关学术研究成果、一手统计数据，涵盖文化产业、新闻传播、电影娱乐、文学艺术、群众文化等 18 个重点研究领域。为文化传媒研究提供相关数据、研究报告和综合分析服务。

世界经济与国际关系数据库（下设 6 个子库）

立足“皮书系列”世界经济、国际关系相关学术资源，整合世界经济、国际政治、世界文化与科技、全球性问题、国际组织与国际法、区域研究 6 大领域研究成果，为世界经济与国际关系研究提供全方位数据分析，为决策和形势研判提供参考。